Gustave Le Bon

PSYCHOLOGY OF CROWDS / PSYCHOLOGIE DES FOULES

English-French Edition

Social sciences Classics

Gustave Le Bon

ISBN 978-0-244-36800-5
© 2018 by Gustave le Bon (Public Domain).
All rights reserved.

CONTENTS

PSYCHOLOGIE DES FOULES

LIVRE I 6

    L'ÈRE DES FOULES 6

CHAPITRE I 14

    CARACTÉRISTIQUES GÉNÉRALES DES FOULES - LOI PSYCHOLOGIQUE DE LEUR UNITÉ MENTALE. 14

CHAPITRE II 22

    SENTIMENTS ET MORALITÉ DES FOULES 22

CHAPITRE III 40

    IDÉES, RAISONNEMENTS ET IMAGINATION DES FOULES 40

CHAPITRE IV 50

    FORMES RELIGIEUSES QUE REVÊTENT TOUTES LES CONVICTIONS DES FOULES 50

LIVRE II LES OPINIONS ET LES CROYANCES DES FOULES 55

CHAPITRE I 56

    FACTEURS LOINTAINS DES CROYANCES ET OPINIONS DES FOULES 56

CHAPITRE II 72

    FACTEURS IMMÉDIATS DES OPINIONS DES FOULES 72

CHAPITRE III 83

    LES MENEURS DES FOULES ET LEURS MOYENS DE PERSUASION 83

CHAPITRE IV 100

LIMITES DE VARIABILITÉ DES CROYANCES ET OPINIONS DES FOULES 100

LIVRE III CLASSIFICATION ET DESCRIPTION DES DIVERSES CATÉGORIES DE FOULES 111

CHAPITRE I 112

    Classification des foules 112

CHAPITRE II 117

    Les foules dites criminelles 117

CHAPITRE III 121

    Les Jurés de cour d'assises. 121

CHAPITRE IV 127

    Les foules électorales. 127

CHAPITRE V 135

    Les assemblées parlementaires 135

THE CROWD A STUDY OF THE POPULAR MIND (GUSTAVE LE BON 1896) 151

    INTRODUCTION. THE ERA OF CROWDS. 157

BOOK I THE MIND OF CROWDS 165

CHAPTER I 167

    GENERAL CHARACTERISTICS OF CROWDS.—PSYCHOLOGICAL LAW OF THEIR MENTAL UNITY 167

CHAPTER II 177

THE SENTIMENTS AND MORALITY OF CROWDS 177

CHAPTER III **201**

THE IDEAS, REASONING POWER, AND IMAGINATION OF CROWDS
....201

CHAPTER IV **211**

BOOK II THE OPINIONS AND BELIEFS OF CROWDS **217**

CHAPTER I **219**

REMOTE FACTORS OF THE OPINIONS AND BELIEFS OF CROWDS ..219

CHAPTER II **239**

THE IMMEDIATE FACTORS OF THE OPINIONS OF CROWDS............239

CHAPTER III **253**

THE LEADERS OF CROWDS AND THEIR MEANS OF PERSUASION ...253

CHAPTER IV **273**

LIMITATIONS OF THE VARIABILITY OF THE BELIEFS AND OPINIONS OF CROWDS...273

BOOK III..**285**

THE CLASSIFICATION AND DESCRIPTION OF THE DIFFERENT KINDS OF CROWDS..285

CHAPTER I **287**

THE CLASSIFICATION OF CROWDS...287

CHAPTER II **291**

CROWDS TERMED CRIMINAL CROWDS 291

CHAPTER III **297**
    CRIMINAL JURIES 297

CHAPTER IV **305**
    ELECTORAL CROWDS..305

CHAPTER V **315**
    PARLIAMENTARY ASSEMBLIES 315

Psychologie des foules (Psychology of Crowds)
L'édition originale de cet ouvrage a été réalisée par les éditions Félix Alcan en 1895
Première traducation (anonyme) à Londres en 1896 (London : T. F. Unwin)
© Gustave Le Bon (Public Domain)

Dépot légal : février 2018

Livre I

L'ère des foules

Les grands bouleversements qui précèdent les changements de civilisations, tels que la chute de l'Empire romain et la fondation de l'Empire arabe par exemple semblent, au premier abord, déterminés surtout par des transformations politiques considérables : invasions de peuples ou renversements de dynasties. Mais une étude plus attentive de ces événements montre que, derrière leurs causes apparentes, se trouve le plus souvent, comme cause réelle, une modification profonde dans les idées des peuples. Les véritables bouleversements historiques ne sont pas ceux qui nous étonnent par leur grandeur et leur violence. Les seuls changements importants, ceux d'où le renouvellement des civilisations découle, s'opèrent dans les idées, les conceptions et les croyances. Les événements mémorables de l'histoire sont les effets visibles des invisibles changements de la pensée des hommes. Si ces grands événements se manifestent si rarement c'est qu'il n'est rien d'aussi stable dans une race que le fond héréditaire de ses pensées.

L'époque actuelle constitue un de ces moments critiques où la pensée des hommes est en voie de se transformer. Deux facteurs fondamentaux sont à la base de cette transformation. Le premier est la destruction des croyances religieuses, politiques et sociales d'où dérivent tous les éléments de notre civilisation. Le second est la création de conditions d'existence et de pensée entièrement nouvelles, par suite des découvertes modernes des sciences et de l'industrie. Les idées du passé, bien qu'à demi détruites, étant très puissantes encore, et les idées qui doivent les remplacer n'étant qu'en voie de formation, l'âge moderne représente une période de transition et d'anarchie.

De cette période, forcément un peu chaotique, il n'est pas aisé de dire maintenant ce qui pourra sortir un jour. Quelles seront les idées fondamentales sur lesquelles s'édifieront les sociétés qui succéderont à la nôtre ? Nous ne le savons pas encore. Mais ce que, dès maintenant, nous voyons bien, c'est que, pour leur organisation, elles auront à compter avec une puissance, nouvelle, dernière souveraine de l'âge moderne : la puissance des foules. Sur les ruines de tant d'idées, tenues pour vraies jadis et qui sont mortes aujourd'hui, de tant de pouvoirs que les révolutions ont successivement brisés, cette puissance est la seule qui se soit élevée, et elle paraît devoir absorber bientôt les autres. Alors que toutes nos antiques croyances chancellent et disparaissent, que les vieilles colonnes des sociétés s'effondrent tour à tour, la puissance des foules est la seule force que rien ne menace et dont le prestige ne fasse que grandir. L'âge où nous entrons sera véritablement l'ÈRE DES FOULES.

Il y a un siècle à peine, la politique traditionnelle des États et les rivalités des princes étaient les principaux facteurs des événements. L'opinion des foules ne comptait guère, et même, le plus souvent, ne comptait pas. Aujourd'hui ce sont les traditions politiques, les tendances individuelles des souverains, leurs rivalités qui ne comptent plus, et, au contraire, la voix des foules qui est devenue prépondérante. Elle dicte aux rois leur conduite, et c'est elle qu'ils tâchent d'entendre. Ce n'est plus dans les conseils des princes, mais dans l'âme des foules que se préparent les destinées des nations.

L'avènement des classes populaires à la vie politique, c'est-à-dire, en réalité, leur transformation progressive en classes dirigeantes, est une des caractéristiques les plus saillantes de notre époque de transition. Ce n'est pas, en réalité, par le suffrage universel, si peu influent pendant longtemps et d'une direction d'abord si facile, que cet avènement a été marqué. La naissance progressive de la puissance des foules s'est faite d'abord par la propagation de certaines idées qui se sont lentement implantées dans les esprits, puis par l'association graduelle des individus pour amener la réalisation des conceptions théoriques. C'est par l'association que les foules ont fini par se former des idées, sinon très justes, au moins très arrêtées de leurs intérêts et par avoir conscience de leur force. Elles fondent des syndicats devant lesquels tous les pouvoirs capitulent tour à tour, des bourses du travail qui, en dépit de toutes les lois économiques tendent à régir les conditions du labeur et du salaire. Elles envoient dans les assemblées gouvernementales des représentants dépouillés de toute initiative, de toute indépendance, et réduits le plus souvent à n'être que les porte-parole des comités qui les ont choisis.

Aujourd'hui les revendications des foules deviennent de plus en plus nettes, et ne vont pas à moins qu'à détruire de fond en comble la société actuelle, pour la ramener à ce communisme primitif qui fut l'état normal de tous les groupes humains avant l'aurore de la civilisation. Limitation des heures de travail, expropriation des mines, des chemins de fer, des usines et du sol ; partage égal de tous les produits, élimination de toutes les classes supérieures au profit des classes populaires, etc. Telles sont ces revendications. Peu aptes au raisonnement, les foules sont au contraire très aptes à l'action. Par leur organisation actuelle, leur force est devenue immense. Les dogmes que nous voyons naître auront bientôt la puissance des vieux dogmes c'est-à-dire, la force tyrannique et souveraine qui met à l'abri de la discussion. Le droit divin des foules va remplacer le droit divin des rois.

Les écrivains en faveur auprès de notre bourgeoisie actuelle, ceux qui représentent le mieux ses idées un peu étroites, ses vues un peu courtes, son scepticisme un peu sommaire, son égoïsme parfois un peu excessif, s'affolent tout à fait devant le pouvoir nouveau qu'ils voient grandir, et, pour combattre le désordre des esprits, ils adressent des appels désespérés aux forces morales de l'Église, tant dédaignées par eux jadis. Ils nous parlent de la banqueroute de la science, et revenus tout pénitents de Rome, nous rappellent aux enseignements des vérités révélées. Mais ces nouveaux convertis, oublient qu'il est trop tard. Si vraiment la grâce les a touchés, elle ne saurait avoir le même pouvoir sur des âmes peu soucieuses des préoccupations qui assiègent ces récents dévots. Les foules ne veulent plus aujourd'hui des dieux dont eux-mêmes ne voulaient pas hier et qu'ils ont contribué à briser. Il n'est pas de puissance divine ou humaine qui puisse obliger les fleuves à remonter vers leur source.

La science n'a fait aucune banqueroute et n'est pour rien dans l'anarchie actuelle des esprits ni dans la puissance nouvelle qui grandit au milieu de cette anarchie. Elle nous a promis la vérité, ou au moins la connaissance des relations que notre intelligence peut saisir ; elle ne nous a jamais promis ni la paix ni le bonheur. Souverainement indifférente à nos sentiments, elle n'entend pas nos lamentations. C'est à nous de tâcher de vivre avec elle puisque rien ne pourrait ramener les illusions quelle a fait fuir. D'universels symptômes, visibles chez toutes les nations, nous montrent l'accroissement rapide de la puissance des foules, et ne nous permettent pas de supposer que cette puissance doive cesser bientôt de grandir. Quoi qu'elle nous apporte, nous devrons le subir.

Toute dissertation contre elle ne représente que vaines paroles. Certes il est possible que l'avènement des foules marque une des dernières étapes des civilisations de l'Occident, un retour complet vers ces périodes d'anarchie confuse qui semblent devoir toujours précéder l'éclosion de chaque société nouvelle. Mais comment l'empêcherions-nous ? Jusqu'ici ces grandes destructions de civilisations trop vieilles ont constitué le rôle le plus clair des foules. Ce n'est pas, en effet, d'aujourd'hui seulement que ce rôle apparaît dans le monde. L'histoire nous dit qu'au moment où les forces morales sur lesquelles reposait une civilisation ont perdu leur empire, la dissolution finale est effectuée par ces foules inconscientes et brutales assez justement qualifiées de barbares. Les civilisations n'ont été créées et guidées jusqu'ici que par une petite aristocratie intellectuelle, jamais par les foules. Les foules n'ont de puissance que pour détruire. Leur domination représente toujours une phase de barbarie. Une civilisation implique des règles fixes, une discipline, le passage de l'instinctif au rationnel, la prévoyance de l'avenir, un degré élevé de culture, conditions que les foules, abandonnées à elles-mêmes, se sont toujours montrées absolument incapables de réaliser. Par leur puissance uniquement destructive, elles agissent comme ces microbes qui activent la dissolution des corps débilités ou des cadavres. Quand l'édifice d'une civilisation est vermoulu, ce sont toujours les foules qui en amènent l'écroulement. C'est alors qu'apparaît leur principal rôle, et que, pour un instant, la philosophie du nombre semble la seule philosophie de l'histoire.

En sera-t-il de même pour notre civilisation ? C'est ceque pouvons craindre, mais c'est ce que nous ne pouvons encore savoir. Quoi qu'il en soit, il faut bien nous résigner à subir le règne des foules, puisque des mains imprévoyantes ont successivement renversé toutes les barrières qui pouvaient les contenir. Ces foules, dont on commence à tant parler, nous les connaissons bien peu. Les psychologues professionnels, ayant vécu loin d'elles, les ont toujours ignorées, et quand ils s'en sont occupés, ce n'a été qu'au point de vue des crimes qu'elles peuvent commettre. Sans doute, il existe des foules criminelles, mais il existe aussi des foules vertueuses, des foules héroïques, et encore bien d'autres. Les crimes des foules ne constituent qu'un cas particulier de leur psychologie, et on ne connaît pas plus la constitution mentale des foules en étudiant seulement leurs crimes, qu'on ne connaîtrait celle d'un individu en décrivant seulement ses vices. A dire vrai pourtant, tous les maîtres du monde, tous les fondateurs de religions ou d'empires, les apôtres de toutes les croyances, les hommes d'État éminents, et, dans une sphère plus modeste, les simples chefs de petites collectivités humaines, ont toujours été des psychologues inconscients, ayant de l'âme des foules une connaissance. instinctive, souvent très sûre ; et c'est parce qu'ils la connaissaient bien qu'ils sont si facilement devenus les maîtres. Napoléon pénétrait merveilleusement la psychologie des foules du pays où il a régné, mais il méconnut complètement parfois celle des foules appartenant à des races différentes [1] ; et c'est parce qu'il la méconnut qu'il entreprit, en Espagne et en Russie notamment, des guerres où sa puissance reçut des chocs qui devaient bientôt l'abattre. La connaissance de la psychologie des foules est aujourd'hui la dernière ressource de l'homme d'État qui veut, non pas les gouverner - la chose est devenue bien difficile, - mais tout au moins ne pas être trop gouverné par elles. Ce n'est qu'en approfondissant un peu la psychologie des foules qu'on comprend à quel point les lois et les institutions ont peu d'action sur elles ; combien elles sont incapables d'avoir des opinions quelconques en dehors de celles qui leur sont imposées ; que ce n'est pas avec des règles basées sur l'équité théorique pure qu'on les conduit, mais en recherchant ce qui peut les impressionner et les séduire. Si un législateur veut, par exemple, établir un nouvel impôt, devra-t-il choisir celui qui sera théoriquement le plus juste ? En aucune façon. Le plus injuste pourra être pratiquement le meilleur pour les foules. S'il est en même temps le moins visible, et le moins lourd en apparence, il sera le plus facilement admis. C'est ainsi qu'un impôt indirect, si exorbitant qu'il soit, sera toujours accepté par la foule, parce que, étant journellement payé sur des objets de consommation par fractions de centime, il ne gêne pas ses habitudes et ne l'impressionne pas. Remplacez-le par un impôt proportionnel sur les salaires ou autres revenus, à payer en une seule fois, fût-il, théoriquement dix fois moins lourd que l'autre, il soulèvera d'unanimes protestations. Aux centimes invisibles de chaque jour se substitue, en effet, une somme relativement élevée, qui paraîtra immense, et par conséquent très impressionnante, le jour où il faudra la payer. Elle ne paraîtrait faible que si elle avait été mise de côté sou à sou ; mais ce procédé économique représente une dose de prévoyance dont les foules sont incapables. L'exemple qui précède est des plus simples ; la justesse en est aisément perçue. Elle n'avait pas échappé à un psychologue comme Napoléon ; mais les législateurs, qui ignorent l'âme des foules, ne sauraient l'apercevoir. L'expérience ne leur a pas encore suffisamment enseigné que les hommes ne se conduisent jamais avec les

---

[1] Ses plus subtils conseillers ne la comprirent pas d'ailleurs davantage. Talleyrand lui écrivait que " l'Espagne accueillerait en libérateurs ses soldats. Elle los accueillit comme des bêtes fauves. Un psychologue, au courant des instincts héréditaires de la race, aurait pu aisément prévoir cet accueil.

13

prescriptions de la raison pure. Bien d'autres applications pourraient être faites de la psychologie des foules. Sa connaissance jette la plus vive lueur sur un grand nombre de phénomènes historiques et économiques totalement inintelligibles sans elle. J'aurai occasion de montrer que si le plus remarquable des historiens modernes, M. Taine, a si imparfaitement compris parfois les événements de notre grande Révolution, c'est qu'il n'avait jamais songé à étudier l'âme des foules. Il a pris pour guide, dans l'étude de cette période compliquée, la méthode descriptive des naturalistes ; mais, parmi les phénomènes que les naturalistes ont à étudier, les forces morales ne figurent guère. Or ce sont précisément ces forces-là qui constituent les vrais ressorts de l'histoire.

À n'envisager que son côté pratique, l'étude de la psychologie des foules méritait donc d'être tentée. N'eût-elle qu'un intérêt de curiosité pure, elle le mériterait encore. Il est aussi intéressant de déchiffrer les mobiles des actions des hommes que de déchiffrer un minéral ou une plante. Notre étude de l'âme des foules ne pourra être qu'une brève synthèse, un simple résumé de nos recherches. Il ne faut lui demander que quelques vues suggestives. D'autres creuseront davantage le sillon. Nous ne faisons aujourd'hui que le tracer sur un terrain bien vierge encore [2].

---

[2] Les rares auteurs qui se sont occupés de l'étude psychologique des foules ne les ont examinées, comme je le disais plus haut, qu'au point de vue criminel. N'ayant consacré à ce dernier sujet qu'un court chapitre de cet ouvrage, je renverrai le lecteur pour ce point spécial aux études de M. Tarde et à l'opuscule de M. Sighele : *Les foules criminelles*. Ce dernier travail ne contient pas une seule idée personnelle à son auteur, mais il renferme une compilation de faits que les psychologues pourront utiliser. Mes conclusions sur la criminalité et la moralité des foules sont d'ailleurs tout à fait contraires à celles des deux écrivains que je viens de citer. On trouvera dans mon ouvrage, *La Psychologie du Social*isme quelques conséquences des lois qui régissent la psychologie des foules. Ces lois trouvent d'ailleurs des applications dans les sujets les plus divers. M. A. Gevaert, directeur du Conservatoire royal de Bruxelles, a donné récemment une remarquable application des lois que nous avons exposées dans un travail sur la musique, qualifiées très justement par lui d'" art des foules ". " Ce sont vos deux ouvrages, m'écrit cet éminent professeur, en m'envoyant son mémoire, qui m'ont donné la solution d'un problème considéré auparavant par moi comme insoluble : l'aptitude étonnante de toute foule à sentir une oeuvre musicale récente ou ancienne, indigène ou étrangère, simple ou compliquée, pourvu qu'elle soit produite dans une belle exécution et par des

exécutants dirigés par un chef enthousiaste. " M. Gevaert montre admirablement pourquoi " une oeuvre restée incomprise à des musiciens émérites lisant la partition dans la solitude de leur cabinet, sera parfois saisie d'emblée par un auditoire étranger à toute culture technique ". Il montre aussi fort bien pourquoi ces impressions esthétiques ne laissent aucune trace.

Chapitre I

Caractéristiques générales des foules - Loi psychologique de leur unité mentale.

Au sens ordinaire le mot foule représente une réunion d'individus quelconques, quels que soient leur nationalité, leur profession ou leur sexe, et quels que soient aussi les hasards qui les rassemblent. An point de vue psychologique, l'expression foule prend une signification tout autre. Dans certaines circonstances données, et seulement dans ces circonstances, une agglomération d'hommes possède des caractères nouveaux fort différents de ceux des individus composant cette agglomération. La personnalité consciente s'évanouit, les sentiments et les idées de toutes les unités sont orientés dans une même direction. Il se forme une âme collective, transitoire sans doute, mais présentant des caractères très nets. La collectivité est alors devenue ce que, faute d'une expression meilleure, j'appellerai une foule organisée, ou, si l'on préfère, une foule psychologique. Elle forme un seul être et se trouve soumise à la *loi de l'unité mentale des foules.* Il est visible que ce n'est pas par le fait seul que beaucoup d'individus se trouvent accidentellement côte à côte, qu'ils acquièrent les caractères d'une foule organisée. Mille individus accidentellement réunis sur une place publique sans aucun but déterminé, ne constituent nullement une foule au point de vue psychologique. Pour en acquérir les caractères spéciaux, il faut l'influence de certains excitants dont nous aurons à déterminer la nature.

L'évanouissement de la personnalité consciente et l'orientation des sentiments et des pensées dans un sens déterminé, qui sont les premiers traits de la foule en voie de s'organiser, n'impliquent pas toujours la présence simultanée de plusieurs individus sur un seul point. Des milliers d'individus séparés peuvent à certains moments, sous l'influence de certaines émotions violentes, un grand événement national par exemple, acquérir les caractères d'une foule psychologique. Il suffira alors qu'un hasard quelconque les réunisse pour que leurs actes revêtent aussitôt les caractères spéciaux aux actes des foules. A certains moments, une demi-douzaine d'hommes peuvent constituer une foule psychologique, tandis que des centaines d'hommes réunis par hasard peuvent ne pas la constituer. D'autre part, un peuple entier, sans qu'il y ait agglomération visible, peut devenir foule sous l'action de certaines influences. Lorsqu'une foule psychologique est constituée, elle acquiert des caractères généraux provisoires, mais déterminables. A ces caractères généraux s'ajoutent des caractères particuliers, variables, suivant les éléments dont la foule se compose et qui peuvent en modifier la constitution mentale.

Les foules psychologiques sont donc susceptibles d'une classification, et, lorsque nous arriverons à nous occuper de cette classification, nous verrons qu'une foule hétérogène, c'est-à-dire composée d'éléments dissemblables, présente avec les foules homogènes, c'est-à-dire composées d'éléments plus ou moins semblables (sectes, castes et classes), des caractères communs, et, à côté de ces caractères communs, des particularités qui permettent de l'en différencier.

Mais avant de nous occuper des diverses catégories de foules, nous devons examiner d'abord les caractères communs à toutes. Nous opérerons comme le naturaliste, qui commence par décrire les caractères généraux communs à tous les individus d'une famille avant de s'occuper des caractères particuliers qui permettent de différencier les genres et les espèces que renferme cette famille. Il n'est pas facile de décrire avec exactitude l'âme des foules, parce que son organisation varie non seulement suivant la race et la composition des collectivités, mais encore suivant la nature et le degré des excitants auxquels ces collectivités sont soumises. Mais la même difficulté se présente dans l'étude psychologique d'un individu quelconque. Ce n'est que dans les romans qu'on voit les individus traverser la vie avec un caractère constant. Seule l'uniformité des milieux crée l'uniformité apparente des caractères. J'ai montré ailleurs que toutes les constitutions mentales contiennent des possibilités de caractère qui peuvent se manifester dès que le milieu change brusquement. C'est ainsi que, parmi les Conventionnels les plus féroces se trouvaient d'inoffensifs bourgeois, qui, dans les circonstances ordinaires, eussent été de pacifiques notaires ou de vertueux magistrats. L'orage passé, ils reprirent leur caractère normal de bourgeois pacifiques. Napoléon trouva parmi eux ses plus dociles serviteurs.

Ne pouvant étudier ici tous les degrés de formation des foules, nous les envisagerons surtout ces dernières dans leur phase de complète organisation. Nous verrons ainsi ce qu'elles peuvent devenir mais non ce qu'elles sont toujours. C'est seulement à cette phase avancée d'organisation que, sur le fonds invariable et dominant de la race, se superposent certains caractères nouveaux et spéciaux, et que se produit l'orientation de tous les sentiments et pensées de la collectivité dans une direction identique. C'est alors seulement que se manifeste ce que j'ai nommé plus haut, la *loi psychologique de l'unité mentale des foules*. Parmi les caractères psychologiques des foules, il en est qu'elles peuvent présenter en commun avec des individus isolés ; d'autres, au contraire, leur sont absolument spéciaux et ne se rencontrent que chez les collectivités. Ce sont ces caractères spéciaux que nous allons étudier d'abord pour bien en montrer l'importance. Le fait le plus frappant que présente une foule psychologique est le suivant : quels que soient les individus qui la composent, quelque semblables ou dissemblables que soient leur genre de vie, leurs occupations, leur caractère ou leur intelligence, par le fait seul qu'ils sont transformés en foule, ils possèdent une sorte d'âme collective qui les fait sentir, penser, et agir d'une façon tout à fait différente de celle dont sentirait, penserait et agirait chacun d'eux isolément. il y a des idées, des sentiments qui ne surgissent ou ne se transforment en actes que chez les individus en foule. La foule psychologique est un être provisoire, formé d'éléments hétérogènes qui pour un instant se sont soudés, absolument comme les cellules qui constituent un corps vivant forment par leur réunion un être nouveau manifestant des caractères fort différents de ceux que chacune de ces cellules possède. Contrairement à une opinion qu'on s'étonne de trouver sous la plume d'un philosophe aussi pénétrant qu'Herbert Spencer, dans l'agrégat qui constitue une foule, il n'y a nullement somme et moyenne des éléments, il y a combinaison et création de nouveaux caractères, de même qu'en chimie certains éléments mis en présence, les bases et les acides par exemple, se combinent pour former un corps nouveau possédant des propriétés tout à fait différentes de celle des corps ayant servi à le constituer. Il est facile de constater combien l'individu en foule diffère de l'individu isolé ; mais il est moins facile de découvrir les causes de cette différence. Pour arriver à entrevoir au moins ces causes, il faut se rappeler d'abord cette constatation de la psychologie moderne à savoir que ce n'est pas seulement dans la vie organique, mais encore dans le fonctionnement de l'intelligence que les phénomènes inconscients jouent un rôle tout à fait prépondérant. La vie consciente de l'esprit ne représente qu'une bien faible part auprès de sa vie inconsciente. L'analyste le plus subtil, l'observateur le plus pénétrant n'arrive guère à découvrir qu'un bien petit nombre des mobiles inconscients qui le mènent. Nos actes conscients dérivent d'un substratum inconscient créé surtout par des influences d'hérédité. Ce substratum renferme les innombrables résidus ancestraux qui constituent l'âme de la race. Derrière les causes avouées de nos actes, il y a sans doute les causes secrètes que nous n'avouons pas, mais derrière ces causes secrètes il y en a de beaucoup plus secrètes encore, puisque nous-mêmes les ignorons. La plupart de nos actions journalières ne sont que l'effet de mobiles cachés qui nous échappent.

C'est surtout par les éléments inconscients qui forment l'âme d'une race, que se ressemblent tous les individus de cette race, et c'est principalement par les éléments conscients, fruits de l'éducation mais surtout d'une hérédité exceptionnelle, qu'ils diffèrent. Les hommes les plus dissemblables par leur intelligence ont des instincts, des passions, des sentiments fort semblables. Dans tout ce qui est matière de sentiment religion, politique, morale, affections et antipathies, etc., les hommes les plus éminents ne dépassent que bien rarement le niveau des individus les plus ordinaires. Entre un grand mathématicien et son bottier il peut exister un abîme, au point de vue intellectuel, mais au point de vue du caractère la différence est le plus souvent nulle ou très faible. Or ce sont précisément ces qualités générales du caractère, régies par l'inconscient et que la plupart des individus normaux d'une race possèdent à peu près au même degré, qui, dans les foules, sont mises en commun. Dans l'âme collective, les aptitudes intellectuelles des individus, et par conséquent leur individualité, s'effacent. L'hétérogène se noie dans l'homogène, et les qualités inconscientes dominent. C'est justement cette mise en commun de qualités ordinaires qui nous explique pourquoi les foules ne sauraient jamais accomplir d'actes exigeant une intelligence élevée. Les décisions d'intérêt général prises par une assemblée d'hommes distingués, mais de spécialités différentes, ne sont pas sensiblement supérieures aux décisions que prendrait une réunion d'imbéciles. Ils ne peuvent mettre en commun en effet que ces qualités médiocres que tout le monde possède. Dans les foules, c'est la bêtise et non l'esprit, qui s'accumule. Ce n'est pas tout le monde, comme on le répète si souvent, qui a plus d'esprit que Voltaire, c'est certainement Voltaire qui a plus d'esprit que tout le monde, si par " tout le monde " il faut entendre les foules. Mais si les individus en foule se bornaient à mettre en commun les qualités ordinaires dont chacun d'eux a sa part, il y aurait simplement moyenne, et non, comme nous l'avons dit, création de caractères nouveaux.

    Comment s'établissent ces caractères nouveaux ? C'est ce que nous devons rechercher maintenant. Diverses causes déterminent l'apparition de ces caractères spéciaux aux foules, et que les individus isolés ne possèdent pas. La première est que l'individu en foule acquiert, par le fait seul du nombre, un sentiment de puissance invincible qui lui permet de céder à des instincts que, seul, il eût forcément refrénés. Il sera d'autant moins porté à les refréner que, la foule étant anonyme, et par conséquent irresponsable, le sentiment de la responsabilité, qui retient toujours les individus, disparaît entièrement. Une seconde cause, la contagion, intervient également pour déterminer chez les foules la manifestation de caractères spéciaux et en même temps leur orientation. La contagion est un phénomène aisé à constater, mais non expliqué, et qu'il faut rattacher aux phénomènes d'ordre hypnotique que nous étudierons dans un instant. Dans une foule, tout sentiment, tout acte est contagieux, et contagieux à ce point que l'individu sacrifie très facilement son intérêt personnel à l'intérêt collectif. C'est là une aptitude fort contraire à sa nature, et dont l'homme n'est guère capable que lorsqu'il fait partie d'une foule. Une troisième cause, et celle-là est de beaucoup la plus importante, détermine dans les individus en foule des caractères spéciaux parfois tout à fait contraires à ceux de l'individu isolé. Je veux parler de la suggestibilité, dont la contagion mentionnée plus haut n'est d'ailleurs qu'un effet.

Pour comprendre ce phénomène, il faut avoir présentes à l'esprit certaines découvertes récentes de la physiologie. Nous savons aujourd'hui que, par des procédés variés, un individu peut être placé dans un état tel, qu'ayant perdu toute sa personnalité consciente, il obéisse à toutes les suggestions de l'opérateur qui la lui a fait perdre, et commette les actes les plus contraires à son caractère et à ses habitudes. Or les observations les plus attentives paraissent prouver que l'individu plongé depuis quelque temps au sein d'une foule agissante, se trouve bientôt placé – par suite des effluves qui s'en dégagent, ou pour toute autre cause que nous ne connaissons pas – dans un état particulier, qui se rapproche beaucoup de l'état de fascination où se trouve l'hypnotisé dans les mains de son hypnotiseur. La vie du cerveau étant paralysée chez le sujet hypnotisé, celui-ci devient l'esclave de toutes les activités inconscientes de sa moelle épinière, que l'hypnotiseur dirige à son gré. La personnalité consciente est entièrement évanouie, la volonté et le discernement sont perdus. Tous les sentiments et les pensées sont orientés dans le sens déterminé par l'hypnotiseur.

Tel est à peu près aussi l'état de l'individu faisant partie d'une foule psychologique. Il n'est plus conscient de ses actes. Chez lui, comme chez l'hypnotisé, en même temps que certaines facultés sont détruites, d'autres peuvent être amenées à un degré d'exaltation extrême. Sous l'influence d'une suggestion, il se lancera avec une irrésistible impétuosité vers l'accomplissement de certains actes. Impétuosité plus irrésistible encore dans les foules que chez le sujet hypnotisé, parce que la suggestion étant la même pour tous les individus s'exagère en devenant réciproque. Les individualités qui, dans la foule, posséderaient une personnalité assez forte pour résister à la suggestion, sont en nombre trop faible pour lutter contre le courant. Tout au plus elles pourront tenter une diversion par une suggestion différente. C'est ainsi, par exemple, qu'un mot heureux, une image évoquée à propos ont parfois détourné les foules des actes les plus sanguinaires. Donc, évanouissement de la personnalité consciente, prédominance de la personnalité inconsciente, orientation par voie de suggestion et de contagion des sentiments et des idées dans un même sens, tendance à transformer immédiatement en actes les idées suggérées, tels sont les principaux caractères de l'individu en foule. Il n'est plus lui-même, il est devenu un automate que sa volonté ne guide plus. Aussi, par le fait seul qu'il fait partie d'une foule organisée, l'homme descend de plusieurs degrés sur l'échelle de la civilisation. Isolé, c'était peut-être un individu cultivé, en foule c'est un barbare, c'est-à-dire un instinctif. Il a la spontanéité, la violence, la férocité, et aussi les enthousiasmes et les héroïsmes des êtres primitifs. Il tend à s'en rapprocher encore par la facilité avec laquelle il se laisse impressionner par des mots, des images – qui sur chacun des individus isolés composant la foule seraient tout à fait sans action – et conduire à des actes contraires à ses intérêts les plus évidents et à ses habitudes les plus connues. L'individu en foule est un grain de sable au milieu d'autres grains de sable que le vent soulève à son gré.

Et c'est ainsi qu'on voit des jurys rendre des verdicts que désapprouverait chaque juré individuellement, des assemblées parlementaires adopter des lois et des mesures que réprouverait en particulier chacun des membres qui les composent. Pris séparément, les hommes de la Convention étaient des bourgeois éclairés, aux habitudes pacifiques. Réunis en foule, ils n'hésitaient pas à approuver les propositions les plus féroces, à envoyer à la guillotine les individus les Plus manifestement innocents ; et, contrairement à tous leurs intérêts, à renoncer à leur inviolabilité et à se décimer eux-mêmes.

Et ce n'est pas seulement par ses actes que l'individu en foule, diffère essentiellement de lui-même. Avant même qu'il ait perdu toute indépendance, ses idées et ses sentiments se sont transformés, et la transformation est profonde, au point de changer l'avare en prodigue, le sceptique en croyant, l'honnête homme en criminel, le poltron en héros. La renonciation à tous ses privilèges que. dans un moment d'enthousiasme, la noblesse vota pendant la fameuse nuit du 4 août 1789, n'eût certes jamais été acceptée par aucun de ses membres pris isolément.

Concluons de ce qui précède, que la foule est toujours intellectuellement inférieure à l'homme isolé, mais que, au point de vue des sentiments et des actes que ces sentiments provoquent, elle peut, suivant les circonstances, être meilleure ou pire. Tout dépend de la façon dont la foule est suggestionnée. C'est là ce qu'ont parfaitement méconnu les écrivains qui n'ont étudié les foules qu'au point de vue criminel. La foule est souvent criminelle, sans doute, mais souvent aussi elle est héroïque. Ce sont surtout les foules qu'on amène à se faire tuer pour le triomphe d'une croyance ou d'une idée, qu'on enthousiasme pour la gloire et l'honneur, qu'on entraîne presque sans pain et sans armes comme à l'âge des croisades, pour délivrer de l'infidèle le tombeau d'un Dieu, ou comme en 93, pour défendre le sol de la patrie. Héroïsmes un peu inconscients, sans doute, mais c'est avec ces héroïsmes-là que se fait l'histoire. S'il ne fallait mettre à l'actif des peuples que les grandes actions froidement raisonnées, les annales du monde en enregistreraient bien peu.

Chapitre II

Sentiments et moralité des foules

Après avoir indiqué d'une façon très générale les principaux caractères des foules, il nous reste à pénétrer dans le détail de ces caractères. On remarquera que, parmi les caractères spéciaux des foules, il en est plusieurs, tels que l'impulsivité, l'irritabilité, l'incapacité de raisonner, l'absence de jugement et d'esprit critique, l'exagération des sentiments, et d'autres encore, que l'on observe également chez les êtres appartenant à des formes inférieures d'évolution, tels que la femme, le sauvage et l'enfant mais c'est là une analogie que je n'indique qu'en passant. Sa démonstration sortirait du cadre de cet ouvrage. Elle serait inutile, d'ailleurs, pour les personnes au courant de la psychologie des primitifs, et resterait toujours peu convaincante pour celles qui ne la connaissent pas. J'aborde maintenant l'un après l'autre les divers caractères que l'on peut observer dans la plupart des foules.

1. — Impulsivité, mobilité et irritabilité des foules

La foule, avons-nous dit en étudiant ses caractères fondamentaux, est conduite presque exclusivement par l'inconscient. Ses actes sont beaucoup plus sous l'influence de la moelle épinière que sous celle du cerveau. Elle se rapproche en cela des êtres tout à fait primitifs. Les actes exécutés peuvent être parfaits quant à leur exécution, mais, le cerveau ne les dirigeant pas, l'individu agit suivant les hasards des excitations. Une foule est le jouet de toutes les excitations extérieures et en reflète les incessantes variations. Elle est donc esclave des impulsions qu'elle reçoit. L'individu isolé peut être soumis aux mêmes excitants que l'homme en foule ; mais comme son cerveau lui montre les inconvénients d'y céder, il n'y cède pas. C'est ce qu'on peut physiologiquement exprimer en disant que l'individu isolé possède l'aptitude à dominer ses réflexes, alors que la foule ne la possède pas.

Ces impulsions diverses auxquelles obéissent les foules pourront être, suivant les excitations, généreuses ou cruelles, héroïques ou pusillanimes, mais elles seront toujours tellement impérieuses que l'intérêt personnel, l'intérêt de la conservation lui-même, ne les dominera pas. Les excitants qui peuvent agir sur les foules étant fort variés, et les foules y obéissant toujours, celles-ci sont par suite, extrêmement mobiles ; et c'est pourquoi nous les voyons passer en un instant de la férocité la plus sanguinaire à la générosité ou à l'héroïsme le plus absolu. La foule devient très aisément bourreau, mais non moins aisément elle devient martyre. C'est de son sein qu'ont coulé les torrents de sang exigés par le triomphe de chaque croyance. Il n'est pas besoin de remonter aux âges héroïques pour voir de quoi, a ce dernier point de vue, les foules sont capables. Elles ne marchandent jamais leur vie dans une émeute, et il y a bien peu d'années qu'un général, devenu subitement populaire, eût aisément trouvé cent mille hommes prêts à se faire tuer pour sa cause, s'il l'eût demandé. Rien donc ne saurait être prémédité chez les foules.

Elles peuvent parcourir successivement la gamme des sentiments les plus contraires, mais elles seront toujours sous l'influence des excitations du moment. Elles sont semblables aux feuilles que l'ouragan soulève, disperse en tous sens, puis laisse retomber. En étudiant ailleurs certaines foules révolutionnaires, nous montrerons quelques exemples de la variabilité de leurs sentiments. Cette mobilité des foules les rend très difficiles à gouverner, surtout lorsqu'une partie des pouvoirs publics est tombée entre leurs mains. Si les nécessités de la vie de chaque jour ne constituaient une sorte de régulateur invisible des choses, les démocraties ne pourraient guère durer. Mais, si les foules veulent les choses avec frénésie, elles ne les veulent pas bien longtemps. Elles sont aussi incapables de volonté durable que de pensée. La foule n'est pas seulement impulsive et mobile. Comme le sauvage, elle n'admet pas que quelque chose puisse s'interposer entre son désir et la réalisation de ce désir. Elle le comprend d'autant moins que le nombre lui donne le sentiment d'une puissance irrésistible. Pour l'individu en foule, la notion d'impossibilité disparaît. L'individu isolé sent bien qu'il ne pourrait à lui seul incendier un palais, piller un magasin, et, s'il en est tenté, il résistera aisément à sa tentation. Faisant partie d'une foule, il a conscience du pouvoir que lui donne le nombre, et il suffit de lui suggérer des idées de meurtre et de pillage pour qu'il cède immédiatement à la tentation. L'obstacle inattendu sera brisé avec frénésie. Si l'organisme humain permettait la perpétuité de la fureur, on pourrait dire que l'état normal de la foule contrariée est la fureur. Dans l'irritabilité des foules, dans leur impulsivité et leur mobilité, ainsi que dans tous les sentiments populaires que nous aurons à étudier, interviennent toujours les caractères fondamentaux de la race, qui constituent le sol invariable sur lequel germent tous nos sentiments. Toutes les foules sont toujours irritables et impulsives, sans doute, mais avec de grandes variations de degré. La différence entre une foule latine et une foule anglo-saxonne est, par exemple, frappante. Les faits les plus récents de notre histoire jettent une vive lueur sur ce point. Il a suffi, en 1870, de la publication d'un simple télégramme relatant une insulte supposée faite à un ambassadeur pour déterminer une explosion de fureur dont une guerre terrible est immédiatement sortie. Quelques années plus tard, l'annonce télégraphique d'un insignifiant échec à Langson provoqua une nouvelle explosion qui amena le renversement instantané du gouvernement. Au même moment, l'échec beaucoup plus grave d'une expédition anglaise devant Kartoum ne produisit en Angleterre qu'une émotion très faible, et aucun ministère ne fut renversé. Les foules sont partout féminines, mais les plus féminines de toutes sont les foules latines. Qui s'appuie sur elles peut monter très haut et très vite, mais en côtoyant sans cesse la roche Tarpéienne et avec la certitude d'en être précipité un jour.

2. — Suggestibilité et crédulité des foules

Nous avons dit, en définissant les foules, qu'un de leurs caractères généraux est une suggestibilité excessive, et nous avons montré combien, dans toute agglomération humaine, une suggestion est contagieuse ; ce qui explique l'orientation rapide des sentiments dans un sens déterminé. Si neutre qu'on la suppose, la foule se trouve le plus souvent dans cet état d'attention expectante qui rend la suggestion facile. La première suggestion formulée qui surgit s'impose immédiatement par contagion à tous les cerveaux, et aussitôt l'orientation s'établit. Comme chez tous les êtres suggestionnés, l'idée qui a envahi le cerveau tend à se transformer en acte. Qu'il s'agisse d'un palais à incendier ou d'un acte de dévouement à accomplir, la foule s'y prête avec la même facilité. Tout dépendra de la nature de l'excitant, et non plus, comme chez l'être isolé, des rapports existant entre l'acte suggéré et la somme de raison qui peut être opposée à sa réalisation. Aussi, errant toujours sur les limites de l'inconscience, subissant aisément toutes les suggestions, ayant toute la violence de sentiments propre aux êtres qui ne peuvent faire appel aux influences de la raison, dépourvue de tout esprit critique, la foule ne peut qu'être d'une crédulité excessive. L'invraisemblable n'existe pas pour elle, et il faut bien se le rappeler pour comprendre la facilité avec laquelle se créent et se propagent les légendes et les récits les plus invraisemblables [3]. La création des

---

[3] Les personnes qui ont assisté au siège de Paris ont vu de nombreux exemples de cette crédulité des foules aux choses les plus invraisemblables. Une bougie allumée à un étage supérieur était considérée aussitôt comme un signal fait aux assiégeants, bien qu'il fût évident, après deux secondes de réflexion, qu'il leur était absolument impossible d'apercevoir de plusieurs lieues de distance la lueur de cette bougie.

légendes qui circulent si aisément dans les foules n'est pas déterminée seulement par une crédulité complète. Elle l'est encore par les déformations prodigieuses que subissent les événements dans l'imagination de gens assemblés. L'événement le plus simple vu par la foule est bientôt un événement transformé. Elle pense par images, et l'image évoquée en évoque elle-même une série d'autres n'ayant aucun lien logique avec la première. Nous concevons aisément cet état en songeant aux bizarres successions d'idées où nous sommes parfois conduits par l'évocation d'un fait quelconque. La raison nous montre ce que dans ces images il y a d'incohérence, mais la foule ne le voit guère ; et ce que son imagination déformante ajoute à l'événement réel, elle le confondra avec lui. La foule ne sépare guère le subjectif de l'objectif. Elle admet comme réelles les images évoquées dans son esprit, et qui le plus souvent n'ont qu'une parenté, lointaine avec le fait observé. Les déformations qu'une foule fait subir à un événement quelconque dont elle est témoin devraient, semble-t-il, être innombrables et de sens divers, puisque les individus qui la composent sont de tempéraments fort différents. Mais il n'en est rien. Par suite de la contagion, les déformations sont de même nature et de même sens pour tous les individus. La première déformation perçue par un des individus de la collectivité est le noyau de la suggestion contagieuse. Avant d'apparaître sur les murs de Jérusalem à tous les croisés, saint Georges ne fut certainement aperçu que par un des assistants. Par voie de suggestion et de contagion le miracle signalé par un seul fut immédiatement accepté par tous. Tel est toujours le mécanisme de ces hallucinations collectives si fréquentes dans l'histoire, et qui semblent avoir toutes les caractères classiques de l'authenticité, puisqu'il s'agit de phénomènes constatés par des milliers de personnes. Il ne faudrait pas, pour combattre ce qui précède, faire intervenir la qualité mentale des individus dont se compose la foule. Cette qualité est sans importance. Du moment qu'ils sont en foule, l'ignorant et le savant sont également incapables d'observation. La thèse peut sembler paradoxale. Pour la démontrer à fond, il faudrait reprendre un grand nombre de faits historiques, et plusieurs volumes n'y suffiraient pas. Ne voulant pas cependant laisser le lecteur sous l'impression d'assertions sans preuves, je vais lui donner quelques exemples pris au hasard parmi les monceaux de ceux que l'on pourrait citer.

Le fait suivant est un des plus typiques, parce qu'il est choisi parmi des hallucinations collectives sévissant sur une foule où se trouvaient des individus de toutes sortes, les plus ignorants comme les plus instruits. Il est rapporté incidemment par le lieutenant de vaisseau Julien Félix dans son livre sur les courants de la mer, et a été autrefois reproduit dans la *Revue Scientifique*.

La frégate la *Belle-Poule* croisait en mer pour retrouver la corvette *le Berceau* dont elle avait été séparée par un violent orage. On était en plein jour et en plein soleil. Tout à coup la vigie signale une embarcation désemparée. L'équipage dirige ses regards vers le point signalé, et tout le monde, officiers et matelots, aperçoit nettement un radeau chargé d'hommes remorqué par des embarcations sur lesquelles flottaient des signaux de détresse. Ce n'était pourtant qu'une hallucination collective. L'amiral Desfossés fit armer une embarcation pour voler au secours des naufragés. En approchant, les matelots et les officiers qui la montaient voyaient " des masses d'hommes s'agiter, tendre les mains, et entendaient le bruit sourd et confus d'un grand nombre de voix ". Quand l'embarcation fut arrivée, on se trouva simplement devant quelques branches d'arbres couvertes de feuilles arrachées à la côte voisine. Devant une évidence aussi palpable, l'hallucination s'évanouit.

Dans cet exemple on voit se dérouler bien clairement le mécanisme de l'hallucination collective tel que nous l'avons expliqué. D'un côté, une foule en état d'attention expectante ; de l'autre, une suggestion faite par la vigie signalant un bâtiment désemparé en mer, suggestion qui, par voie de contagion, fut acceptée par tous les assistants, officiers ou matelots. Il n'est pas besoin qu'une, foule soit nombreuse pour que la faculté de voir correctement ce qui se passe devant elle soit détruite, et les faits réels remplacés par des hallucinations sans parenté avec eux. Dès que quelques individus sont réunis, ils constituent une foule, et, alors même qu'ils seraient des savants distingués, ils prennent tous les caractères des foules pour ce qui est en dehors de leur spécialité. La faculté d'observation et l'esprit critique possédés par chacun d'eux s'évanouissent aussitôt. Un psychologue ingénieux, M. Davey, nous en fournit un bien curieux exemple, récemment rapporté par les *Annales des Sciences psychiques,* et qui mérite d'être relaté ici. M. Davey ayant convoqué une réunion d'observateurs distingués, parmi lesquels un des premiers savants de l'Angleterre, M. Wallace, exécuta devant eux, et après leur avoir laissé examiner les objets et poser des cachets où ils voulaient, tous les phénomènes classiques des spirites : matérialisation des esprits, écriture sur des ardoises, etc. Ayant ensuite obtenu de ces observateurs distingués des rapports écrits affirmant que les phénomènes observés n'avaient pu être obtenus que par des moyens surnaturels, il leur révéla qu'ils étaient le résultat de supercheries très simples. " Le plus étonnant de l'investigation de M. Davey, écrit l'auteur de la relation, n'est pas la merveille des tours en eux-mêmes, mais l'extrême faiblesse des rapports qu'en ont faits les témoins non initiés. Donc dit-il, les témoins peuvent faire de nombreux et positifs récits qui sont complètement erronés, mais dont le résultat est que, *si l'on accepte leurs descriptions comme exactes,* les phénomènes qu'ils décrivent sont inexplicables par la supercherie. Les méthodes inventées par M. Davey étaient si simples qu'on est étonné qu'il ait eu la hardiesse de les employer ; mais il avait un tel pouvoir sur l'esprit de la foule qu'il pouvait lui persuader qu'elle voyait ce qu'elle ne voyait pas." C'est toujours le pouvoir de l'hypnotiseur sur l'hypnotisé. Mais quant on voit ce pouvoir s'exercer sur des esprits supérieurs, préalablement mis en défiance pourtant, on conçoit à quel point il est facile d'illusionner les foules ordinaires. Les exemples analogues sont innombrables. Au moment où j'écris ces lignes, les journaux sont remplis par l'histoire de deux petites filles noyées retirées de la Seine. Ces enfants furent d'abord reconnues de la façon la plus catégorique par une douzaine de témoins. Toutes les affirmations étaient si concordantes qu'il n'était resté aucun doute dans l'esprit du juge d'instruction. Il fit établir l'acte de décès. Mais au moment où on allait procéder à l'inhumation, le hasard fit découvrir que les victimes supposées étaient parfaitement vivantes et n'avaient d'ailleurs qu'une très lointaine ressemblance avec les petites noyées. Comme dans plusieurs des exemples précédemment cités l'affirmation du premier témoin, victime d'une illusion avait suffi à suggestionner tous les autres.

Dans les cas semblables, le point de départ de la suggestion est toujours l'illusion produite chez un individu par des réminiscences plus ou moins vagues, puis la contagion par voie d'affirmation de cette illusion primitive. Si le premier observateur est très impressionnable, il suffira souvent que le, cadavre qu'il croit reconnaître présente – en dehors de toute ressemblance réelle – quelque particularité, une cicatrice ou un détail de toilette, qui puisse évoquer l'idée d'une, autre personne. L'idée évoquée peut alors devenir le noyau d'une sorte de cristallisation qui envahit le champ de l'entendement et paralyse toute faculté critique. Ce que l'observateur voit alors, ce n'est plus l'objet lui-même, mais l'image évoquée dans son esprit. Ainsi s'expliquent les reconnaissances erronées de cadavres d'enfants par leur propre mère, tel que le cas suivant, déjà ancien, mais qui a été rappelé récemment par les journaux, et où l'on voit se manifester précisément les deux ordres de suggestion dont je viens d'indiquer le mécanisme. " L'enfant fut reconnu par un autre enfant – qui se trompait. La série des reconnaissances inexactes se déroula alors. Et l'on vit une chose très extraordinaire. Le lendemain du jour où un écolier l'avait reconnu, une femme s'écria : " Ah ! mon Dieu, c'est mon enfant. "

On l'introduit près du cadavre, elle examine les effets, constate une cicatrice au front. " C'est bien, dit-elle, mon pauvre fils, perdu depuis juillet dernier. On me l'aura volé et on me l'a tué ! " La femme était concierge rue du Four et se nommait Chavandret. On fit venir son beau-frère qui, sans hésitation, dit : " Voilà le petit Philibert. " Plusieurs habitants de la rue reconnurent Philibert Chavandret dans l'enfant de la Villette, sans compter son propre maître d'école pour qui la médaille était un indice. Eh bien ! les voisins, le beau-frère, le maître d'école et la mère se trompaient. Six semaines plus tard, l'identité de l'enfant fut établie. C'était un enfant de Bordeaux, tué à Bordeaux et, par les messageries, apporté à Paris [4].

On remarque que ces reconnaissances se font généralement par des femmes et des enfants, c'est-à-dire précisément par les êtres les plus impressionnables. Elles nous montrent, du même coup, ce que peuvent valoir en justice de tels témoignages. En ce qui concerne les enfants, notamment, leurs affirmations ne devraient jamais être invoquées. Les

---

[4] *Éclair* du 21 avril 1895.

magistrats répètent comme un lieu commun qu'à cet âge on ne ment pas. Avec une culture psychologique un peu moins sommaire ils sauraient qu'à cet âge, au contraire, on ment presque toujours. Le mensonge, sans doute, est innocent, mais n'en constitue pas moins un mensonge. Mieux vaudrait décider à pile ou face la condamnation d'un accusé que de la décider, comme on l'a fait tant de fois, d'après le témoignage d'un enfant.

Pour en revenir aux observations faites par les foules, nous conclurons que les observations collectives sont les plus erronées de toutes et que le plus souvent elles représentent la simple illusion d'un individu qui, par voie de contagion, a suggestionné les autres. On pourrait multiplier à l'infini les faits prouvant qu'il faut avoir la plus profonde défiance du témoignage des foules. Des milliers d'hommes ont assisté à la célèbre charge de cavalerie de la bataille de Sedan, et pourtant il est impossible, en présence des témoignages visuels les plus contradictoires, de savoir par qui elle fut commandée. Dans un livre récent, le général anglais Wolseley a prouvé que l'on avait commis jusqu'ici les plus graves erreurs sur les faits les plus considérables de la bataille de Waterloo, faits que des centaines de témoins avaient cependant attestés [5]. De tels faits nous montrent ce que valent les témoignages des foules. Les traités de logique font rentrer l'unanimité de nombreux témoins dans la catégorie des preuves les plus solides qu'on puisse invoquer pour prouver l'exactitude d'un fait. Mais ce que nous savons de la psychologie des foules montre que les traités de logique sont à refaire entièrement sur ce point. Les événements les plus

---

[5] Savons-nous, pour une seule bataille, comment elle s'est passée exactement ? J'en doute fort. Nous savons quels furent les vainqueurs et les vaincus, mais probablement rien de plus. Ce que M. d'Harcourt, acteur et témoin, rapporte de la bataille de Solférino peut s'appliquer à toutes les batailles : " Les généraux (renseignés naturellement par des centaines de témoignages) transmettent leurs rapports officiels ; les officiers chargés de porter les ordres modifient ces documents et rédigent le projet définitif ; le chef d'état-major le conteste et le refait sur nouveaux frais. On le porte au Maréchal, il s'écrie : " Vous vous trompez absolument ! " et il substitue une nouvelle rédaction. il ne reste presque rien du rapport primitif. " M. d'Harcourt relate ce fait comme une preuve de l'impossibilité où l'on est d'établir la vérité sur l'événement le plus saisissant , le mieux observé. "

douteux sont certainement ceux qui ont été observés par le plus grand nombre de personnes. Dire qu'an fait a été simultanément constaté par des milliers de témoins, c'est dire le plus souvent que le fait réel est fort différent du récit adopté.

Il découle clairement de ce qui précède qu'il faut considérer comme des ouvrages d'imagination pure les livres d'histoire. Ce sont des récits fantaisistes de faits mal observés, accompagnés d'explications faites après coup. Gâcher du plâtre est faire oeuvre bien plus utile que de perdre son temps à écrire de tels livres. Si le passé ne nous avait pas légué ses oeuvres littéraires, artistiques et monumentales, nous ne saurions absolument rien de réel sur ce passé. Connaissons-nous un seul mot de vrai concernant la vie des grands hommes qui ont joué les rôles prépondérants dans l'humanité, tels que Hercule, Bouddha, Jésus ou Mahomet ? Très probablement non. Au fond d'ailleurs, leur vie réelle nous importe fort peu. Ce que nous avons intérêt à connaître ce sont les grands hommes tels que la légende populaire les a fabriqués. Ce sont les héros légendaires, et pas du tout les héros réels, qui ont impressionné l'âme des foules.

Malheureusement les légendes - alors même qu'elles sont fixées par les livres - n'ont elles-mêmes aucune consistance. L'imagination des foules les transforme sans cesse suivant les temps, et surtout suivant les races. il y a loin du Jéhovah sanguinaire de la Bible au Dieu d'amour de sainte Thérèse, et le Bouddha adoré en Chine n'a plus aucuns traits communs avec celui qui est vénéré dans l'Inde. Il n'est même pas besoin que les siècles aient passé sur les héros pour que leur légende soit transformée par l'imagination des foules. La transformation se fait parfois en quelques années. Nous avons vu de nos jours la légende de l'un des plus grands héros de l'histoire se modifier plusieurs fois en moins de cinquante ans. Sous les Bourbons, Napoléon devint une sorte de personnage idyllique philanthrope et libéral, ami des humbles, qui, au dire des poètes, devaient conserver son souvenir sous le chaume pendant bien longtemps. Trente ans après, le héros débonnaire était devenu un despote sanguinaire qui, après avoir usurpé le pouvoir et la liberté, fit périr trois millions d'hommes uniquement pour satisfaire son ambition. De nos jours, nous assistons à une nouvelle transformation de la légende. Quand quelques dizaines de siècles auront passé sur elle, les savants de l'avenir, en présence de ces récits contradictoires, douteront peut-être, de l'existence du héros, comme ils doutent parfois de celle de Bouddha, et ne verront en lui que quelque mythe solaire ou un développement de la, légende d'Hercule. Ils se consoleront aisément sans doute de cette incertitudes, car, mieux initiés qu'aujourd'hui à la connaissance de la psychologie des foules, ils sauront que l'histoire ne peut guère éterniser que des mythes.

3. Exagération et simplisme des sentiments

Quels que soient les sentiments, bons ou mauvais, manifestés par une foule, ils présentent ce double caractère d'être très simples et très exagérés. Sur ce point, comme sur tant d'autres, l'individu en foule se rapproche des êtres primitifs. Inaccessible aux nuances, il voit les choses en bloc et ne connaît pas les transitions. Dans la foule, l'exagération des sentiments est fortifiée par ce fait, qu'un sentiment manifesté se propageant très vite par voie de suggestion et de contagion, l'approbation évidente dont il est l'objet accroît considérablement sa force. La simplicité et l'exagération des sentiments des foules font que ces dernières ne connaissent ni le doute ni l'incertitude. Comme les femmes, elles vont tout de suite aux extrêmes. Le soupçon énoncé se transforme aussitôt en évidence indiscutable. Un commencement d'antipathie ou de désapprobation, qui, chez l'individu isolé, ne s'accentuerait pas, devient aussitôt haine féroce chez l'individu en foule.

La violence des sentiments des foules est encore exagérée, dans les foules hétérogènes surtout, par l'absence de responsabilité. La certitude de l'impunité, certitude d'autant plus forte que la foule est plus nombreuse et la notion d'une puissance momentanée considérable due au nombre, rendent possibles à la collectivité des sentiments et des actes impossibles à l'individu isolé. Dans les foules, l'imbécile, l'ignorant et l'envieux sont libérés du sentiment de, leur nullité et de leur impuissance, que remplace la notion d'une force brutale, passagère, mais immense. L'exagération, chez les foules, porte malheureusement souvent sur de mauvais sentiments, reliquat atavique des instincts de l'homme primitif, que la crainte du châtiment oblige l'individu isolé et responsable à refréner. C'est ce qui fait que les foules sont si facilement conduites aux pires excès. Ce n'est pas cependant que, suggestionnées habilement, les foules ne soient capables d'héroïsme, de dévouement et de vertus très hautes. Elles en sont même plus capables que l'individu isolé. Nous aurons bientôt occasion de revenir sur ce point en étudiant la moralité des foules. Exagérée dans ses sentiments, la foule n'est impressionnée que par des sentiments excessifs. L'orateur qui veut la séduire doit abuser des affirmations violentes. Exagérer, affirmer, répéter, et ne jamais tenter de rien démontrer par un raisonnement, sont des procédés d'argumentation bien connus des orateurs des réunions populaires. La foule veut encore la même exagération dans les sentiments de ses héros. Leurs qualités et leurs vertus apparentes doivent toujours être amplifiées. On a très justement remarqué qu'au théâtre la foule exige du héros de la pièce des qualités de courage, de moralité, de vertu qui ne sont jamais pratiquées dans la vie. On a parlé avec raison de l'optique spéciale du théâtre. Il en existe une, sans doute, mais ses règles n'ont le plus souvent rien à faire avec le bon sens et la logique. L'art de parler aux foules est d'ordre inférieur sans doute, mais exige des aptitudes toutes spéciales. Il est souvent impossible de s'expliquer à la lecture le succès de certaines pièces. Les directeurs des théâtres, quand ils les reçoivent, sont eux-mêmes le plus souvent très incertains de la réussite, parce que, pour juger, il faudrait qu'ils pussent se transformer en foule [6]. Ici encore, si nous pouvions entrer dans les

---

[6] C'est ce qui permet de comprendre pourquoi il arrive parfois que des pièces refusées par tous les directeurs de théâtre obtiennent de prodigieux succès lorsque, par hasard, elles sont jouées. On sait le succès de la pièce de M. Coppée, *Pour la couronne*, refusée pendant dix ans par les directeurs des premiers théâtres, malgré le nom de son auteur. La *marraine de Charley*, refusée par tous les théâtres et finalement montée aux frais d'un agent de change, a eu deux cents représentations en France et plus de mille en Angleterre. Sans l'explication donnée plus haut sur l'impossibilité où se trouvent les directeurs de théâtre de pouvoir se substituer mentalement à la foule, de telles aberrations de jugement de la part d'individus compétents et très intéressés à ne pas commettre d'aussi lourdes erreurs seraient inexplicables. C'est un sujet que je ne puis développer ici et qui mériterait d'être étudié

développements, nous montrerions l'influence prépondérante de la race. La pièce de théâtre qui enthousiasme la foule dans un pays n'a parfois aucun succès dans un autre ou n'a qu'un succès d'estime et de convention, parce qu'elle ne met pas en jeu les ressorts capables de soulever son nouveau public. Je n'ai pas besoin d'ajouter que l'exagération des foules ne porte que sur les sentiments, et en aucune façon sur l'intelligence, J'ai déjà fait voir que, par le fait seul que l'individu est en foule, son niveau intellectuel baisse immédiatement et considérablement. C'est ce que M. Tarde a également constaté dans ses recherches sur les crimes des foules. Ce n'est donc que dans l'ordre du sentiment que les foules peuvent monter très haut ou descendre au contraire très bas.

4. - Intolérance, autoritarisme et conservatisme des foules

Les foules ne connaissant que les sentiments simples et extrêmes ; les opinions, idées et croyances qui leur sont suggérées sont acceptées ou rejetées par elles en bloc, et considérées comme des vérités absolues ou des erreurs non moins absolues. Il en est toujours ainsi des croyances déterminées par voie de suggestion, au lieu d'avoir été engendrées par voie de raisonnement. Chacun sait combien les croyances religieuses sont intolérantes et quel empire despotique elles exercent sur les âmes.

N'ayant aucun doute sur ce qui est vérité ou erreur et ayant d'autre, part la notion claire de sa force, la foule est aussi autoritaire qu'intolérante. L'individu peut supporter la contradiction et la discussion, la foule ne les supportent jamais. Dans les réunions publiques, la plus légère contradiction de la part d'un orateur est immédiatement accueillie par des hurlements de fureur et de violentes longuement.

invectives, bientôt suivis de voies de fait et d'expulsion pour peu que l'orateur insiste. Sans la présence inquiétante des agents de l'autorité, le contradicteur serait même fréquemment massacré. L'autoritarisme et l'intolérance sont généraux chez toutes les catégories de foules, mais ils s'y présentent à des degrés forts divers ; et ici encore reparaît la notion fondamentale de la race, dominatrice de tous les sentiments et de toutes les pensées des hommes. C'est surtout chez les foules latines que l'autoritarisme et l'intolérance sont développés à un haut degré. Ils le sont au point d'avoir détruit entièrement ce sentiment de l'indépendance individuelle si puissant chez l'Anglo-Saxon. Les foules latines ne sont sensibles qu'à l'indépendance collective de la secte à laquelle elles appartiennent, et la caractéristique de cette indépendance est le besoin d'asservir immédiatement et violemment à leurs croyances tous les dissidents. Chez les peuples latins, les Jacobins de tous les âges, depuis ceux de l'inquisition, n'ont jamais pu s'élever à une autre conception de la liberté.

L'autoritarisme et l'intolérance sont pour les foules des sentiments très clairs, qu'elles conçoivent aisément et qu'elles acceptent aussi facilement qu'elles les pratiquent, dès qu'on les leur impose. Les foules respectent docilement la force et sont médiocrement impressionnées par la bonté, qui n'est guère pour elles qu'une forme de la faiblesse. Leurs sympathies n'ont jamais été aux maîtres débonnaires, mais aux tyrans qui les ont vigoureusement écrasées. C'est toujours à ces derniers qu'elles dressent les plus hautes statues. Si elles foulent volontiers aux pieds le despote renversé, c'est parce qu'ayant perdu sa force, il rentre dans cette catégorie des faibles qu'on méprise parce qu'on ne les craint pas. Le type du héros cher aux foules aura toujours la structure d'un César. Son panache les séduit, son autorité leur impose et son sabre leur fait peur. Toujours prête à se soulever contre une autorité faible, la foule se courbe avec servilité devant une autorité forte. Si la force de l'autorité est intermittente, la foule, obéissant toujours à ses sentiments extrêmes, passe alternativement de l'anarchie à la servitude, et de la servitude à l'anarchie. Ce serait d'ailleurs bien méconnaître la psychologie des foules que de croire, à la prédominance de leurs instincts révolutionnaires. Leurs violences seules nous illusionnent sur ce point. Leurs explosions de révolte et de destruction sont toujours très éphémères. Les foules sont trop régies par l'inconscient, et trop soumises par conséquent à l'influence d'hérédités séculaires, pour n'être pas extrêmement conservatrices. Abandonnées à elles-mêmes, elles sont bientôt lasses de leurs désordres et se dirigent d'instinct vers la servitude. Ce furent les plus fiers et les plus intraitables des Jacobins qui acclamèrent le plus énergiquement Bonaparte, quand il supprima toutes les libertés et fit durement sentir sa main de fer. Il est difficile de comprendre l'histoire, celle des révolutions populaires surtout, quand on ne se rend pas bien compte des instincts profondément conservateurs des foules. Elles veulent bien changer les noms de leurs institutions, et elles accomplissent parfois même de violentes révolutions pour obtenir ces changements ; mais le fond de ces institutions est trop l'expression des besoins héréditaires de la race pour qu'elles n'y reviennent pas toujours. Leur mobilité incessante ne porte que sur les choses tout à fait superficielles. En fait, elles ont des instincts conservateurs aussi irréductibles que ceux de tous les primitifs. Leur respect fétichiste pour les traditions est absolu, leur horreur inconsciente de toutes les nouveautés capables de changer leurs conditions réelles d'existence, est tout à fait profonde. Si les démocraties eussent possédé le pouvoir qu'elles ont aujourd'hui à l'époque où furent inventés les métiers mécaniques, la vapeur et les chemins de fer, la réalisation de ces inventions eût été impossible, ou ne l'eût été qu'au prix de révolutions et de massacres répétés. Il est heureux, pour les progrès de la civilisation, que la puissance des foules n'ait commencé à naître que lorsque les grandes découvertes de la science et de l'industrie étaient déjà accomplies.

5. Moralité des foules

Si nous prenons le mot de moralité dans le sens de respect constant de certaines conventions sociales et de répression permanente des impulsions égoïstes, il est bien évident que les foules sont trop impulsives et trop mobiles pour être susceptibles de moralité. Mais si, dans le terme de moralité, nous faisons entrer l'apparition momentanée de certaines qualités telles que l'abnégation, le dévouement, le désintéressement, le sacrifice de soi-même, le besoin d'équité, nous pouvons dire que les foules sont au contraire parfois susceptibles d'une moralité très haute. Les rares psychologues qui ont étudié les foules ne les ont envisagées qu'au point de vue de leurs actes criminels ; et, voyant à quel point ces actes sont fréquents, ils les ont considérées comme ayant un niveau moral très bas. Sans doute il en est souvent ainsi : mais pourquoi ? Simplement, parce que les instincts de férocité destructive sont des résidus des âges primitifs qui dorment au fond de chacun de nous. Dans la vie de l'individu isolé, il lui serait dangereux de les satisfaire, alors que son absorption dans une foule irresponsable, et où par conséquent l'impunité est assurée, lui donne toute liberté pour les suivre. Ne pouvant exercer habituellement ces instincts destructifs sur nos semblables, nous nous bornons à les exercer sur les animaux. C'est d'une même source que dérivent la passion si générale pour la chasse et les actes de férocité des foules. La foule qui écharpe lentement une victime sans défense fait preuve d'une férocité très lâche ; mais, pour le philosophe, cette férocité est bien proche parente de celle des chasseurs qui se réunissent par douzaines pour avoir le plaisir d'assister à la poursuite et à l'éventrement d'un malheureux cerf par leurs chiens.

Si la foule est capable de meurtre, d'incendie et de toutes sortes de crimes, elle est également capable d'actes de dévouement, de sacrifice et de désintéressement très élevés, beaucoup plus élevés même que ceux dont est capable l'individu isolé. C'est surtout sur l'individu en foule qu'on agit, et souvent jusqu'à obtenir le sacrifice de la vie, en invoquant des sentiments de gloire, d'honneur, de religion et de patrie. L'histoire fourmille d'exemples analogues à ceux des croisades et des volontaires de 93. Seules les collectivités sont capables de grands désintéressements et de grands dévouements. Que de foules se sont fait héroïquement massacrer pour des croyances, des idées et des mots qu'elles comprenaient à peine. Les foules qui font des grèves les font bien plus pour obéir à un mot d'ordre que pour obtenir une augmentation du maigre salaire dont elles se contentent. L'intérêt personnel est bien rarement un mobile puissant chez les foules, alors qu'il est le mobile à peu près exclusif de l'individu isolé. Ce n'est certes pas l'intérêt qui a guidé les foules dans tant de guerres, incompréhensibles le plus souvent pour leur intelligence, et où elles se sont laissé aussi facilement massacrer que les alouettes hypnotisées par le miroir que manœuvre le chasseur.

Même pour les parfaits gredins, il arrive fort souvent que le fait seul d'être réunis en foule leur donne momentanément des principes de moralité très stricts. Taine fait remarquer que les massacreurs de septembre venaient déposer sur la table des comités les portefeuilles et les bijoux qu'ils trouvaient sur leurs victimes, et qu'ils eussent pu aisément dérober. La foule hurlante, grouillante et misérable qui envahit les Tuileries pendant la Révolution de 1848, ne s'empara d'aucun des objets qui l'éblouirent et dont un seul eût représenté du pain pour bien des jours. Cette moralisation de l'individu par la foule n'est certes pas une règle constante, mais c'est une règle qui s'observe fréquemment. Elle s'observe même dans des circonstances beaucoup moins graves que celles que je viens de citer. J'ai déjà dit qu'au théâtre la foule veut chez le héros de la pièce des vertus exagérées, et il est d'une observation banale qu'une assistance, même composée d'éléments inférieurs, se montre généralement très prude. Le viveur professionnel, le souteneur, le voyou gouailleur murmurent souvent devant une scène un peu risquée ou un propos léger, fort anodins pourtant auprès de leurs conversations habituelles. Donc, si les foules se livrent souvent à de bas instincts, elles donnent aussi parfois l'exemple d'actes de moralité élevés. Si le désintéressement, la résignation, le dévouement absolu à un idéal chimérique ou réel sont des vertus morales, on peut dire que les foules possèdent souvent ces vertus-là à un degré que les plus sages des philosophes ont rarement atteint. Elles les pratiquent sans doute avec inconscience, mais qu'importe. Ne nous plaignons pas trop que les foules soient guidées surtout par l'inconscient., et ne raisonnent guère. Si elles avaient raisonné quelquefois et consulté leurs intérêts immédiats, aucune civilisation ne se fût développée peut-être à la surface de notre planète, et l'humanité n'aurait pas eu d'histoire.

Chapitre III

Idées, raisonnements et imagination des foules

Étudiant dans notre précédent ouvrage le rôle des idées dans l'évolution des peuples, nous avons montré que chaque civilisation dérive d'un petit membre d'idées fondamentales fort rarement renouvelées. Nous avons exposé comment ces idées s'établissent dans l'âme des foules ; avec quelle difficulté elles y pénètrent, et la puissance qu'elles possèdent quand elles y ont pénétré. Nous avons vu enfin comment les grandes perturbations historiques dérivent le plus souvent des changements de ces idées fondamentales. Ayant suffisamment traité ce sujet, je n'y reviendrai pas maintenant et me bornerai à dire quelques mots des idées qui sont accessibles aux foules et sous quelles formes celles-ci les conçoivent.

    On peut les diviser en deux classes. Dans l'une nous placerons les idées accidentelles et passagères créées sous des influences du moment : l'engouement pour un individu ou une doctrine par exemple. Dans l'autre, les idées fondamentales auxquelles le milieu, l'hérédité, l'opinion donnent une stabilité très grande : telles les croyances religieuses jadis, les idées démocratiques et sociales aujourd'hui.

    Les idées fondamentales pourraient être figurées par la masse des eaux d'un fleuve déroulant lentement son cours ; les idées passagères par les petites vagues, toujours changeantes, qui agitent sa surface, et qui, bien que sans importance réelle, sont plus visibles que la marche du fleuve lui-même. De nos jours, les grandes idées fondamentales dont ont vécu nos pères sont de plus en plus chancelantes. Elles ont perdu toute solidité, et, du même coup, les institutions qui reposaient sur elles se sont trouvées profondément ébranlées. Il se forme journellement beaucoup de ces petites idées transitoires dont je parlais à l'instant ; mais très peu d'entre elles paraissent visiblement grandir et devoir acquérir une influence prépondérante. Quelles que soient les idées suggérées aux foules, elles ne peuvent devenir dominantes qu'à la condition de revêtir une forme très absolue, et très simple. Elles se présentent alors sous l'aspect d'images, et ne sont accessibles aux masses que sous cette forme. Ces idées-images ne sont rattachées entre elles par aucun lien logique d'analogie ou de succession, et peuvent se substituer l'une à l'autre comme les verres de la lanterne magique que l'opérateur retire de la boîte où ils étaient superposés. Et c'est pourquoi on peut voir dans les foules se maintenir côte à côte les idées les plus contradictoires. Suivant les hasards du moment, la foule sera placée sous l'influence de l'une des idées diverses emmagasinées dans son entendement, et pourra par conséquent commettre les actes les plus dissemblables. Son absence complète d'esprit critique ne lui permet pas d'en percevoir les contradictions.

    Ce n'est pas là un phénomène spécial aux foules ; on l'observe chez beaucoup d'individus isolés, non seulement parmi les êtres primitifs, mais chez tous ceux qui par un côté quelconque de leur esprit, – les sectateurs d'une foi religieuse intense par exemple, – se rapprochent des primitifs. Je l'ai observé à un degré curieux chez des Hindous lettrés, élevés dans nos universités européennes, et ayant obtenu tous les diplômes. Sur leur fonds immuable d'idées religieuses ou sociales héréditaires s'était superposé, sans nullement les altérer, un fonds d'idées occidentales sans parenté avec les premières. Suivant les hasards du moment, les unes ou les autres apparaissaient avec leur cortège spécial d'actes ou de discours, et le même individu présentait ainsi les contradictions les plus flagrantes. Contradictions, d'ailleurs, plus apparentes que réelles, car les idées héréditaires seules sont assez puissantes chez l'individu isolé pour devenir des mobiles de conduite. C'est seulement lorsque, par des croisements, l'homme se trouve entre les impulsions d'hérédités différentes, que les actes peuvent être réellement d'un moment à l'autre tout à fait contradictoires. Il serait inutile d'insister ici sur ces phénomènes, bien que leur importance psychologique soit capitale. Je considère qu'il faut au moins dix ans de voyages et d'observations pour arriver à les comprendre.

    Les idées n'étant accessibles aux foules qu'après avoir revêtu une forme très simple, doivent, pour devenir populaires, subir souvent les plus complètes transformations. C'est surtout quand il s'agit d'idées philosophiques ou scientifiques un peu élevées, qu'on peut constater la profondeur des modifications qui leur sont nécessaires pour descendre de couche en couche jusqu'au niveau des foules. Ces modifications dépendent des catégories des foules ou de la race à laquelle ces foules appartiennent ; mais elles sont toujours amoindrissantes et simplifiantes. Et c'est pourquoi, au point de, vue social, il n'y a guère, en réalité, de hiérarchie des idées, c'est-à-dire d'idées plus ou moins élevées. Par le fait seul qu'une idée arrive aux foules et peut agir, si grande ou si vraie qu'elle ait été à son origine, elle est dépouillée de presque tout ce qui faisait son élévation et sa grandeur.

    D'ailleurs, au point de vue social, la valeur hiérarchique d'une idée est sans importance. Ce qu'il faut considérer, ce sont les effets qu'elle produit. Les idées chrétiennes du moyen âge, les idées démocratiques du siècle dernier, les idées sociales d'aujourd'hui, ne sont pas certes très élevées. On ne peut philosophiquement les considérer que comme d'assez pauvres erreurs ; et cependant leur rôle a été et sera immense, et elles compteront longtemps parmi les plus essentiels facteurs de la conduite des États. Alors même que l'idée a subi les transformations qui la rendent accessible aux foules, elle n'agit que lorsque, par des procédés divers qui seront étudiés ailleurs, elle a pénétré dans l'inconscient et est devenue un sentiment, ce qui est toujours fort long. Il ne faut pas croire, en effet, que c'est simplement parce que la justesse d'une idée est démontrée qu'elle peut produire ses effets, même chez les esprits cultivés. On s'en rend vite compte en voyant combien la démonstration la plus claire a peu d'influence sur la majorité des hommes. L'évidence, si elle est éclatante, pourra être reconnue par un auditeur instruit ; mais ce nouveau converti sera vite ramené par son inconscient à ses conceptions primitives. Revoyez-le au bout de quelques jours, et il vous servira de nouveau ses anciens arguments, exactement dans les mêmes termes. Il est, en effet, sous l'influence d'idées antérieures devenues des sentiments ; et ce sont celles-là seules qui agissent sur les mobiles profonds de nos actes et de nos discours. Il ne saurait en être autrement pour les foules.

Mais lorsque, par des procédés divers, une idée a fini par pénétrer dans l'âme des foules, elle possède une puissance irrésistible et déroule toute une série d'effets qu'il faut subir. Les idées philosophiques qui aboutirent à la Révolution française mirent près d'un siècle à s'implanter dans l'âme des foules. On sait leur irrésistible force quand elles y furent établies. L'élan d'un peuple entier vers la conquête de l'égalité sociale, vers la réalisation de droits abstraits et de libertés idéales, fit chanceler tous les trônes et bouleversa profondément le monde occidental. Pendant vingt ans les peuples se précipitèrent les uns sur les autres, et l'Europe connut des hécatombes qui eussent effrayé Gengiskhan et Tamerlan. Jamais le monde ne vit à un tel degré ce que peut produire le déchaînement d'une idée. Il leur faut bien longtemps, aux idées, pour s'établir dans l'âme des foules, mais il ne leur faut pas moins de temps pour en sortir. Aussi les foules sont-elles toujours, au point de vue des idées, en retard de plusieurs générations sur les savants et les philosophes. Tous les hommes d'État savent bien aujourd'hui ce que contiennent d'erroné les idées fondamentales que je citais à l'instant, mais comme leur influence est très puissante encore, ils sont obligés de gouverner suivant des principes à la vérité desquels ils ne croient plus.

2. — Les raisonnements des foules

On ne peut dire d'une façon tout à fait absolue que les foules ne raisonnent pas et ne sont pas influençables par des raisonnements. Mais les arguments quelles emploient et ceux qui peuvent agir sur elles sont, au point de vue logique, d'un ordre tellement inférieur que c'est seulement par voie d'analogie qu'on peut les qualifier de raisonnements.

Les raisonnements inférieurs des foules sont, comme les raisonnements élevés, basés sur des associations ; mais les idées associées par les foules n'ont entre elles que des liens apparents d'analogie ou de succession. Elles s'enchaînent comme celles de l'Esquimau qui, sachant par expérience que la glace, corps transparent, fond dans la bouche, en conclut que le verre, corps également transparent, doit fondre aussi dans la bouche ; ou celles du sauvage qui se figure qu'en mangeant le cœur d'un ennemi courageux, il acquiert sa bravoure ; ou encore de l'ouvrier qui, ayant été exploité par un patron, en conclut immédiatement que tous les patrons sont des exploiteurs.

Association de choses dissemblables, n'ayant entre elles que des rapports apparents, et généralisation immédiate de cas particuliers, telles sont les caractéristiques des raisonnements des foules. Ce sont des raisonnements de cet ordre que leur présentent toujours ceux qui savent les manier ; ce sont les seuls qui peuvent les influencer. Une chaîne de raisonnements logiques est totalement incompréhensible, aux foules, et c'est pourquoi il est permis de dire qu'elles ne raisonnent pas ou raisonnent faux, et ne sont pas influençables par un raisonnement. On s'étonne parfois, à la lecture, de la faiblesse de certains discours qui ont eu pourtant une influence énorme, sur les foules qui les écoutaient ; mais on oublie qu'ils furent faits pour entraîner des collectivités, et non pour être lus par des philosophes. L'orateur, en communication intime avec la foule, sait évoquer les images qui la séduisent. S'il réussit, son but a été atteint ; et vingt volumes de harangues – toujours fabriquées après coup – ne valent pas les quelques phrases arrivées jusqu'aux cerveaux qu'il fallait convaincre.

Il serait superflu d'ajouter que l'impuissance des foules à raisonner juste les empêche d'avoir aucune trace d'esprit critique, c'est-à-dire, d'être aptes à discerner la vérité de l'erreur, à porter un jugement précis sur quoi que ce soit. Les jugements que les foules acceptent ne sont que des jugements imposés et jamais des jugements discutés. A ce point de vue, nombreux sont les hommes qui ne s'élèvent pas au-dessus de la foule. La facilité avec laquelle certaines opinions deviennent générales tient surtout à l'impossibilité où sont la plupart des hommes de se former une opinion particulière basée sur leurs propres raisonnements.

3. - L'imagination des foules

De même que pour les êtres chez qui le raisonnement n'intervient pas, l'imagination représentative des foules est très puissante, très active, et susceptible d'être vivement impressionnée. Les images évoquées dans leur esprit par un personnage, un événement, un accident, ont presque la vivacité des choses réelles. Les foules sont un peu dans le cas du dormeur dont la raison, momentanément suspendue, laisse surgir dans l'esprit des images d'une intensité extrême, mais qui se dissiperaient vite si elles pouvaient être soumises à la réflexion. Les foules, n'étant capables ni de réflexion ni de raisonnement, ne connaissent pas l'invraisemblable : or, ce sont les choses les plus invraisemblables qui sont généralement les plus frappantes. Et c'est pourquoi ce sont toujours les côtés merveilleux et légendaires des événements qui frappent le plus les foules. Quand on analyse une civilisation, on voit que c'est, en réalité, le merveilleux et le légendaire qui en sont les vrais supports. Dans l'histoire, l'apparence a toujours joué un rôle beaucoup plus important que la réalité. L'irréel y prédomine toujours sur le réel. Les foules, ne pouvant penser que par images, ne se laissent impressionner que par des images. Seules les images les terrifient ou les séduisent, et deviennent des mobiles d'action. Aussi, les représentations théâtrales, qui donnent l'image sous sa forme la plus nettement visible, ont-elles toujours une énorme influence sur les foules. Du pain et des spectacles constituaient jadis pour la plèbe romaine l'idéal du bonheur, et elle ne demandait rien de plus. Pendant la succession des âges cet idéal a peu varié. Rien ne frappe davantage l'imagination des foules de toutes catégories que les représentations théâtrales. Toute la salle éprouve en même temps les mêmes émotions, et si ces émotions ne se transforment pas aussitôt en actes, c'est que le spectateur le plus inconscient ne peut ignorer qu'il est victime d'illusions, et qu'il a ri ou pleuré à d'imaginaires aventures. Parfois cependant les sentiments suggérés par les images sont si forts qu'ils tendent, comme les suggestions habituelles, à se transformer en actes. On a raconté bien des fois l'histoire de ce théâtre populaire qui, ne jouant que des drames sombres, était obligé de faire protéger à la sortie l'acteur qui représentait le traître, pour le soustraire aux violences des spectateurs indignés des crimes, imaginaires pourtant, que ce traître avait commis. C'est là, je crois, un des indices les plus remarquables de l'état mental des foules, et surtout de la facilité avec laquelle on les suggestionne. L'irréel a presque autant d'action sur elles que le réel. Elles ont une tendance évidente à ne pas les différencier.

 C'est sur l'imagination populaire qu'est fondée la puissance des conquérants et la force des États. C'est surtout en agissant sur elle qu'on entraîne les foules. Tous les grands faits historiques, la création du Bouddhisme, du Christianisme, de l'Islamisme, la Réforme, la Révolution, et, de nos jours, l'invasion menaçante du Socialisme, sont les conséquences directes ou lointaines d'impressions fortes produites sur l'imagination des foules. Aussi, tous les grands hommes d'État de tous les âges et de tous les pays, y compris les plus absolus despotes, ont-ils considéré l'imagination populaire comme la base de leur puissance, et jamais ils n'ont essayé de gouverner contre elle. " C'est en me faisant catholique, disait Napoléon au Conseil d'État, que j'ai fini la guerre de Vendée ; en me faisant musulman que je me suis établi en Égypte, en me faisant ultramontain que j'ai gagné les prêtres en Italie. Si je gouvernais un peuple de Juifs, je rétablirais le temple de Salomon. " Jamais, peut-être, depuis Alexandre et César, aucun grand homme n'a mieux su comment l'imagination des foules doit être impressionnée. Sa préoccupation constante fut de la frapper. Il y songeait dans ses victoires, dans ses harangues, dans ses discours, dans tous ses actes. À son lit de mort il y songeait encore.

Comment impressionne-t-on l'imagination des foules ? Nous le verrons bientôt. Bornons-nous, pour le moment, à dire que ce n'est jamais en essayant d'agir sur l'intelligence et la raison, c'est-à-dire par voie de démonstration. Ce ne fut pas au moyen d'une rhétorique savante qu'Antoine réussit à ameuter le peuple contre les meurtriers de César. Ce fut en lui lisant son testament et en lui montrant son cadavre. Tout ce qui frappe l'imagination des foules se présente sous forme d'une image saisissante et bien nette, dégagée de toute interprétation accessoire, ou n'ayant d'autre accompagnement que quelques faits merveilleux ou mystérieux : une grande victoire, un grand miracle, un grand crime, un grand espoir. Il faut présenter les choses en bloc, et ne jamais en indiquer la genèse. Cent petits crimes ou cent petits accidents ne frapperont pas du tout l'imagination des foules ; tandis qu'un seul grand crime, un seul grand accident les frapperont profondément, même avec des résultats infiniment moins meurtriers que les cent petits accidents réunis. L'épidémie d'influenza qui, il y a peu d'années, fit périr, à Paris seulement, 5.000 personnes en quelques semaines, frappa très peu l'imagination populaire. Cette véritable hécatombe ne se traduisait pas, en effet, par quelque image visible, mais seulement par les indications hebdomadaires de la statistique. Un accident qui, au lieu de ces 5.000 personnes, en eût seulement fait périr 500, mais le même jour, sur une place publique, par un accident bien visible, la chute de la tour Eiffel, par exemple, eût au contraire produit sur l'imagination une impression immense. La perte probable d'un transatlantique qu'on supposait, faute de nouvelles, coulé en pleine mer, frappa profondément pendant huit jours l'imagination des foules. Or les statistiques officielles montrent que dans la même année un millier de grands bâtiments se sont perdus. Mais, de ces pertes successives, bien autrement importantes comme destruction de vies et de marchandises qu'eût pu l'être celle du transatlantique en question, les foules ne se sont pas préoccupées un seul instant. Ce ne sont donc pas les faits en eux-mêmes qui frappent l'imagination populaire, mais bien la façon dont ils sont répartis et présentés. Il faut que par leur condensation, si je puis m'exprimer ainsi, ils produisent une image saisissante qui remplisse et obsède l'esprit. Qui connaît l'art d'impressionner l'imagination des foules connaît aussi l'art de les gouverner.

Psychologie des foules / Psychology of crowds

Chapitre IV

Formes religieuses que revêtent toutes les convictions des foules

Nous avons montré que les foules ne raisonnent pas, qu'elles admettent ou rejettent les idées en bloc ; ne supportent ni discussion, ni contradiction, et que les suggestions agissant sur elles envahissent entièrement le champ de leur entendement et tendent aussitôt à se transformer en actes. Nous avons montré que les foules convenablement suggestionnées sont prêtes à se sacrifier pour l'idéal qui leur a été suggéré. Nous avons vu aussi qu'elles ne connaissent que les sentiments violents et extrêmes, que, chez elles, la sympathie devient vite adoration, et qu'à peine née l'antipathie se transforme en haine. Ces indications générales permettent déjà de pressentir la nature de leurs convictions. Quand on examine de près les convictions des foules, aussi bien aux époques de foi que dans les grands soulèvements politiques, tels que ceux du dernier siècle, on constate, que ces convictions revêtent toujours une forme spéciale, que je ne puis pas mieux déterminer qu'en lui donnant le nom de sentiment religieux. Ce sentiment a des caractéristiques très simples : adoration d'un être supposé supérieur, crainte de la puissance magique qu'on lui suppose, soumission aveugle à ses commandements, impossibilité de discuter ses dogmes, désir de les répandre, tendance à considérer comme ennemis tous ceux qui ne les admettent pas. Qu'un tel sentiment s'applique à un Dieu invisible, à une idole de pierre ou de bois, à un héros ou à une idée politique, du moment qu'il présente les caractéristiques précédentes il reste toujours d'essence religieuse. Le surnaturel et le miraculeux s'y retrouvent au même degré. Inconsciemment les foules revêtent d'une puissance mystérieuse la formule politique ou le chef victorieux qui pour le moment les fanatise. On n'est pas religieux seulement quand on adore une divinité, mais quand on met toutes les ressources de l'esprit, toutes les soumissions de la volonté, toutes les ardeurs du fanatisme au service d'une cause ou d'un être qui devient le but et le guide des pensées et des actions. L'intolérance et le fanatisme constituent l'accompagnement nécessaire d'un sentiment religieux. Ils sont inévitables chez ceux qui croient posséder le secret du bonheur terrestre ou éternel. Ces deux traits se retrouvent chez tous les hommes en groupe lorsqu'une conviction quelconque les soulève. Les Jacobins de la Terreur étaient aussi foncièrement religieux que les catholiques de l'Inquisition, et leur cruelle ardeur dérivait de la même source. Les convictions des foules revêtent ces caractères de soumission aveugle, d'intolérance farouche, de besoin de propagande violente qui sont inhérents au sentiment religieux ; et c'est pourquoi on peut dire que toutes leurs croyances ont une forme religieuse. Le héros que la foule acclame est véritablement un dieu pour elle. Napoléon le fut pendant quinze ans, et jamais divinité n'eut de plus parfaits adorateurs. Aucune n'envoya plus facilement les hommes à la mort. Les dieux du paganisme et du christianisme n'exercèrent jamais un empire plus absolu sur les âmes qu'ils avaient conquises. Tous les fondateurs de croyances religieuses ou politiques ne les ont fondées que parce qu'ils ont su imposer aux foules ces sentiments de fanatisme qui font que l'homme trouve son bonheur dans l'adoration et l'obéissance et est prêt à donner sa vie pour son idole. Il en a été ainsi à toutes les époques. Dans son beau livre sur la Gaule romaine, Fustel de Coulanges fait justement remarquer que ce ne fut nullement par la force que se maintint l'Empire romain, mais par l'admiration religieuse qu'il inspirait. " Il serait sans exemple dans l'histoire du monde, dit-il avec raison, qu'un régime détesté des populations ait duré cinq siècles... On ne s'expliquerait pas que trente légions de l'Empire eussent pu contraindre cent millions d'hommes à obéir. " S'ils obéissaient, c'est que l'empereur, qui personnifiait la grandeur romaine, était adoré comme une divinité, du consentement unanime. Dans la moindre bourgade de l'Empire, l'empereur avait ses autels. " On vit surgir en ce temps-là dans les âmes, d'un bout de l'Empire à l'autre, une religion nouvelle qui eut pour divinités les empereurs eux-mêmes. Quelques années avant l'ère chrétienne, la Gaule entière, représentée par soixante cités, éleva en commun un temple, près de la ville de Lyon, à Auguste... Ses prêtres, élus par la réunion des cités gauloises, étaient les premiers personnages de leur pays... Il est impossible d'attribuer tout cela à la crainte et à la servilité. Des peuples entiers ne sont pas serviles, et ne le sont pas pendant trois siècles. Ce n'étaient pas les courtisans qui adoraient le prince, c'était Rome. Ce n'était pas Rome seulement, c'était la Gaule, c'était l'Espagne, c'était la Grèce et l'Asie. "

Aujourd'hui la plupart des grands conquérants d'âmes n'ont plus d'autels, mais ils ont des statues ou des images, et le culte qu'on leur rend n'est pas notablement différent de celui qu'on leur rendait jadis. On n'arrive à comprendre un peu la philosophie de l'histoire que quand on est bien pénétré de ce point fondamental de la psychologie des foules. Il faut être dieu pour elles ou ne rien être. Et il ne faudrait pas croire que ce sont là des superstitions d'un autre âge que la raison a définitivement chassées. Dans sa lutte éternelle contre la raison, le sentiment n'a jamais été vaincu. Les foules ne veulent plus entendre les mots de divinité et de religion, au nom desquelles elles ont été pendant si longtemps asservies mais elles n'ont jamais autant possédé de fétiches que depuis cent ans, et jamais les vieilles divinités ne firent s'élever autant de statues et d'autels. Ceux qui ont étudié dans ces dernières années le mouvement populaire connu sous le nom de boulangisme ont pu voir avec quelle facilité les instincts religieux des foules sont prêts à renaître. Il n'était pas d'auberge de village, qui ne possédât l'image du héros. On lui attribuait la puissance de remédier à toutes les injustices, à tous les maux ; et des milliers d'hommes auraient donné leur vie pour lui. Quelle place n'eût-il pas pris dans l'histoire si son caractère eût été de force à soutenir tant soit peu sa légende ! Aussi est-ce une bien inutile banalité de répéter qu'il faut une religion aux foules, puisque toutes les croyances politiques, divines et sociales ne s'établissent chez elles qu'à la condition de revêtir toujours la forme religieuse, qui les met à l'abri de la discussion. L'athéisme, s'il était possible de le faire accepter aux foules, aurait toute l'ardeur intolérante d'un sentiment religieux, et, dans ses formes extérieures, deviendrait bientôt un culte. L'évolution de la petite secte positiviste nous en fournit une preuve curieuse. Il lui est arrivé bien vite ce qui arriva à ce nihiliste, dont le profond Dostoïewsky nous rapporte l'histoire. Éclairé un jour par les lumières de la raison, il brisa les images des divinités et des saints qui ornaient l'autel d'une chapelle, éteignit les cierges, et, sans perdre un instant, remplaça les images détruites par les ouvrages de quelques philosophes athées, tels que Büchner et Moleschott, puis ralluma pieusement les cierges. L'objet de ses croyances religieuses s'était transformé, mais ses sentiments religieux, peut-on dire vraiment qu'ils avaient changé ? On ne comprend bien, je le répète encore, certains événements historiques – et ce sont précisément les plus importants – que lorsqu'on s'est rendu compte de cette forme religieuse que finissent toujours par prendre les convictions des foules. Il y a des phénomènes sociaux qu'il faut étudier en psychologue beaucoup plus qu'en naturaliste. Notre grand historien Taine n'a étudié la Révolution qu'en naturaliste, et c'est pourquoi la genèse réelle des événements lui a bien souvent échappé. Il a parfaitement observé les faits, mais, faute d'avoir étudié la psychologie des foules, il n'a pas toujours su remonter aux causes. Les faits l'ayant épouvanté par leur côté sanguinaire, anarchique et féroce, il n'a guère vu dans les héros de la grande épopée qu'une horde de sauvages épileptiques se livrant sans entraves à leurs instincts. Les violences de la Révolution, ses massacres, son besoin de propagande, ses déclarations de guerre à tous les rois, ne s'expliquent bien que si l'on réfléchit qu'elle fut simplement l'établissement d'une nouvelle croyance religieuse dans l'âme des foules. La Réforme, la Saint-Barthélemy, les guerres de Religion, l'Inquisition, la Terreur, sont des phénomènes d'ordre identique, accomplis par des foules animées de ces sentiments religieux qui conduisent nécessairement à extirper sans pitié, par le fer et le feu, tout ce qui s'oppose à l'établissement de la nouvelle croyance. Les méthodes de l'inquisition sont celles de tous les vrais convaincus. Ils ne seraient pas des convaincus s'ils en employaient d'autres.

    Les bouleversements analogues à ceux que je viens de citer ne sont possibles que lorsque l'âme des foules les fait surgir. Les plus absolus despotes ne pourraient pas les déchaîner. Quand les historiens nous racontent que la Saint-Barthélemy fut l'œuvre d'un roi, ils montrent qu'ils ignorent la psychologie des foules tout autant que celle des rois. De semblables manifestations ne peuvent sortir que de l'âme des foules. Le pouvoir le plus absolu du monarque le plus despotique ne va guère plus loin que d'en hâter ou d'en retarder un peu, le moment. Ce ne sont pas les rois qui firent ni la Saint-Barthélemy, ni les guerres de religion, pas plus que ce ne fut Robespierre, Danton ou Saint-Just qui firent la Terreur. Derrière de tels événements on retrouve toujours l'âme des foules, et jamais la puissance des rois.

Livre II
Les opinions et les croyances des foules

Chapitre I

Facteurs lointains des croyances et opinions des foules

Nous venons d'étudier la constitution mentale des foules. Nous connaissons leurs façons de sentir, de penser, de raisonner. Examinons maintenant comment naissent et s'établissent leurs opinions et leurs croyances. Les facteurs qui déterminent ces opinions et ces croyances sont de deux ordres - les facteurs lointains et les facteurs immédiats. Les facteurs lointains rendent les foules capables d'adopter certaines convictions et incapables de se laisser pénétrer par d'autres. Ils préparent le terrain où l'on voit germer tout à coup des idées nouvelles, dont la force et les résultats étonnent, mais qui n'ont de spontané que l'apparence. L'explosion et la mise en oeuvre de certaines idées chez les foules présentent quelquefois une soudaineté foudroyante. Ce n'est là qu'un effet superficiel, derrière lequel on doit chercher tout un long travail antérieur. Les facteurs immédiats sont ceux qui, se superposant à ce long travail, sans lequel ils n'auraient pas d'effet, provoquent la persuasion active chez les foules, c'est-à-dire font prendre forme à l'idée et la déchaînent avec toutes ses conséquences. Par ces facteurs immédiats surgissent les résolutions qui soulèvent brusquement les collectivités ; par eux éclate une émeute ou se décide une grève par eux des majorités énormes portent un homme au pouvoir ou renversent un gouvernement. Dans tous les grands événements de l'histoire, nous constatons l'action successive de ces deux ordres de facteurs. La Révolution française, pour ne prendre qu'un des plus frappants exemples, eut parmi ses facteurs lointains les écrits des philosophes, les exactions de la noblesse, les progrès de la pensée scientifique. L'âme des foules, ainsi préparée, fut soulevée ensuite aisément par des facteurs immédiats, tels que les discours des orateurs, et les résistances de la cour à propos de réformes insignifiantes.

Parmi les facteurs lointains, il y en a de généraux, qu'on retrouve au fond de toutes les croyances et opinions des foules ; ce sont : la race, les traditions, le temps, les institutions, l'éducation. Nous allons étudier le rôle de ces différents facteurs.

1. – La race

Ce facteur, la race, doit être mis au premier rang, Car à lui seul il dépasse de beaucoup en importance tous les autres. Nous l'avons suffisamment étudié dans un autre ouvrage pour qu'il soit inutile d'y revenir encore. Nous avons fait voir, dans un précédent volume, ce qu'est une race historique, et comment, lorsque ses caractères sont formés, elle possède de par les lois de l'hérédité une puissance telle, que ses croyances, ses institutions, ses arts, en un mot tous les éléments de sa civilisation, ne sont que l'expression extérieure de son âme. Nous avons montré que la puissance de la race est telle qu'aucun élément ne peut passer d'un peuple à un autre sans subir les transformations les plus profondes [7]. Le milieu, les circonstances, les événements représentent les suggestions sociales du moment. Ils peuvent avoir une influence considérable, mais cette influence est toujours momentanée si elle est contraire aux suggestions de la race, c'est-à-dire de toute la série des ancêtres. Dans plusieurs chapitres de cet ouvrage, nous aurons encore occasion de revenir sur l'influence de la race, et de montrer que cette influence est si grande qu'elle domine les caractères spéciaux à l'âme des foules de là ce, fait que les foules de divers pays présentent dans leurs croyances et leur conduite des différences très considérables, et ne peuvent être influencées de la même façon.

2. – Les traditions

Les traditions représentent les idées, les besoins, les sentiments du passé. Elles sont la synthèse de la race et pèsent de tout leur poids sur nous. Les sciences biologiques ont été transformées depuis que l'embryologie a montré l'influence immense du passé dans l'évolution des êtres ; et les sciences historiques ne le seront pas moins quand cette notion sera plus répandue. Elle ne l'est pas suffisamment encore, et bien des hommes d'État en sont restés aux idées des théoriciens du dernier siècle, qui croyaient qu'une société peut rompre avec son passé et être refaite de toutes pièces en ne prenant pour guide que les lumières de la raison. Un peuple est un organisme créé par le passé, et qui, comme tout organisme, ne peut se modifier que par de lentes accumulations héréditaires. Ce qui conduit les hommes, surtout lorsqu'ils sont en foule, ce sont les traditions ; et, comme je l'ai répété bien des fois, ils n'en

---

[7] Cette proposition étant bien nouvelle encore, et l'histoire étant tout à fait inintelligible sans elle, j'ai consacré plusieurs chapitres de mon ouvrage *(Les lois psychologiques de l'évolution des peuples)* à sa démonstration. Le lecteur y verra que, malgré de trompeuses apparences, ni la langue, ni la religion, ni les arts, ni, en un mot, aucun élément de civilisation, ne peut passer intact d'un peuple à un autre.

changent facilement que les noms, les formes extérieures. Il n'est pas à regretter qu'il en soit ainsi. Sans traditions, il n'y a ni âme nationale, ni civilisation possibles. Aussi les deux grandes occupations de l'homme depuis qu'il existe ont-elles été de se créer un réseau de traditions, puis de tâcher de les détruire lorsque leurs effets bienfaisants se sont usés. Sans les traditions, pas de civilisation ; sans la lente élimination de ces traditions, pas de progrès. La difficulté est de trouver un juste équilibre entre la stabilité et la variabilité ; et cette difficulté est immense. Quand un peuple a laissé des coutumes se fixer trop solidement chez lui pendant beaucoup de générations, il ne peut plus changer et devient, comme la Chine, incapable de perfectionnement. Les révolutions violentes n'y peuvent rien, car il arrive alors, ou que les fragments brisés de la chaîne se ressoudent, et que le passé reprend sans changements son empire, ou que les fragments restent dispersés, et alors à l'anarchie succède bientôt la décadence. Aussi, l'idéal pour un peuple est-il de garder les institutions du passé, en ne les transformant qu'insensiblement et peu à peu. Cet idéal est difficilement accessible. Les Romains, dans les temps anciens, les Anglais, dans les temps modernes, sont à peu près les seuls qui l'aient réalisé. Les conservateurs les plus tenaces des idées traditionnelles, et qui s'opposent le plus obstinément à leur changement, sont précisément les foules, et notamment les catégories de foules qui constituent les castes. J'ai déjà insisté sur l'esprit conservateur des foules, et montré que les plus violentes révoltes n'aboutissent qu'à un changement de mots. A la fin du dernier siècle, devant les églises détruites, devant les prêtres expulsés ou guillotinés, devant la persécution universelle du culte catholique, on pouvait croire que les vieilles idées religieuses avaient perdu tout pouvoir ; et cependant quelques années s'étaient à peine écoulées que, devant les réclamations universelles, il fallut rétablir le culte aboli [8].

---

[8] Le rapport de l'ancien conventionnel Fourcroy, cité par Taine, est à ce point de vue fort net : " Ce qu'on voit partout sur la célébration du dimanche et sur la fréquentation des églises prouve que la masse des Français veut revenir aux anciens usages, et il n'est plus temps de résister à cette pente nationale... La grande masse, des hommes a besoin de religion, de culte et de prêtres. *C'est une erreur de quelques philosophes modernes, à laquelle j'ai été moi-même*

Effacées un instant, les vieilles traditions avaient repris leur empire ; Aucun exemple ne montre mieux la puissance des traditions sur l'âme des foules. Ce n'est pas dans les temples qu'habitent les idoles les plus redoutables, ni dans les palais les tyrans les plus despotiques ; ceux-ci peuvent être brisés en un instant ; mais les maîtres invisibles qui règnent dans nos âmes échappent à tout effort de révolte, et ne cèdent qu'à la lente usure des siècles.

3. – Le temps

Dans les problèmes sociaux, comme dans les problèmes biologiques, un des plus énergiques facteurs est le temps. Il est le seul vrai créateur et le seul grand destructeur. C'est lui qui a fait les montagnes avec les grains de sable, et élevé jusqu'à la dignité humaine l'obscure cellule des temps géologiques, Il suffit pour transformer un phénomène quelconque de faire intervenir les siècles. On a dit avec raison qu'une fourmi qui aurait le temps devant elle pourrait niveler le mont Blanc. Un être qui aurait le pouvoir magique de faire varier le temps à son gré aurait la puissance que les croyants attribuent à Dieu. Mais nous n'avons à nous occuper ici que de l'influence du temps dans la genèse des opinions des foules. A ce point de vue son action est encore immense. Il tient sous sa dépendance les grandes forces, telles que la race, qui ne peuvent se former sans lui. Il fait naître, grandir, mourir toutes les croyances c'est par lui qu'elles acquièrent leur puissance et par lui aussi qu'elles la perdent. C'est le temps surtout qui prépare les opinions et les croyances des foules, c'est-à-dire le terrain sur lequel elles germeront. Et c'est pourquoi certaines idées sont réalisables à une époque et ne le sont plus à une autre. C'est le temps qui accumule cet

---

entraîné, que de croire à la possibilité d'une instruction assez répandue pour détruire les préjugés religieux ; ils sont, pour le grand nombre des malheureux, une source de consolation... Il faut donc laisser à la masse du peuple, ses prêtres, ses autels et son culte.

immense détritus de croyances, de pensées, sur lequel naissent les idées d'une époque. Elles ne germent pas au hasard et à l'aventure ; les racines de chacune d'elles plongent dans un long passé. Quand elles fleurissent, le temps avait préparé leur éclosion ; et c'est toujours en arrière qu'il faut remonter pour en concevoir la genèse. Elles sont filles du passé et mères de l'avenir, esclaves du temps toujours. Le temps est donc notre véritable maître, et il suffit de le laisser agir pour voir toutes choses se transformer. Aujourd'hui, nous nous inquiétons fort des aspirations menaçantes des foules, des destructions et des bouleversements qu'elles présagent. Le temps se chargera à lui seul de rétablir l'équilibre. " Aucun régime, écrit très justement M. Lavisse, ne se fonda en un jour. Les organisations politiques et sociales sont des oeuvres qui demandent des siècles ; la féodalité exista informe et chaotique pendant des siècles, avant de trouver ses règles ; la monarchie absolue vécut pendant des siècles aussi, avant de trouver des moyens réguliers de gouvernement, et il y eut de grands troubles dans ces périodes d'attente. "

4. – Les institutions politiques et sociales

L'idée que les institutions peuvent remédier aux défauts des sociétés ; que le progrès des peuples est la conséquence du perfectionnement des constitutions et des gouvernements et que les changements sociaux peuvent se faire à coups de décrets ; cette idée, dis-je, est très généralement répandue encore. La Révolution française l'eut pour point de départ et les théories sociales actuelles y prennent leur point d'appui. Les expériences les plus continues n'ont pas réussi encore à ébranler sérieusement cette redoutable chimère. C'est en vain que philosophes et historiens ont essayé d'en prouver l'absurdité. Il ne leur a pas été difficile pourtant de montrer que les institutions sont filles des idées, des sentiments et des mœurs ; et qu'on ne refait pas les idées, les sentiments et les mœurs en refaisant les codes. Un peuple ne choisit pas ses institutions à son gré, pas plus qu'il ne choisit la couleur de ses yeux ou de ses cheveux. Les institutions et les gouvernements sont le produit de la race. Loin d'être les créateurs d'une époque, ils sont ses créations. Les peuples ne sont pas gouvernés comme le voudraient leurs caprices d'un moment, mais comme l'exige leur caractère. Il faut des siècles pour former un régime politique, et des siècles pour le changer. Les institutions n'ont aucune vertu intrinsèque ; elles ne sont ni bonnes ni mauvaises en elles-mêmes. Celles qui sont bonnes à un moment donné pour un peuple donné, peuvent être détestables pour un autre. Aussi n'est-il pas du tout dans le pouvoir d'un peuple de changer réellement ses institutions. Il peut assurément, au prix de révolutions violentes, changer le nom de ces institutions, mais le fond ne se modifie pas. Les noms ne sont que de vaines étiquettes dont l'historien qui va un peu au fond des choses n'a pas à se préoccuper. C'est ainsi par exemple que le plus démocratique des pays du monde est l'Angleterre [9], qui vit cependant sous un régime monarchique, alors que les pays où sévit le plus lourd despotisme sont les républiques hispano-américaines, malgré les constitutions républicaines qui les régissent. Le caractère des peuples et non les gouvernements conduit leurs destinées. C'est un point de vue que j'ai essayé d'établir dans un précédent volume, en m'appuyant sur de catégoriques exemples.

C'est donc une tâche très puérile, un inutile exercice de rhéteur ignorant que de perdre son temps à fabriquer de toutes pièces des constitutions. La nécessité et le temps se chargent de les élaborer, quand nous avons la sagesse de laisser agir ces deux facteurs. C'est ainsi que les Anglo-Saxons s'y sont pris, et c'est ce que nous dit leur grand historien Macaulay dans un passage que devraient apprendre par cœur les politiciens de tous les pays latins. Après avoir montré tout le bien qu'ont

---

[9] C'est ce que reconnaissent, même aux États-Unis, les républicains les plus avancés. Le journal américain *Forum* exprimait récemment cette opinion catégorique dans les termes que je reproduis ici, d'après la *Review of Reviews* de décembre 1894 : " On ne doit jamais oublier, même chez les plus fervents ennemis de l'aristocratie, que l'Angleterre est aujourd'hui le pays le plus démocratique de l'univers, celui où les droits de l'individu sont le plus respectés, et celui où les individus possèdent le plus de liberté. "

pu faire des lois qui semblent, au point de vue de la raison pure, un chaos d'absurdités et de contradictions, il compare les douzaines de constitutions, mortes dans les convulsions, des peuples latins de l'Europe et de l'Amérique avec celle de l'Angleterre, et fait voir que cette dernière n'a été changée que très lentement, par parties, sous l'influence de nécessités immédiates et jamais de raisonnements spéculatifs. " Ne point s'inquiéter de la symétrie, et s'inquiéter beaucoup de l'utilité ; n'ôter jamais une anomalie uniquement parce qu'elle est une anomalie ; ne jamais innover si ce n'est lorsque quelque malaise se fait sentir, et alors innover juste assez pour se débarrasser du malaise n'établir jamais une proposition plus large que le cas particulier auquel on remédie ; telles sont les règles qui, depuis l'âge de Jean jusqu'à l'âge de Victoria, ont généralement guidé les délibérations de nos 250 parlements. "

Il faudrait prendre une à une les lois, les institutions de chaque peuple, pour montrer à quel point elles sont l'expression des besoins de leur race, et ne sauraient pour cette raison être violemment transformées. On peut disserter philosophiquement, par exemple, sur les avantages et les inconvénients de la centralisation mais quand nous voyons un peuple,. composé de races très diverses, consacrer mille ans d'efforts pour arriver progressivement à cette centralisation ; quand nous constatons qu'une grande révolution ayant pour but de briser toutes les institutions du passé, a été forcée non seulement de respecter cette centralisation, mais d'en exagérer encore, nous pouvons dire qu'elle est fille de nécessités impérieuses, une condition même d'existence, et plaindre la faible portée mentale des hommes politiques qui parlent de la détruire. S'ils pouvaient par hasard y réussir, l'heure de la réussite serait aussitôt le signal d'une effroyable guerre civile [10] qui

---

[10] Si l'on rapproche les profondes dissensions religieuses et politiques qui séparent les diverses parties de la France, et sont surtout une question de races, des tendances séparatistes qui se sont manifestées à l'époque de la Révolution, et qui commençaient à se dessiner de nouveau vers la fin de la guerre franco-allemande, on voit que les races diverses qui subsistent sur notre sol sont bien loin d'être fusionnées encore. La centralisation énergique de la Révolution et la création de départements artificiels destinés à mêler les anciennes provinces fut certainement son œuvre la plus utile Si la décentralisation, dont parlent tant aujourd'hui des esprits imprévoyants, pouvait être créée, elle aboutirait

ramènerait immédiatement d'ailleurs une nouvelle centralisation beaucoup plus lourde que l'ancienne. Concluons de ce qui précède que ce n'est pas dans les institutions qu'il faut chercher le moyen d'agir profondément sur l'âme des foules ; et quand nous voyons certains pays, comme les États-Unis, arriver à un haut degré de prospérité avec des institutions démocratiques, alors que nous en voyons d'autres, tels que les républiques hispano-américaines, vivre dans la plus triste anarchie malgré des institutions absolument semblables, disons-nous bien que ces institutions sont aussi étrangères à la grandeur des uns qu'à la décadence des autres. Les peuples sont gouvernés par leur caractère, et toutes les institutions qui ne sont pas intimement moulées sur ce caractère ne représentent qu'un vêtement d'emprunt, un déguisement transitoire. Certes, des guerres sanglantes, des révolutions violentes ont été faites, et se feront encore, pour imposer des institutions auxquelles est attribué, comme aux reliques des saints, le pouvoir surnaturel de créer le bonheur. On pourrait donc dire en un sens que les institutions agissent sur l'âme des foules puisqu'elles engendrent de pareils soulèvements. Mais, en réalité, ce ne sont pas les institutions qui agissent alors, puisque nous savons que, triomphantes ou vaincues, elles ne possèdent par elles-mêmes aucune vertu. Ce qui a agi sur l'âme des foules, ce sont des illusions et des mots. Des mots surtout, ces mots chimériques et puissants dont nous montrerons bientôt l'étonnant empire.

5. – L'instruction et l'éducation

Au premier rang de ces idées dominantes d'une époque, dont nous avons marqué ailleurs le petit nombre et la force, bien qu'elles soient parfois des illusions pures, se trouve aujourd'hui celle-ci : que

promptement aux plus sanglantes discordes. Il faut pour le méconnaître oublier entièrement notre histoire.

l'instruction est capable de changer considérablement les hommes, et a pour résultat certain de les améliorer, et même de les rendre égaux. Par le fait seul de la répétition, cette assertion a fini par devenir un des dogmes les plus inébranlables de la démocratie. Il serait aussi difficile d'y toucher maintenant qu'il l'eût été jadis de toucher à ceux de l'Église.

Mais sur ce point, comme sur bien d'autres, les idées démocratiques se sont trouvées en profond désaccord avec les données de la psychologie et de l'expérience. Plusieurs philosophes éminents, Herbert Spencer entre autres, n'ont pas eu de peine à montrer que l'instruction ne rend l'homme ni plus moral ni plus heureux, qu'elle ne change pas ses instincts et ses passions héréditaires ; qu'elle est parfois – pour peu qu'elle soit mal dirigée – beaucoup plus pernicieuse qu'utile. Les statisticiens sont venus confirmer ces vues en nous disant que la criminalité augmente avec la généralisation de l'instruction, ou tout au moins d'une certaine instruction ; que les pires ennemis de la société, les anarchistes, se recrutent souvent parmi les lauréats des écoles ; et, dans un travail récent, un magistrat distingué, M. Adolphe Guillot, faisait remarquer qu'on compte maintenant 3.000 criminels lettrés contre 1.000 illettrés, et que, en cinquante ans, la criminalité est passée de 227 pour 400.000 habitants, à 552, soit une augmentation de 133 p. 100. Il a noté également avec tous ses collègues que la criminalité augmente surtout chez les jeunes gens pour lesquels l'école gratuite et obligatoire a, comme on sait, remplacé le patronat. Ce n'est pas certes, et personne ne l'a jamais soutenu, que l'instruction bien dirigée ne puisse donner des résultats pratiques fort utiles, sinon pour élever la moralité, au moins pour développer les capacités professionnelles. Malheureusement les peuples latins, surtout depuis vingt-cinq ans, ont basé leurs systèmes d'instruction sur des principes très erronés, et, malgré les observations des esprits les plus éminents, ils persistent dans leurs lamentables erreurs. J'ai moi-même, dans divers ouvrages [11], montré que notre éducation actuelle transforme en ennemis de la société la plupart de ceux qui l'ont reçue, et recrute de nombreux disciples pour les pires

---

[11] Voir *Psychologie du socialisme*, 3° édit. *Psychologie de l'éducation* (5° édition).

formes du socialisme. Ce qui constitue le premier danger de cette éducation – très justement qualifiée de latine – c'est quelle repose sur cette erreur psychologique fondamentale, que c'est en apprenant par cœur des manuels qu'on développe l'intelligence. Dès lors on a tâché d'en apprendre le plus possible ; et, de l'école primaire au doctorat ou à l'agrégation, le jeune homme ne fait qu'apprendre par cœur des livres, sans que son jugement et son initiative soient jamais exercés. L'instruction, pour lui, c'est réciter et obéir. " Apprendre des leçons, savoir par cœur une grammaire ou un abrégé, bien répéter, bien imiter, voilà, écrit un ancien ministre de l'instruction publique, M. Jules Simon, une plaisante éducation où tout effort est un acte de foi devant l'infaillibilité du maître, et n'aboutit qu'à nous diminuer et nous rendre impuissants. "

Si cette éducation n'était qu'inutile, on pourrait se borner à plaindre les malheureux enfants auxquels, au lieu de tant de choses nécessaires à apprendre à l'école primaire, on préfère enseigner la généalogie des fils de Clotaire, les luttes de la Neustrie et de l'Austrasie, ou des classifications zoologiques ; mais elle présente un danger beaucoup plus sérieux. Elle donne à celui qui l'a reçue un dégoût violent de la condition où il est né, et l'intense désir d'en sortir. L'ouvrier ne veut plus rester ouvrier, le paysan ne veut plus être paysan, et le dernier des bourgeois ne voit pour ses fils d'autre carrière possible que les fonctions salariées par l'État. Au lieu de préparer des hommes pour la vie, l'école ne les prépare qu'à des fonctions publiques où l'on peut réussir sans avoir à se diriger ni à manifester aucune lueur d'initiative. Au bas de l'échelle, elle crée ces armées de prolétaires mécontents de leur sort et toujours prêts à la révolte ; en haut, notre bourgeoisie frivole, à la fois sceptique et crédule, ayant une confiance superstitieuse dans l'État-providence, que cependant elle fronde sans cesse, s'en prenant toujours au gouvernement de ses propres fautes et incapable de rien entreprendre sans l'intervention de l'autorité.

L'État qui fabrique à coups de manuels tous ces diplômés, ne peut en utiliser qu'un petit nombre et laisse forcément sans emploi les autres. Il lui faut donc se résigner à nourrir les premiers et à avoir pour ennemis les seconds. Du haut en bas de la pyramide sociale, du simple commis au professeur et au préfet, la masse immense des diplômés assiège aujourd'hui les carrières. Alors qu'un négociant ne peut que très difficilement trouver un agent pour aller le représenter dans les colonies, c'est par des milliers de candidats que les plus modestes places officielles sont sollicitées. Le département de la Seine compte à lui seul 20.000 instituteurs et institutrices sans emploi, et qui, méprisant les champs et l'atelier, s'adressent à l'État pour vivre. Le nombre des élus étant restreint, celui des mécontents est forcément immense. Ces derniers sont prêts pour toutes les révolutions, quels qu'en soient les chefs et quelque but qu'elles poursuivent. L'acquisition de connaissances dont on ne peut trouver l'emploi est un moyen sûr de faire de l'homme un révolté [12]. Il est évidemment trop tard pour remonter un tel courant. Seule l'expérience, dernière éducatrice des peuples, se chargera de nous montrer notre erreur. Elle seule sera assez puissante pour prouver la nécessité de remplacer nos odieux manuels, nos pitoyables concours par une instruction professionnelle capable de ramener la jeunesse vers les champs, les ateliers, les entreprises coloniales, qu'aujourd'hui elle cherche à tout prix à fuir. Cette instruction professionnelle que tous les esprits éclairés réclament maintenant fut celle qu'ont jadis reçue nos pères, et que les peuples qui dominent aujourd'hui le monde par leur volonté, leur initiative, leur esprit d'entreprise ont su conserver. Dans des pages remarquables, dont je reproduirai plus loin les parties les plus essentielles, un grand penseur, M. Taine, a montré nettement que notre éducation d'autrefois était à peu près ce qu'est l'éducation anglaise ou

---

[12]   Ce n'est pas là d'ailleurs un phénomène spécial aux peuples latins ; on l'observe aussi en Chine, pays conduit également par une solide hiérarchie de mandarins, et où le mandarinat est, comme chez nous, obtenu par des concours dont la seule épreuve est la récitation imperturbable d'épais manuels. L'armée des lettrés sans emploi est considérée aujourd'hui en Chine comme une véritable calamité nationale. il en est de même dans l'Inde, où, depuis que les Anglais ont ouvert des écoles, non pour éduquer, comme cela se fait en Angleterre, mais simplement pour instruire les indigènes, il s'est formé une classe spéciale de lettrés, les Babous, qui, lorsqu'ils ne peuvent recevoir un emploi, deviennent d'irréconciliables ennemis de la puissance anglaise. Chez tous les Babous, munis ou non d'emplois, le premier effet de l'instruction a été d'abaisser immensément le niveau de leur moralité. C'est un fait sur lequel j'ai longuement insisté dans mon livre Les Civilisations de l'Inde, et qu'ont également constaté tous les auteurs qui ont visité la grande péninsule.

américaine d'aujourd'hui, et, dans un remarquable parallèle entre le système latin et le système anglo-saxon, il a fait voir clairement les conséquences des deux méthodes. On consentirait peut-être, à l'extrême rigueur, à accepter encore tous les inconvénients de notre éducation classique, alors même qu'elle ne ferait que des déclassés et des mécontents, si l'acquisition superficielle de tant de connaissances, la récitation parfaite de tant de manuels élevait le niveau de l'intelligence. Mais l'élève-t-elle réellement ? Non, hélas ! C'est le jugement, l'expérience, l'initiative, le caractère qui sont les conditions de succès dans la vie, et ce n'est pas là ce que donnent les livres. Les livres sont des dictionnaires utiles à consulter, mais dont il est parfaitement inutile d'avoir de longs fragments dans la tête. Comment l'instruction professionnelle peut-elle développer l'intelligence dans une mesure qui échappe tout à fait à l'instruction classique : c'est ce que M. Taine montre fort bien.

" Les idées ne se forment que dans leur milieu naturel et normal ; ce qui fait végéter leur germe, ce sont les innombrables impressions sensibles que le jeune homme reçoit tous les jours à l'atelier, dans la mine, au tribunal, à l'étude, sur le chantier, à l'hôpital, au spectacle des outils, des matériaux et des opérations, en présence des clients, des ouvriers, du travail, de l'ouvrage bien ou mal fait, dispendieux ou lucratif : voilà les petites perceptions particulières des yeux, de l'oreille, des mains et même de l'odorat, qui, involontairement recueillies et sourdement élaborées, s'organisent en lui pour lui suggérer tôt ou tard telle combinaison nouvelle, simplification, économie, perfectionnement ou invention. De tous ces contacts précieux, de tous ces éléments assimilables et indispensables, le jeune Français est privé, et justement pendant l'âge fécond ; sept ou huit années durant, il est séquestré dans une école, loin de l'expérience directe et personnelle qui lui aurait donné la notion exacte et vive des choses, des hommes et des diverses façons de les manier. " ...Au moins neuf sur dix ont perdu leur temps et leur peine, plusieurs années de leur vie, et des années efficaces, importantes ou même décisives : comptez d'abord la moitié ou les deux tiers de ceux qui se présentent à l'examen, je veux dire les refusés ensuite, parmi les admis, gradués, brevetés et diplômés, encore la moitié ou les deux tiers, je veux dire les surmenés. On leur a demandé trop en exigeant que tel jour, sur une chaise ou devant un tableau, ils fussent, deux heures durant et pour un groupe de sciences, des répertoires vivants de toute la connaissance humaine ; en effet, ils ont été cela, ou à peu près, ce jour-là, pendant deux heures ; mais, un mois plus tard, ils ne le sont plus ; ils ne pourraient pas subir de nouveau l'examen ; leurs acquisitions, trop nombreuses et trop lourdes, glissent incessamment hors de leur esprit, et ils n'en font pas de nouvelles. Leur vigueur mentale a fléchi ; la sève féconde est tarie ; l'homme fait apparaît, et, souvent c'est l'homme fini. Celui-ci, rangé, marié, résigné à tourner en cercle et indéfiniment dans le même cercle, se cantonne dans son office restreint ; il le remplit correctement, rien au delà. Tel est le rendement moyen ; certainement la recette n'équilibre pas la dépense. En Angleterre et en Amérique, où, comme jadis avant 1789, en France, on emploie le procédé inverse, le rendement obtenu est égal ou supérieur. "

L'illustre historien nous montre ensuite la différence de notre système avec celui des Anglo-Saxons. Ces derniers ne possèdent pas nos innombrables écoles spéciales ; chez eux l'enseignement n'est pas donné par le livre, mais par la chose elle-même. L'ingénieur, par exemple, se forme dans un atelier et jamais dans une école ; ce qui permet à chacun d'arriver exactement au degré que comporte son intelligence, ouvrier ou contremaître s'il ne peut aller plus loin, ingénieur si ses aptitudes l'y conduisent. C'est là un procédé autrement démocratique et autrement utile pour la société que de faire dépendre toute la carrière d'un individu d'un concours de quelques heures subi à dix-huit ou vingt ans.

"A l'hôpital, dans la mine, dans la manufacture, chez l'architecte, chez l'homme de loi, l'élève, admis très jeune, fait son apprentissage et son stage, à peu près comme chez nous un clerc dans son étude ou un rapin dans son atelier. Au préalable et avant d'entrer, il a pu suivre quelque cours général et sommaire, afin d'avoir un cadre tout prêt pour y loger les observations que tout à l'heure il va faire. Cependant, à sa portée, il y a, le plus souvent, quelques cours techniques qu'il pourra suivre à ses heures libres, afin de coordonner au fur et à mesure les expériences quotidiennes qu'il fait. Sous un pareil régime, la capacité pratique croit et se développe d'elle-même, juste au degré que comportent les facultés de l'élève, et dans la direction requise par sa besogne future par l'œuvre spéciale à laquelle dès à présent il veut s'adapter. De cette façon, en Angleterre et aux États-Unis, le jeune homme parvient vite à tirer de lui-même tout ce qu'il contient. Dès vingt-cinq ans, et bien plus tôt, si la substance et le fonds ne lui manquent pas, il est, non seulement un exécutant utile, mais encore un entrepreneur spontané, non seulement un. rouage, mais de plus un moteur, – En France, où le procédé inverse a prévalu et, à chaque génération, devient plus chinois, le total des forces perdues est énorme."

Et le grand philosophe arrive à la conclusion suivante sur la disconvenance croissante de notre éducation latine et de la vie. " Aux trois étages de l'instruction, pour l'enfance, l'adolescence et la jeunesse, la préparation théorique et scolaire sur des bancs, par des livres, s'est prolongée et surchargée, en vue de l'examen, du grade, du diplôme et du brevet, en vue, de cela seulement, et par les pires moyens, par l'application d'un régime antinaturel et antisocial, par le retard excessif de l'apprentissage pratique, par l'internat, par l'entraînement artificiel et le remplissage mécanique, par le surmenage, sans considération du temps qui suivra, de l'âge adulte et des offices virils que l'homme fait exercera, abstraction faite du monde réel où tout à l'heure le jeune homme va tomber, de la société ambiante à laquelle il faut l'adapter ou le résigner d'avance, du conflit humain où pour se défendre et se tenir debout, il doit être, au préalable, équipé, armé, exercé, endurci. Cet équipement indispensable, cette acquisition plus importante que toutes les autres, cette solidité du bon sens, de la volonté et des nerfs, nos écoles ne la lui procurent pas ; tout au rebours ; bien loin de le qualifier, elles le disqualifient pour sa condition prochaine et définitive. Partant, son entrée dans le monde et ses premiers pas dans le champ de l'action pratique ne sont, le plus souvent, qu'une suite de chutes douloureuses ; il en reste meurtri, et, pour longtemps, froissé, parfois estropié à demeure. C'est une rude et dangereuse épreuve ; l'équilibre moral et mental s'y altère, et court risque de ne passe rétablir ; la désillusion est venue, trop brusque et trop complète ; les déceptions ont été trop grandes et les déboires trop forts [13]. " Nous sommes-nous éloignés, dans ce qui précède, de la psychologie des foules ? Non certes. Si nous voulons comprendre les idées, les croyances qui y germent aujourd'hui, et qui écloront demain, il faut savoir comment le terrain a été préparé. L'enseignement donné à la jeunesse d'un pays permet de savoir ce que sera ce pays un jour. L'éducation donnée à la génération actuelle justifie les prévisions les plus sombres. C'est en partie avec l'instruction et l'éducation que s'améliore ou s'altère l'âme des foules. Il était donc nécessaire de montrer comment le système actuel l'a façonnée, et comment la masse des indifférents et des neutres est devenue progressivement une immense armée de mécontents, prête à obéir à toutes les suggestions des utopistes et des rhéteurs. C'est à l'école que se forment aujourd'hui les mécontents et les anarchistes et que se préparent pour les peuples latins les heures prochaines de décadence.

---

[13] TAINE. *Le Régime moderne*, t. II, 1891. – Ces pages sont à peu près les dernières qu'écrivit Taine. Elles résument admirablement les résultats de la longue expérience du grand philosophe. Je les crois malheureusement totalement incompréhensibles pour les professeurs de notre université n'ayant pas séjourné à l'étranger. L'éducation est le seul moyen que nous possédions pour agir un peu sur l'âme d'un peuple et il est profondément triste d'avoir à songer qu'il n'est à peu près personne, en France qui puisse arriver à comprendre que notre enseignement actuel est un redoutable élément de rapide décadence et qu'au lieu d'élever la jeunesse il l'abaisse et la pervertit.

Gustave Le Bon

Chapitre II

Facteurs immédiats des opinions des foules

Nous venons de rechercher les facteurs lointains et préparatoires qui donnent à l'âme des foules une réceptivité spéciale, rendant possible chez elle l'éclosion de certains sentiments et de certaines idées. Il nous reste à étudier maintenant les facteurs capables d'agir d'une façon immédiate. Nous verrons dans un prochain chapitre comment doivent être maniés ces facteurs pour qu'ils puissent produire tous leurs effets. Dans la première partie de cet ouvrage nous avons étudié les sentiments, les idées, les raisonnements des collectivités ; et, de cette connaissance, on pourrait évidemment déduire d'une façon générale les moyens d'impressionner leur âme. Nous savons déjà ce qui frappe l'imagination des foules, la puissance et la contagion des suggestions, surtout de celles qui se présentent sous forme d'images. Mais les suggestions pouvant être d'origine fort diverses, les facteurs capables d'agir sur l'âme des foules peuvent être assez différents. Il est donc nécessaire de les examiner séparément. Ce n'est pas là une inutile étude. Les foules sont un peu comme le sphinx de la fable antique : il faut savoir résoudre les problèmes que leur psychologie nous pose, ou se résigner à être dévoré par elles.

1. - Les images, les mots et les formules

En étudiant l'imagination des foules, nous avons vu qu'elle est impressionnée surtout par des images. Ces images, on n'en dispose pas toujours, mais il est possible de les évoquer par l'emploi judicieux des mots et des formules. Maniés avec art, ils possèdent vraiment la puissance mystérieuse que leur attribuaient jadis les adeptes de la magie. Ils font naître dans l'âme des foules les plus formidables tempêtes, et savent aussi les calmer. On élèverait une pyramide beaucoup plus haute que celle du vieux Khéops avec les seuls ossements des hommes victimes de la puissance des mots et des formules. La puissance des mots est liée aux images qu'ils évoquent et tout à fait indépendante de leur signification réelle. Ce sont parfois ceux dont le sens est le plus mal défini qui possèdent le plus d'action. Tels par exemple. les termes : démocratie, socialisme égalité, liberté, etc., dont le sens est si vague que de gros volumes ne suffisent pas à le préciser. Et pourtant il est certain qu'une puissance vraiment magique s'attache leurs brèves syllabes, comme si elles contenaient la solution de tous les problèmes. Ils synthétisent les aspirations inconscientes les plus diverses et l'espoir de leur réalisation. La raison et les arguments ne sauraient lutter contre certains mots et certaines formules. On les prononce avec recueillement devant les foules ; et, dès qu'ils ont été prononcés, les visages deviennent respectueux et les fronts s'inclinent. Beaucoup les considèrent comme des forces de la nature, des puissances surnaturelles. Ils évoquent dans les âmes des images grandioses et vagues, mais le vague même qui les estompe augmente leur mystérieuse puissance. On peut les comparer à ces divinités redoutables cachées derrière le tabernacle et dont le dévot ne s'approche qu'en tremblant.

Les images évoquées par les mots étant indépendantes de leur sens, varient d'âge en âge, de peuple à peuple, sous l'identité des formules. A certains mots s'attachent transitoirement certaines images : le mot n'est que le bouton d'appel qui les fait apparaître. Tous les mots et toutes les formules ne possèdent pas la puissance d'évoquer des images ; et il en est qui, après en avoir évoqué, s'usent et ne réveillent plus rien dans l'esprit. Ils deviennent alors de vains sons, dont l'utilité principale est de dispenser celui qui les emploie de l'obligation de penser. Avec un petit stock de formules et de lieux communs appris dans la jeunesse, nous possédons tout ce qu'il faut pour traverser la vie sans la fatigante nécessité d'avoir à réfléchir sur quoi que ce soit. Si l'on considère une, langue déterminée, on voit que les mots dont elle se compose changent assez lentement dans le cours des âges ; mais ce qui change sans cesse, ce sont les images qu'ils évoquent ou le sens qu'on y attache ; et c'est pourquoi je suis arrivé, dans un autre ouvrage, à cette conclusion que la traduction complète d'une langue, surtout quand il s'agit de peuples morts, est chose totalement impossible. Que faisons-nous, en réalité, quand nous substituons un terme français à un terme latin, grec ou sanscrit, ou même quand nous cherchons à comprendre un livre écrit dans notre propre langue il y a deux ou trois siècles ? Nous substituons simplement les images et les idées que la vie moderne a mises dans notre intelligence, aux notions et aux images absolument différentes que la vie ancienne avait fait naître dans l'âme de races soumises à des conditions d'existence sans analogie avec les nôtres. Quand les hommes de la Révolution croyaient copier les Grecs et les Romains, que faisaient-ils, sinon donner à des mots anciens un sens que ceux-ci n'eurent jamais. Quelle ressemblance pouvait-il exister entre les institutions des Grecs et celles que désignent de nos jours les mots correspondants ? Qu'était alors une république, sinon une institution essentiellement aristocratique formée d'une réunion de petits despotes dominant une foule d'esclaves maintenus dans la plus absolue sujétion. Ces aristocraties communales, basées sur l'esclavage, n'auraient pu exister un instant sans lui.

Et le mot liberté, que pouvait-il signifier de semblable à ce que nous comprenons aujourd'hui, à une époque où la possibilité de la liberté de penser n'était même pas soupçonnée, et où il n'y avait pas de forfait plus grand et plus rare que de discuter les dieux, les lois et les coutumes de la cité ? Un mot comme celui de patrie, que signifiait-il dans l'âme d'un Athénien ou d'un Spartiate, sinon le culte d'Athènes ou de Sparte, et nullement celui de la Grèce, composée de cités rivales et toujours en guerre. Le même mot de patrie, quel sens avait-il chez les anciens Gaulois divisés en tribus rivales, de races, de langues et de religions différentes, que César vainquit facilement parce qu'il eut toujours parmi elles des alliées. Rome seule donna à la Gaule une patrie en lui donnant l'unité politique et religieuse. Sans même remonter si loin, et en reculant de deux siècles à peine, croit-on que le même mot de patrie était conçu comme aujourd'hui par des princes français, tels que le grand Condé, s'alliant à l'étranger contre leur souverain ? Et le même mot encore n'avait-il pas un sens bien différent du sens moderne pour les émigrés, qui croyaient obéir aux lois de l'honneur en combattant la France, et qui à leur point de vue y obéissaient en effet, puisque la loi féodale liait le vassal au seigneur et non à la terre, et que là où était le souverain, là était la vraie patrie. Nombreux sont les mots dont le sens a ainsi profondément changé d'âge en âge, et que nous ne pouvons arriver à comprendre comme on les comprenait jadis qu'après un long effort. On a dit avec raison qu'il faut beaucoup de lecture pour arriver seulement à concevoir ce que signifiaient pour nos arrière-grands-pères des mots tels que le roi et la famille royale. Qu'est-ce alors pour des termes plus complexes encore ?

Les mots n'ont donc que des significations mobiles et transitoires, changeantes d'âge en âge et de peuple à peuple ; et, quand nous voulons agir par eux, sur la foule, ce qu'il faut savoir, c'est le sens qu'ils ont pour elle à un moment donné, et non celui qu'ils eurent jadis ou qu'ils peuvent avoir pour des individus de constitution mentale différente. Aussi, quand les foules ont fini, à la suite de bouleversements politiques, de changements de croyances, par acquérir une antipathie profonde pour les images évoquées par certains mots, le premier devoir de l'homme d'État véritable est de changer les mots sans, bien entendu, toucher aux choses en elles-mêmes, ces dernières étant trop liées à une constitution héréditaire pour pouvoir être transformées. Le judicieux Tocqueville a fait remarquer, il y a déjà longtemps, que le travail du Consulat et de l'Empire a surtout consisté à habiller de mots nouveaux la plupart des institutions du passé, c'est-à-dire à remplacer des mots évoquant de fâcheuses images dans l'imagination des foules par d'autres mots dont la nouveauté empêchait de pareilles évocations. La taille est devenue contribution foncière ; la gabelle, l'impôt du sel ; les aides, contributions indirectes et droit réunis la taxe des maîtrises et jurandes s'est appelée patente, etc.

Une des fonctions les plus essentielles des hommes d'État consiste donc à baptiser de mots populaires, ou au moins neutres, les choses que les foules ne peuvent supporter avec leurs anciens noms. La puissance des mots est si grande qu'il suffit de désigner par des termes bien choisis les choses les plus odieuses pour les faire accepter des foules. Taine remarque justement que c'est en invoquant la liberté et la fraternité, mots très populaires alors, que les Jacobins ont pu " installer un despotisme digne du Dahomey, un tribunal pareil à celui de l'inquisition, des hécatombes humaines semblables à celles de l'ancien Mexique ". L'art des gouvernants, comme celui des avocats, consiste surtout à savoir manier les mots. Une des grandes difficultés de cet art est que, dans une même société, les mêmes mots ont le plus souvent des sens fort différents pour les diverses couches sociales. Elles emploient en apparence les mêmes mots ; mais elles ne parlent jamais la même langue. Dans les exemples qui précèdent nous avons fait surtout intervenir le temps comme principal facteur du changement de sens des mots. Mais si nous faisions intervenir aussi la race, nous verrions alors qu'à une même époque, chez des peuples également civilisés mais de races diverses, les mêmes mots correspondent fort souvent à des idées extrêmement dissemblables. Il est impossible de comprendre ces différences sans de nombreux voyages, et c'est pourquoi je ne saurais insister sur elles. Je me bornerai à faire remarquer que ce sont précisément les mots les plus employés par les foules qui d'un peuple à l'autre possèdent les sens les plus différents. Tels sont par exemple les mots de démocratie et de socialisme, d'un usage si fréquent aujourd'hui.

Ils correspondent en réalité à des idées et des images tout à fait opposées dans les âmes latines et dans les âmes anglo-saxonnes. Chez les Latins le mot démocratie, signifie surtout effacement de la volonté et de l'initiative de l'individu devant celles de la communauté représentées par l'État. C'est l'État qui est chargé de plus en plus de diriger tout, de centraliser, de monopoliser et de fabriquer tout. C'est à lui que tous les partis sans exception, radicaux, socialistes ou monarchistes, font constamment appel. Chez l'Anglosaxon, celui d'Amérique notamment, le même mot démocratie signifie au contraire développement intense de la volonté et de l'individu, effacement aussi complet. que possible de l'État, auquel en dehors de la police, de l'armée et des relations diplomatiques, on ne laisse rien diriger, pas même l'instruction. Donc le même mot qui signifie, chez un peuple, effacement de la volonté et de l'initiative individuelle et prépondérance de l'État, signifie chez un autre développement excessif de cette volonté, de cette initiative, et effacement complet de l'État[14], c'est-à-dire possède un sens absolument contraire.

2. — Les illusions

Depuis l'aurore des civilisations les foules ont toujours subi l'influence des illusions. C'est aux créateurs d'illusions qu'elles ont élevé le plus de temples, de statues et d'autels. Illusions religieuses jadis, illusions philosophiques et sociales aujourd'hui, on retrouve toujours ces <u>formidables souveraines à la tête</u> de toutes les civilisations qui ont

---

[14] Dans *Les Lois psychologiques de l'évolution des peuples*, j'ai longuement insisté sur la différence qui sépare l'idéal démocratique latin de l'idéal démocratique anglo-saxon.

successivement fleuri sur notre planète. C'est en leur nom que se sont édifiés les temples de la Chaldée et de l'Égypte, les édifices religieux du moyen âge, que l'Europe entière a été bouleversée il y a un siècle, et il n'est pas une seule de nos conceptions artistiques, politiques ou sociales qui ne porte leur puissante empreinte. L'homme les renverse parfois, au prix de bouleversements effroyables, mais il semble condamné à les relever toujours. Sans elles il n'aurait pu sortir de la barbarie primitive, et sans elles encore il y retomberait bientôt. Ce sont des ombres vaines, sans doute ; mais ces filles de nos rêves ont obligé les peuples à créer tout ce qui fait la splendeur des arts et la grandeur des civilisations.

" Si l'on détruisait, dans les musées et les bibliothèques, et que l'on fît écrouler, sur les dalles des parvis, toutes les oeuvres et tous les monuments d'art qu'ont inspirés les religions, que resterait-il des grands rêves humains ? écrit un auteur qui résume nos doctrines. Donner aux hommes la part d'espoir et d'illusion sans laquelle ils ne peuvent exister, telle est la raison d'être des dieux, des héros et des poètes. Pendant cinquante ans, la science parut assumer cette tâche. Mais ce qui l'a compromise dans les cœurs affamés d'idéal, c'est qu'elle n'ose plus assez promettre et qu'elle ne sait pas assez mentir. "

Les philosophes du dernier siècle se sont consacrés avec ferveur à détruire les illusions religieuses, politiques et sociales dont, pendant de longs siècles, avaient vécu nos pères. En les détruisant ils ont tari les sources de l'espérance et de la résignation. Derrière les chimères immolées, ils ont trouvé les forces aveugles et sourdes de la nature. Inexorables pour la faiblesse elles ne connaissent pas la pitié. Avec tous ses progrès la philosophie n'a pu encore offrir aux foules aucun idéal qui les puisse charmer ; mais, comme il leur faut des illusions à tout prix, elles se dirigent d'instinct, comme l'insecte allant à la lumière, vers les rhéteurs qui leur en présentent. Le grand facteur de l'évolution des peuples n'a jamais été la vérité, mais bien l'erreur. Et si le socialisme est si puissant aujourd'hui, c'est qu'il constitue la seule illusion qui soit vivante encore. Malgré toutes les démonstrations scientifiques, il continue à grandir. Sa principale force est d'être défendu par des esprits ignorant assez les réalités des choses pour oser promettre hardiment à l'homme le bonheur. L'illusion sociale règne aujourd'hui sur toutes les ruines amoncelées du passé, et l'avenir lui appartient. Les foules n'ont jamais eu soif de vérités. Devant les évidences qui leur déplaisent, elles se détournent, préférant déifier l'erreur, si l'erreur les séduit. Qui sait les illusionner est aisément leur maître ; qui tente de les désillusionner est toujours leur victime.

3. – L'expérience

L'expérience constitue à peu près le seul procédé efficace pour établir solidement une vérité dans l'âme des foules, et détruire des illusions devenues trop dangereuses. Encore est-il nécessaire que l'expérience soit réalisée sur une très large échelle et fort souvent répétée. Les expériences faites par une génération sont généralement inutiles pour la suivante ; et c'est pourquoi les faits historiques invoqués comme éléments de démonstration ne sauraient servir. Leur seule utilité est de prouver à quel point les expériences doivent être répétées d'âge en âge pour exercer quelque influence, et réussir à ébranler seulement une erreur lorsqu'elle est solidement implantée dans l'âme des foules. Notre siècle, et celui qui l'a précédé, seront cités sans doute par des historiens de l'avenir comme une ère de curieuses expériences. A aucun âge il n'en avait été autant tenté.

La plus gigantesque de ces expériences fut la Révolution française. Pour découvrir qu'on ne refait pas une société de toutes pièces sur les indications de la raison pure, il a fallu massacrer plusieurs millions d'hommes et bouleverser l'Europe entière pendant vingt ans. Pour nous prouver expérimentalement que les Césars coûtent cher aux peuples qui les acclament, il a fallu deux ruineuses expériences en cinquante ans, et, malgré leur clarté, elles ne semblent pas avoir été suffisamment convaincantes. La première a coûté pourtant trois millions d'hommes et une invasion, la seconde un démembrement et la nécessité des armées permanentes. Une troisième a failli être tentée il n'y a pas longtemps et le sera sûrement un jour. Pour faire admettre à tout un peuple que l'immense armée allemande n'était pas, comme on l'enseignait avant 1870, une sort de garde nationale inoffensive [15], il a fallu l'effroyable guerre qui nous a coûté si cher. Pour reconnaître que le protectionnisme ruine les peuples qui l'acceptent, il faudra au moins vingt ans de désastreuses expériences. On pourrait multiplier indéfiniment ces exemples.

4. - La raison

Dans l'énumération des facteurs capables d'impressionner l'âme des foules, on pourrait se dispenser entièrement de mentionner la raison, s'il n'était nécessaire d'indiquer la valeur négative de son influence. Nous avons déjà montré que les foules ne sont pas influençables par des raisonnements, et ne comprennent que de grossières associations d'idées. Aussi est-ce à leurs sentiments et jamais à leur raison que font appel les orateurs qui savent les impressionner. Les lois de la logique n'ont aucune action sur elles [16]. Pour convaincre les foules, il faut

---

[15] L'opinion des foules était formée, dans ce cas, par ces associations grossières de choses dissemblables dont j'ai précédemment exposé le mécanisme. Notre garde nationale d'alors, étant composée de pacifiques boutiquiers sans trace de discipline, et ne pouvant être prise au sérieux, tout ce qui portait un nom analogue éveillait les mêmes images, et était considéré par conséquent comme aussi inoffensif. L'erreur des foules était partagée alors, ainsi que cela arrive si souvent pour les opinions générales, par leurs meneurs. Dans un discours prononcé le 31 décembre 1867 à la chambre des députés, et reproduit par M. E. Ollivier dans un livre récent, un homme d'État qui a bien souvent suivi l'opinion des foules, mais ne l'a jamais précédée, M. Thiers, répétait que la Prusse, en dehors d'une armée active à peu près égale en nombre à la nôtre, ne possédait qu'une garde nationale analogue à celle que nous possédions et par conséquent sans importance ; assertions aussi exactes que les prévisions du même homme d'État sur le peu d'avenir des chemins de fer.

[16] Mes premières observations sur l'art d'impressionner les foules et sur les faibles ressources qu'offrent sur ce point les règles de la logique remontent à l'époque du siège de Paris, le jour où je vis conduire au Louvre, où siégeait alors le gouvernement, le maréchal V..., qu'une foule furieuse prétendait avoir surpris levant le plan des fortifications pour le vendre aux Prussiens. Un membre du gouvernement, G.P..., orateur fort célèbre, sortit pour haranguer la

d'abord se rendre bien compte des sentiments dont elles sont animées, feindre de les partager, puis tenter de les modifier, en provoquant, au moyen d'associations rudimentaires, certaines images bien suggestives ; savoir revenir au besoin sur ses pas, deviner surtout à chaque instant les sentiments qu'on fait naître. Cette nécessité de varier sans cesse son langage suivant l'effet produit à l'instant où l'on parle frappe d'avance d'impuissance tout discours étudié et préparé : l'orateur y suit sa pensée et non celle de ses auditeurs, et, par ce seul fait, son influence devient parfaitement nulle. Les esprits logiques, habitués à être convaincus par des chaînes de raisonnements un peu serrées, ne peuvent s'empêcher d'avoir recours à ce mode de persuasion quand ils s'adressent aux foules, et le manque d'effet de leurs arguments les surprend toujours. " Les conséquences mathématiques usuelles fondées sur le syllogisme, c'est-à-dire sur des associations d'identités, écrit un logicien, sont nécessaires... La nécessité forcerait l'assentiment même d'une masse inorganique, si celle-ci était capable de suivre des associations d'identités. Sans doute ; mais la foule n'est pas plus capable que la masse inorganique de les suivre, ni même de les entendre. Qu'on essaie de convaincre par un raisonnement des esprits primitifs, des sauvages ou des enfants, par exemple, et l'on se rendra compte de la faible valeur que possède ce mode d'argumentation. Il n'est même pas besoin de descendre jusqu'aux êtres primitifs pour voir la complète impuissance des raisonnements quand ils ont à lutter contre des sentiments. Rappelons-nous simplement combien ont été tenaces pendant de longs siècles des superstitions religieuses, contraires à la plus simple logique. Pendant près de deux mille ans les plus lumineux génies ont été courbés sous

foule qui réclamait l'exécution immédiate du prisonnier. Je m'attendais à ce que l'orateur démontrât l'absurdité de l'accusation, en disant que le maréchal accusé était précisément un des constructeurs de ces fortifications dont le plan se vendait d'ailleurs chez tous les libraires. A ma grande stupéfaction – j'étais fort jeune alors – le discours fut tout autre... " Justice sera faite, cria l'orateur en s'avançant vers le prisonnier, et une justice impitoyable. Laissez le gouvernement de la défense nationale terminer votre enquête. Nous allons, en attendant, enfermer l'accusé. " Calmée aussitôt par cette satisfaction apparente, la foule s'écoula, et au bout d'un quart d'heure le maréchal put regagner son domicile. Il eût été infailliblement écharpé si l'orateur eût tenu à la foule en fureur les raisonnements logiques que ma grande jeunesse me faisaient trouver très convaincants.

leurs lois, et il a fallu arriver aux temps modernes pour que leur véracité ait pu seulement être contestée. Le moyen-âge et la Renaissance ont possédé bien des hommes éclairés ; ils n'en ont pas possédé un seul auquel le raisonnement ait montré les côtés enfantins de ses superstitions, et fait naître un faible doute sur les méfaits du diable ou sur la nécessité de brûler les sorciers. Faut-il regretter que ce ne soit jamais la raison qui guide les foules ? Nous n'oserions le dire. La raison humaine n'eût pas réussi sans doute à entraîner l'humanité dans les voies de la civilisation avec l'ardeur et la hardiesse dont l'ont soulevée ses chimères. Filles de l'inconscient qui nous mène, ces chimères étaient sans doute nécessaires. Chaque race porte dans sa constitution mentale les lois de ses destinées, et c'est peut-être à ces lois qu'elle obéit par un inéluctable instinct, même dans ses impulsions en apparence les plus irraisonnées. Il semble parfois que les peuples soient soumis à des forces secrètes analogues à celles qui obligent le gland à se transformer en chêne ou la comète à suivre son orbite. Le peu que nous pouvons pressentir de ces forces doit être cherché dans la marche générale de l'évolution d'un peuple et non dans les faits isolés d'où cette évolution semble parfois surgir. Si l'on ne considérait que ces faits isolés l'histoire semblerait régie par d'invraisemblables hasards. Il était invraisemblable qu'un ignorant charpentier de Galilée pût devenir pendant deux mille ans un dieu tout-puissant, au nom duquel fussent fondées les plus importantes civilisations ; invraisemblable aussi que quelques bandes d'Arabes sortis de leurs déserts pussent conquérir la plus grande partie du vieux monde gréco-romain, et fonder un empire plus grand que celui d'Alexandre ; invraisemblable encore que, dans une Europe très vieille et très hiérarchisée, un obscur lieutenant d'artillerie pût réussir à régner sur une foule de peuples et de rois. Laissons donc la raison aux philosophes, mais ne lui demandons pas trop d'intervenir dans le gouvernement des hommes. Ce n'est pas avec la raison et c'est le plus souvent malgré elle, que se sont créés des sentiments tels que l'honneur, l'abnégation. la foi religieuse, l'amour de la gloire et de la patrie, qui ont été jusqu'ici les grands ressorts de toutes les civilisations.

Chapitre III

Les meneurs des foules
et leurs moyens de persuasion

La constitution mentale des foules nous est maintenant connue, et nous savons aussi quels sont les mobiles capables d'impressionner leur âme. Il nous reste à rechercher comment doivent être appliqués ces mobiles, et par qui ils peuvent être utilement mis en oeuvre.

1. - Les meneurs des foules

Dès qu'un certain nombre d'êtres vivants sont réunis, qu'il s'agisse d'un troupeau d'animaux ou d'une foule d'hommes, ils se placent d'instinct sous l'autorité d'un chef. Dans les foules humaines, le chef réel n'est souvent qu'un meneur, mais, comme tel, il joue un rôle considérable. Sa volonté est le noyau autour duquel se forment et s'identifient les opinions. Il constitue le premier élément d'organisation des foules hétérogènes et prépare leur organisation en sectes. En attendant, il les dirige. La foule est un troupeau servile qui ne saurait jamais se passer de maître. Le meneur a d'abord été le plus souvent un mené. Il a lui-même été hypnotisé par l'idée dont il est ensuite devenu l'apôtre. Elle l'a envahi au point que tout disparaît en dehors d'elle, et que toute opinion contraire lui parait erreur et superstition. Tel, par exemple, Robespierre, hypnotisé par les idées philosophiques de Rousseau, et employant les procédés de l'inquisition pour les propager. Les meneurs ne sont pas le plus souvent des hommes de pensée, mais des hommes d'action. Ils sont peu clairvoyants, et ne pourraient l'être, la clairvoyance conduisant généralement au doute et à l'inaction. Ils se recrutent surtout parmi ces névrosés, ces excités, ces demi-aliénés qui côtoient les bords de la folie. Quelque absurde que puisse être l'idée qu'ils défendent ou le but qu'ils poursuivent, tout raisonnement s'émousse contre leur conviction. Le mépris et les persécutions ne les touchent pas, ou ne font que les exciter davantage. Intérêt personnel, famille, tout est sacrifié. L'instinct de la conservation lui-même est annulé chez eux, au point que la seule récompense qu'ils sollicitent souvent est de devenir des martyrs. L'intensité de leur foi donne à leurs paroles une grande puissance suggestive. La multitude est toujours prête à écouter l'homme doué de volonté forte qui sait s'imposer à elle. Les hommes réunis en foule perdent toute volonté et se tournent d'instinct vers qui en possède une. De meneurs, les peuples n'ont jamais manqué : mais il s'en faut que tous soient animés des convictions fortes qui font les apôtres. Ce sont souvent des rhéteurs subtils, ne poursuivant que des intérêts personnels et cherchant à persuader en flattant de bas instincts. L'influence qu'ils exercent ainsi peut être très grande, mais elle reste toujours très éphémère. Les grands convaincus qui ont soulevé l'âme des foules, les Pierre l'Ermite, les Luther, les Savonarole, les hommes de la Révolution, n'ont exercé de fascination qu'après avoir été eux mêmes d'abord fascinés par une croyance. Ils purent alors créer dans les âmes cette puissance formidable nommée la foi, qui rend l'homme esclave absolu de son rêve. Créer la foi, qu'il s'agisse de foi religieuse, de foi politique ou sociale, de foi en une oeuvre, en un personnage, en une idée, tel est surtout le rôle des grands meneurs, et c'est pourquoi leur influence est toujours considérable. De toutes les forces dont l'humanité dispose, la foi a toujours été une des plus grandes, et c'est avec raison que l'Évangile lui attribue le pouvoir de transporter les montagnes. Donner à l'homme une foi, c'est décupler sa force. Les grands événements de l'histoire ont été réalisés par d'obscurs croyants n'ayant guère que leur foi pour eux. Ce n'est pas avec des lettrés et des philosophes, ni surtout avec des sceptiques qu'ont été édifiées les grandes religions qui ont gouverné le monde, ni les vastes empires qui se sont étendus d'un hémisphère à l'autre. Mais, dans de tels exemples, il s'agit des grands meneurs, et ils sont assez rares pour que l'histoire en puisse aisément marquer le nombre. Ils forment le sommet d'une série continue descendant de ces puissants manieurs d'hommes à l'ouvrier qui, dans une auberge fumeuse, fascine lentement ses camarades en remâchant sans cesse quelques formules qu'il ne comprend guère, mais dont, selon lui, l'application doit amener sûrement la réalisation de tous les rêves et de toutes les espéances. Dans toutes les sphères sociales, des plus hautes aux plus basses, dès que l'homme n'est plus isolé, il tombe bientôt sous la loi d'un meneur. La plupart des hommes, dans les masses populaires surtout, ne possèdent, en dehors de leur spécialité, d'idée nette et raisonnée sur quoi que ce soit. Ils sont incapables de se conduire. Le meneur leur sert de guide. il peut être remplacé à la rigueur, mais très insuffisamment par ces publications périodiques qui fabriquent des opinions pour leurs lecteurs et leur procurent ces phrases toutes faites qui dispensent de raisonner. L'autorité des meneurs est très despotique, et n'arrive même à s'imposer qu'à cause de ce despotisme. On a remarqué souvent combien facilement ils se faisaient obéir, bien que n'ayant aucun moyen d'appuyer leur autorité, dans les couches ouvrières les plus turbulentes. Ils fixent les heures de travail, le taux des salaires, décident les grèves, les font commencer et cesser à heure fixe.

Les meneurs tendent aujourd'hui à remplacer de plus en plus les pouvoirs publics à mesure que. ces derniers se laissent discuter et affaiblir. La tyrannie de ces nouveaux maîtres fait que les foules leur obéissent beaucoup plus docilement qu'elles n'ont obéi à aucun gouvernement. Si, par suite d'un accident quelconque, le meneur disparaît et n'est pas immédiatement remplacé, la foule redevient une collectivité sans cohésion ni résistance. Pendant une des grèves des employés des omnibus à Paris, il a suffi d'arrêter les deux meneurs qui la dirigeaient pour la faire aussitôt cesser. Ce n'est pas le besoin de la liberté, mais celui de la servitude qui domine toujours dans l'âme des foules. Elles ont une telle soif d'obéir qu'elles se soumettent d'instinct à qui se déclare leur maître. On peut établir une division assez tranchée dans la classe des meneurs. Les uns sont des hommes énergiques, à volonté forte, mais momentanée ; les autres, beaucoup plus rares que les précédents , sont des hommes possédant une volonté à la fois forte et durable. Les premiers sont violents, braves, hardis. Ils sont utiles surtout pour diriger un coup de main, entraîner les masses malgré le danger, et transformer en héros les recrues de la veille. Tels, par exemple, Ney et Murat, sous le premier Empire. Tel encore, de nos jours, Garibaldi, aventurier sans talent, mais énergique, réussissant avec une poignée d'hommes à s'emparer de l'ancien royaume de Naples défendu pourtant par une armée disciplinée.

Mais si l'énergie de ces meneurs est puissante, elle est momentanée et ne survit guère à l'excitant qui l'a fait naître. Rentrés dans le courant de la vie ordinaire, les héros qui en étaient animés font souvent preuve, comme ceux que je citais à l'instant, de la plus étonnante faiblesse. Ils semblent incapables de réfléchir et de se conduire dans les circonstances les plu simples, alors qu'ils avaient si bien su conduire les autres. Ce sont des meneurs qui ne peuvent exercer leur fonction qu'à la condition d'être menés eux-mêmes et excités sans cesse, d'avoir toujours au-dessus d'eux un homme ou une idée, de suivre une ligne de conduite bien tracée.

La seconde catégorie des meneurs, celle des hommes à volonté durable, a, malgré des formes moins brillantes, une influence beaucoup plus considérable. En elle on trouve les vrais fondateurs de religions ou de grandes oeuvres : saint Paul, Mahomet, Christophe Colomb, Lesseps. Qu'ils soient intelligents ou bornés, il n'importe, le monde sera toujours à eux. La volonté persistante qu'ils possèdent est une faculté infiniment rare et infiniment puissante qui fait tout plier. On ne se rend pas toujours suffisamment compte de ce que peut une volonté forte et continue : rien ne lui résiste, ni la nature, ni les dieux, ni les hommes. Le plus récent exemple de ce que peut une volonté forte et continue, nous est donné par l'homme illustre qui sépara deux mondes et réalisa la tâche inutilement tentée depuis trois mille ans par les plus grands souverains. Il échoua plus tard dans une entreprise identique ; mais la vieillesse était venue, et tout s'éteint devant elle, même la volonté. Lorsqu'on voudra montrer ce que peut la seule volonté, il n'y aura qu'à présenter dans ses détails l'histoire des difficultés qu'il fallut surmonter pour creuser le canal de Suez. Un témoin oculaire, le docteur Cazalis, a résumé en quelques lignes saisissantes la synthèse de cette grande oeuvre racontée par son immortel auteur. " Et il contait, de jour en jour, par épisodes, l'épopée du canal. Il contait tout ce qu'il avait dû vaincre, tout l'impossible qu'il avait fait possible, toutes les résistances, les coalitions contre lui, et les déboires, les revers, les défaites, mais qui n'avaient pu jamais le décourager, ni l'abattre ; il rappelait l'Angleterre le combattant, l'attaquant sans relâche, et l'Égypte et la France hésitantes, et le consul de France s'opposant plus que tout autre aux premiers travaux, et comme on lui résistait, prenant les ouvriers par la soif, leur faisant refuser l'eau douce ; et le ministère de la marine et les ingénieurs, tous les hommes sérieux, d'expérience et de science, tous naturellement hostiles, et tous scientifiquement assurés du désastre, le calculant et le promettant, comme pour tel jour ou telle heure on promet l'éclipse. " Le livre qui raconterait la vie de tous ces grands meneurs ne contiendrait pas beaucoup de noms ; mais ces noms ont été à la tête des événements les plus importants de la civilisation et de l'histoire.

2. - Les moyens d'action des meneurs ; l'affirmation, la répétition, la contagion.

Lorsqu'il s'agit d'entraîner une foule pour un instant, et de la déterminer à commettre un acte quelconque piller un palais, se faire massacrer pour défendre une place forte ou une barricade, il faut agir sur elle par des suggestions rapides, dont la plus énergique est encore l'exemple ; mais il faut alors que la foule soit déjà préparée par certaines circonstances, et surtout que celui qui veut l'entraîner possède la qualité que j'étudierai plus loin sous le nom de prestige. Mais quand il s'agit de faire pénétrer des idées et des croyances dans l'esprit des foules – les théories sociales modernes, par exemple – les procédés des meneurs sont différents. Ils ont principalement recours à trois procédés très nets : l'affirmation, la répétition, la contagion. L'action en est assez lente, mais les effets de cette action une fois produits sont fort durables. L'affirmation pure et simple, dégagée de tout raisonnement et de toute preuve, est un des plus sûrs moyens de faire pénétrer une idée dans l'esprit des foules. Plus l'affirmation est concise, plus elle est dépourvue de toute apparence de preuves et de démonstration, plus elle a d'autorité. Les livres religieux et les codes de tous les âges ont toujours procédé par simple affirmation. Les hommes d'État appelés à défendre une cause politique quelconque, les industriels propageant leurs produits par l'annonce, savent la valeur de l'affirmation. L'affirmation n'a cependant d'influence réelle qu'à la condition d'être constamment répétée, et, le plus possible, dans les mêmes termes. C'est Napoléon, je crois, qui a dit qu'il n'y a qu'une seule figure sérieuse de rhétorique, la répétition. La chose affirmée arrive, par la répétition, à s'établir dans les esprits au point qu'ils finissent par l'accepter comme une vérité démontrée. On comprend bien l'influence de la répétition sur les foules, en voyant à quel point elle est puissante sur les esprits les plus éclairés. Cette puissance vient de ce que la chose répétée finit par s'incruster dans ces régions profondes de l'inconscient où s'élaborent les motifs de nos actions. Au bout de quelque temps, nous ne savons plus quel est l'auteur de l'assertion répétée, et nous finissons par y croire. De là la force étonnante de l'annonce. Quand nous avons lu cent fois, mille fois que le meilleur chocolat est le chocolat X, nous nous imaginons l'avoir entendu dire de bien des côtés, et nous finissons par en avoir la certitude. Quand nous avons lu mille fois que la farine Y a guéri les plus grands personnages des maladies les plus tenaces, nous finissons être tentés de l'essayer le jour où nous sommes par atteints d'une maladie du même genre. Si nous lisons toujours dans le même journal que A est un parfait gredin et B un très honnête homme, nous finissons par en être convaincus, à moins, bien entendu, que nous ne lisions souvent un autre journal d'opinion contraire, ou les deux qualificatifs soient inversés. L'affirmation et la répétition sont seules assez puissantes pour pouvoir se combattre. Lorsqu'une affirmation a été suffisamment répétée, et qu'il y a unanimité dans la répétition, comme cela est arrivé pour certaines entreprises financières célèbres assez riches pour acheter tous les concours, il se forme ce qu'on appelle un courant d'opinion et le puissant mécanisme de la contagion intervient. Dans les foules, les idées, les sentiments, les émotions, les croyances possèdent un pouvoir contagieux aussi intense que celui des microbes. Ce phénomène est très naturel puisqu'on l'observe chez les animaux eux-mêmes dès qu'ils sont en foule. Le tic d'un cheval dans une écurie est bientôt imité par les autres chevaux de la même écurie. Une panique, un mouvement désordonné de quelques moutons s'étend bientôt à tout le troupeau. Chez l'homme en foule toutes les émotions sont très rapidement contagieuses, et c'est ce qui explique la soudaineté des paniques. Les désordres cérébraux, comme la folie, sont eux-mêmes contagieux. On sait combien est fréquente l'aliénation chez les médecins aliénistes. On a même cité récemment des formes de folie, l'agoraphobie par exemple, communiquées de l'homme aux animaux.

  La contagion n'exige pas la présence simultanée d'individus sur un seul point ; elle peut se faire à distance sous l'influence de certains événements qui orientent tous les esprits dans le même sens et leur donnent les caractères spéciaux aux foules, surtout quand les esprits sont préparés par les facteurs lointains que j'ai étudiés plus haut. C'est ainsi par exemple que l'explosion révolutionnaire de 1848, partie de

Paris, s'étendit brusquement à une grande partie de l'Europe et ébranla plusieurs monarchies. L'imitation, à laquelle on a attribué tant d'influence dans les phénomènes sociaux, n'est en réalité qu'un simple effet de la contagion. Ayant montré ailleurs son influence je me bornerai à reproduire ce que j'en disais il y a plus de vingt ans et qui depuis a été développé par d'autres écrivains dans des publications récentes : " Semblable aux animaux, l'homme est naturellement imitatif. L'imitation est un besoin pour lui, à condition bien entendu, que cette imitation soit tout à fait facile. C'est ce besoin qui rend si puissante l'influence de ce que nous appelons la mode. Qu'il s'agisse d'opinions, d'idées, de manifestations littéraires, ou simplement de costumes, combien osent se soustraire à son empire ? Ce n'est pas avec des arguments, mais avec des modèles, qu'on guide les foules. A chaque époque il y a un petit nombre d'individualités qui impriment leur action et que la masse inconsciente imite. Il ne faudrait pas cependant que ces individualités s'écartassent par trop des idées reçues. Les imiter serait alors trop difficile et leur influence serait nulle. C'est précisément pour cette raison que les hommes trop supérieurs à leur époque n'ont généralement aucune influence sur elle. L'écart est trop grand. C'est pour la même raison que les Européens, avec tous les avantages de leur civilisation, ont une influence si insignifiante sur les peuples de l'Orient ils en diffèrent trop. " La double action du passé et de l'imitation réciproque finit par rendre tous les hommes d'un même pays et d'une même époque à ce point semblables que, même chez ceux qui sembleraient devoir le plus s'y soustraire, philosophes, savants et littérateurs, la pensée et le style ont un air de famille qui fait immédiatement reconnaître le temps auquel ils appartiennent. Il ne faut pas causer longtemps avec un individu pour connaître à fond ses lectures, ses occupations habituelles et le milieu où il vit [17]. "

La contagion est si puissante qu'elle impose aux individus non seulement certaines opinions mais encore certaines façons de sentir. C'est la contagion qui fait mépriser à une époque certaines oeuvres, telles que le *Tanhauser*, par exemple, et qui, quelques années plus tard,

---

[17] GUSTAVE LE BON. *L'homme et* les *Sociétés*, t. II, p. 116, 1881.

les fait admirer par ceux-là mêmes qui les avaient dénigrées le plus. C'est surtout par le mécanisme de la contagion, jamais par celui du raisonnement, que se propagent les opinions et les croyances des foules. C'est au cabaret, par affirmation, répétition et contagion que s'établissent les conceptions actuelles des ouvriers ; et les croyances des foules de tous les âges ne se sont guère créées autrement. Renan compare avec justesse les premiers fondateurs du christianisme " aux ouvriers socialistes répandant leurs idées de cabaret en cabaret " ; et Voltaire avait déjà fait observer à propos de la religion chrétienne que " la plus vile canaille l'avait seule embrassée pendant plus de cent ans ".

On remarquera que, dans les exemples analogues à ceux que je viens de citer, la contagion, après s'être exercée dans les couches populaires, passe ensuite aux couches supérieures de la société. C'est ce que nous voyons de nos jours pour les doctrines socialistes, qui commencent à gagner ceux qui pourtant sont marqués pour en devenir les premières victimes. Le mécanisme de la contagion est si puissant que, devant son action, l'intérêt personnel lui-même s'évanouit. Et c'est pourquoi toute opinion devenue populaire finit toujours par s'imposer avec une grande force aux couches sociales les plus élevées, quelque visible que puisse être l'absurdité de l'opinion triomphante. Il y a là une réaction des couches sociales inférieures sur les couches supérieures d'autant plus curieuse que les croyances de la foule dérivent toujours plus ou moins de quelque idée supérieure restée souvent sans influence dans le milieu où elle avait pris naissance. Cette idée supérieure, les meneurs subjugués par elle s'en emparent, la déforment et créent une secte qui la déforme de nouveau, puis la répand dans le sein des foules qui continuent à la déformer de plus en plus. Devenue vérité populaire, elle remonte en quelque façon à sa source et agit alors sur les couches supérieures d'une nation. C'est en définitive l'intelligence qui guide le monde, mais elle le guide vraiment de fort loin. Les philosophes qui créent les idées sont depuis bien longtemps retournés à la poussière, lorsque, par l'effet du mécanisme que je viens de décrire, leur pensée finit par triompher.

3. — Le prestige

Ce, qui contribue surtout à donner aux idées propagées par l'affirmation, la répétition et la contagion, une puissance très grande, c'est qu'elles finissent par acquérir le pouvoir mystérieux nommé prestige. Tout ce qui a dominé dans le monde, les idées ou les hommes, s'est imposé principalement par cette force irrésistible qu'exprime le mot prestige. C'est un terme dont nous saisissons tous le sens, mais qu'on applique de façons trop diverses pour qu'il soit facile de le définir. Le prestige peut comporter certains sentiments tels que l'admiration ou la crainte ; il lui arrive parfois même de les avoir pour base, mais il peut parfaitement exister sans eux. Ce sont des morts, et par conséquent des êtres que nous ne craignons pas, Alexandre, César, Mahomet, Bouddha, par exemple, qui possèdent le plus de prestige. D'un autre côté, il y a des êtres ou des fictions que nous n'admirons pas, les divinités monstrueuses des temples souterrains de l'Inde, par exemple, et qui nous paraissent pourtant revêtues d'un grand prestige. Le prestige est en réalité une sorte de domination qu'exerce sur notre esprit un individu, une oeuvre, ou une idée. Cette domination paralyse toutes nos facultés critiques et remplit notre âme d'étonnement et de respect. Le sentiment provoqué est inexplicable, comme tous les sentiments, mais il doit être du même ordre que la fascination subie par un sujet magnétisé. Le prestige est le plus puissant ressort de toute domination. Les dieux, les rois et les femmes n'auraient jamais régné sans lui. On peut ramener à deux formes principales les diverses variétés de prestige : le prestige acquis et le prestige personnel. Le prestige acquis est celui que, donnent le nom, la fortune, la réputation. Il peut être indépendant du prestige personnel. Le prestige personnel est au contraire quelque chose d'individuel qui peut coexister avec la réputation, la gloire, la fortune, ou être renforcé par elles, mais qui peut parfaitement exister sans elles. Le prestige acquis, ou artificiel, est de beaucoup le plus répandu. Par le fait seul qu'un individu occupe une certaine position, possède une certaine fortune, est affublé de certains titres, il a du prestige, quelque nulle que puisse être sa valeur personnelle. Un militaire en uniforme, un magistrat en robe rouge ont toujours du prestige. Pascal avait très justement noté la nécessité pour les juges des robes et des perruques. Sans elles ils perdraient les trois quarts de leur autorité. Le socialiste le plus farouche est toujours un peu émotionné par la vue d'un prince ou d'un marquis ; et il suffit de prendre de tels titres pour escroquer à un commerçant tout ce qu'on veut [18].

Le prestige dont je viens de parler est celui qu'exercent les personnes ; on peut placer à côté le prestige qu'exercent les opinions, les oeuvres littéraires ou artistiques, etc. Ce n'est le plus souvent que de la répétition accumulée. L'histoire, l'histoire littéraire et artistique surtout, n'étant que la répétition des mêmes jugements que personne n'essaie de contrôler, chacun finit par répéter ce qu'il a appris à l'école, et il y a des noms et des choses auxquels nul n'oserait toucher. Pour un lecteur moderne, l'œuvre d'Homère dégage un incontestable et immense ennui mais qui oserait le dire ? Le Parthénon, dans son état actuel, est une ruine dépourvue d'intérêt, mais il possède un tel prestige qu'on ne le voit plus qu'avec tout son cortège de souvenirs historiques. Le propre du prestige est d'empêcher de voir les choses telles qu'elles sont et de paralyser tous nos jugements. Les foules toujours, les individus le plus souvent, ont besoin, sur tous les sujets, d'opinions toutes faites. Le succès de ces opinions est indépendant de la part de vérité ou d'erreur qu'elles contiennent ; il dépend uniquement de leur prestige. J'arrive maintenant au prestige personnel. Il est d'une nature fort différente du

---

[18] Cette influence des titres, des rubans, des uniformes sur les foules se rencontre dans tous les pays, même dans ceux où le sentiment de l'indépendance personnelle est le plus développé. Je reproduis à ce propos un passage curieux du livre récent d'un voyageur sur le prestige de certains personnages en Angleterre. " En diverses rencontres, je ne m'étais aperçu de l'ivresse particulière à laquelle le contact ou la vue d'un pair d'Angleterre exposent les Anglais les plus raisonnables. " Pourvu que son état soutienne son rang, ils l'aiment d'avance, et mis en présence supportent tout de lui avec enchantement. On les voit rougir de plaisir à son approche et, s'il leur parle, la joie qu'ils contiennent augmente cette rougeur et fait briller leurs yeux d'un éclat inaccoutumé. Ils ont le lord dans le sang, si l'on peut dire, comme l'Espagnol la danse, l'Allemand la musique et le Français la Révolution. Leur passion pour les chevaux et Shakspeare est moins violente, la satisfaction et l'orgueil qu'ils en tirent moins fondamentaux. Le Livre de la Pairie a un débit considérable, et si loin qu'on aille, on le trouve, comme la Bible, entre toutes les mains.

prestige artificiel ou acquis dont je viens de m'occuper. C'est une faculté indépendante de tout titre, de toute autorité, que possèdent un petit nombre de personnes, et qui leur permet d'exercer une fascination véritablement magnétique sur ceux qui les entourent, alors même qu'ils sont socialement leurs égaux et ne possèdent aucun moyen ordinaire de domination. Ils imposent leurs idées, leurs sentiments à ceux qui les entourent, et on leur obéit comme la bête féroce obéit au dompteur qu'elle pourrait si facilement dévorer. Les grands meneurs de foules, tels que Bouddha, Jésus, Mahomet, Jeanne d'Arc, Napoléon, ont possédé à un haut degré cette forme de prestige ; et c'est surtout par elle qu'ils se sont imposés. Les dieux, les héros et les dogmes s'imposent et ne se discutent pas ; ils s'évanouissent même dès qu'on les discute. Les grands personnages que je viens de citer possédaient leur puissance fascinatrice bien avant de devenir illustres, et ils ne le fussent pas devenus sans elle. Il est évident, par exemple, que Napoléon, au zénith de la gloire, exerçait, par le seul fait de sa puissance, un prestige immense ; mais ce prestige, il en était doué déjà en partie alors qu'il n'avait aucun pouvoir et était complètement inconnu. Lorsque, général ignoré, il fut envoyé par protection commander l'armée d'Italie, il tomba au milieu de rudes généraux qui s'apprêtaient à faire, un dur accueil au jeune intrus que le Directoire leur expédiait. Dès la première minute, dès la première entrevue, sans phrases, sans gestes, sans menaces, au premier regard du futur grand homme, ils étaient domptés. Taine donne, d'après les mémoires des contemporains, un curieux récit de cette entrevue.
" Les généraux de division, entre autres Augereau, sorte de soudard héroïque et grossier, fier de sa haute taille et de sa bravoure, arrivent au quartier général très mal disposés pour le petit parvenu qu'on leur expédie de Paris. Sur la description qu'on leur en a faite, Augereau est injurieux, insubordonné d'avance : un favori de Barras, un général de vendémiaire, un général de rue, regardé comme un ours, parce qu'il est toujours seul à penser, une petite mine, une réputation de mathématicien et de rêveur. On les introduit, et Bonaparte se fait attendre. Il paraît enfin, ceint de son épée, se couvre, explique ses dispositions, leur donne ses ordres et les congédie. Augereau est resté muet ; c'est dehors seulement qu'il se ressaisit et retrouve ses jurons ordinaires ; il convient, avec Masséna, que ce petit b... de général lui a

fait peur ; il ne peut pas comprendre l'ascendant dont il s'est senti écrasé au premier coup d'œil. "

Devenu grand homme, son prestige s'accrut de toute sa gloire et devint au moins égal à celui d'une divinité pour les dévots. Le général Vandamme, soudard révolutionnaire, plus brutal et plus énergique encore qu'Augereau, disait de lui au maréchal d'Ornano, en 1815, un jour qu'ils montaient ensemble l'escalier des Tuileries :

" Mon cher, ce diable d'homme exerce sur moi une fascination dont je ne puis me rendre compte. C'est au point que moi, qui ne crains ni dieu ni diable, quand je l'approche, je suis prêt à trembler comme un enfant, et il me ferait passer par le trou d'une aiguille pour me jeter dans le feu. "

Napoléon exerça la même fascination sur tous ceux qui l'approchèrent [19]. Davoust disait, parlant du dévouement de Maret et du sien : " Si l'Empereur nous disait à tous deux : Il importe aux intérêts de ma politique de détruire Paris sans que personne en sorte et s'en échappe, Maret garderait le secret, j'en suis sûr, mais il ne pourrait s'empêcher de le compromettre cependant en faisant sortir sa famille. Eh bien, moi, de peur de le laisser deviner, j'y laisserais ma femme et mes enfants. " Il faut se souvenir de cette étonnante puissance de fascination pour comprendre ce merveilleux retour de l'île d'Elbe ; cette conquête immédiate de la France par un homme isolé, ayant devant lui

---

[19] Très conscient de son prestige, Napoléon savait qu'il l'accroissait encore en traitant un peu moins bien que des palefreniers les grands personnages qui l'entouraient, et parmi lesquels figuraient plusieurs de ces célèbres conventionnels qu'avait tant redoutés l'Europe. Les récits du temps sont pleins de faits significatifs sur ce point. Un jour, en plein conseil d'État, Napoléon rudoie grossièrement Beugnot qu'il traite comme un valet mal appris. L'effet produit, il s'approche et lui dit : " Eh bien, grand imbécile, avez-vous retrouvé votre tête ? " Là-dessus, Beugnot, haut comme un tambour-major se courbe très bas, et le petit homme, levant la main, prend le grand par l'oreille, " signe de faveur enivrante, écrit Beugnot, geste familier du maître qui s'humanise ". De tels exemples donnent une notion nette du degré de basse platitude que peut provoquer le prestige. Ils font comprendre l'immense mépris du grand despote pour les hommes qui l'entouraient et qu'il traitait simplement de chair à canon ".

toutes les forces organisées d'un grand pays, qu'on pouvait croire lassé de sa tyrannie. Il n'eut qu'à regarder les généraux envoyés pour s'emparer de lui, et qui avaient juré de s'en emparer. Tous se soumirent sans discussion. " Napoléon, écrit le général anglais Wolseley, débarque en France presque seul, et comme un fugitif, de la petite île d'Elbe qui était son royaume, et réussit en quelques semaines à bouleverser, sans effusion de sang, toute l'organisation du pouvoir de la France sous son roi légitime : l'ascendant personnel d'un homme s'affirma-t-il jamais plus étonnamment ? Mais d'un bout à l'autre de cette campagne, qui fut sa dernière, combien est remarquable l'ascendant qu'il exerçait également sur les alliés, les obligeant à suivre son initiative, et combien peu s'en fallut qu'il ne les écrasât ? "

Son prestige lui survécut et continua à grandir. C'est lui qui fit sacrer empereur un neveu obscur. En voyant renaître aujourd'hui sa légende, on voit combien cette grande ombre est puissante encore. Malmenez les hommes tant qu'il vous plaira, massacrez-les par millions, amenez invasions sur invasions, tout vous est permis si vous possédez un degré suffisant de prestige et le talent nécessaire pour le maintenir. J'ai invoqué ici un exemple de prestige tout à fait exceptionnel, sans doute, mais qu'il était utile de citer pour faire comprendre la genèse des grandes religions, des grandes doctrines et des grands empires. Sans la puissance exercée sur la foule par le prestige, cette genèse ne serait pas compréhensible. Mais le prestige ne se fonde pas uniquement sur l'ascendant personnel, la gloire militaire et la terreur religieuse ; il peut avoir des origines plus modestes, et cependant être considérable encore. Notre siècle en peut fournir plusieurs exemples - Un des plus frappants, celui que la postérité rappellera d'âge en âge, sera donné par l'histoire de l'homme célèbre qui modifia la face du globe et les relations commerciales des peuples en séparant deux continents. Il réussit dans son entreprise par son immense volonté, mais aussi parla fascination qu'il exerçait sur tous ceux qui l'entouraient. Pour vaincre l'opposition unanime qu'il rencontrait, il n'avait qu'à se montrer. Il parlait un instant, et, devant le charme qu'il exerçait, les opposants devenaient des amis. Les Anglais surtout combattaient son projet avec acharnement ; il n'eut qu'à paraître en Angleterre pour rallier tous les suffrages. Quand, plus tard, il passa par Southampton, les cloches sonnèrent sur son passage, et aujourd'hui l'Angleterre s occupe de lui élever une statue. Ayant tout vaincu, les hommes et les choses, il ne croyait plus aux obstacles et voulut recommencer Suez à Panama. Il recommença avec les mêmes moyens ; mais l'âge était venu, et, d'ailleurs, la foi qui soulève les montagnes ne les soulève qu'à la condition qu'elles ne soient pas trop hautes. Les montagnes résistèrent, et la catastrophe qui s'en suivit détruisit l'éblouissante auréole de gloire qui enveloppait le héros. Sa vie enseigne comment peut grandir le prestige, et comment il peut disparaître. Après avoir égalé en grandeur les plus célèbres héros de l'histoire, il fut abaissé par les magistrats de son pays au rang des plus vils criminels. Quand il mourut, son cercueil passa isolé au milieu des foules indifférentes. Seuls, les souverains étrangers rendirent hommage à sa mémoire comme à celle de l'un des plus grands hommes qu'ait connus l'histoire [20].

---

[20] Un journal étranger, la *Neu Freie Presse,* de Vienne, s'est livré au sujet de la destinée de Lesseps à des réflexions d'une très judicieuse psychologie, et que, pour cette raison, je reproduis ici : " Après la condamnation de Ferdinand de Lesseps, on n'a plus le droit de s'étonner de la triste fin de Christophe Colomb. Si Ferdinand de Lesseps est un escroc, toute noble illusion est un crime. L'antiquité aurait couronné la mémoire de Lesseps d'une auréole de gloire, et lui aurait fait boire à la coupe du nectar au milieu de l'Olympe, car il a changé la face de la terre, et il a accompli des oeuvres qui perfectionnent la création. En condamnant Ferdinand de Lesseps, le président de la Cour d'appel s'est fait immortel, car toujours les peuples demanderont le nom de l'homme qui ne craignit pas d'abaisser son siècle pour habiller de la casaque du forçat un vieillard dont la vie a été la gloire de ses contemporains. " Qu'on ne nous parle plus désormais de justice inflexible, là où règne la haine bureaucratique contre les grandes oeuvres hardies. Les nations ont besoin de ces hommes audacieux qui croient en eux-mêmes et franchissent tous les obstacles, sans égard pour leur propre personne. Le génie ne peut pas être prudent ; avec la prudence il ne pourrait jamais élargir le cercle de l'activité humaine. " ... Ferdinand de Lesseps a connu l'ivresse du triomphe et l'amertume des déceptions : Suez et Panama. Ici le cœur se révolte contre la morale du succès. Lorsque de Lesseps eut réussi à relier deux mers, princes et nations lui rendirent leurs hommages ; aujourd'hui qu'il échoue contre les rochers des Cordillères, il n'est plus qu'un vulgaire escroc... Il y a là une guerre des classes de la société, un mécontentement de bureaucrates et d'employés qui se vengent par le code criminel contre ceux qui voudraient s'élever au-dessus des autres... Les législateurs modernes se trouvent embarrassés devant ces grandes idées du génie humain ; le public y comprend moins encore, et il est facile à un avocat général de prouver que Stanley est un assassin et Lesseps un trompeur. "

Mais les divers exemples qui viennent d'être cités représentent des formes extrêmes. Pour établir dans ses détails la psychologie du prestige, il faudrait les placer à l'extrémité d'une série qui descendrait des fondateurs de religions et d'empires jusqu'au particulier essayant d'éblouir ses voisins par un habit neuf ou une décoration. Entre les termes les plus éloignés de cette série, on placerait toutes les formes du prestige dans les divers éléments d'une civilisation : sciences, arts, littérature, etc., et l'on verrait qu'il constitue l'élément fondamental de la persuasion. Consciemment ou non, l'être, l'idée ou la chose possédant du prestige sont par voie de contagion imités immédiatement et imposent à toute une génération certaines façons de sentir et de traduire leur pensée. L'imitation est d'ailleurs le plus souvent inconsciente, et c'est précisément ce qui la rend parfaite. Les peintres modernes, qui reproduisent les couleurs effacées et les attitudes rigides de certains primitifs, ne se doutent guère d'où vient leur inspiration ; ils croient à leur propre sincérité, alors que si un maître éminent n'avait pas ressuscité cette forme d'art, on aurait continué à n'en voir que les côtés naïfs et inférieurs. Ceux qui, à l'instar d'un autre maître illustre, inondent leurs toiles d'ombres violettes, ne voient pas dans la nature plus de violet qu'on n'en voyait il y a cinquante ans, mais ils sont suggestionnés par l'impression personnelle et spéciale d'un peintre qui, malgré cette bizarrerie, sut acquérir un grand prestige. Dans tous les éléments de la civilisation, de tels exemples pourraient être aisément invoqués.

On voit, par ce qui précède, que bien des facteurs peuvent entrer dans la genèse du prestige : un des plus importants fut toujours le succès. Tout homme qui réussit, toute idée qui s'impose, cessent par ce fait même d'être contestée. La preuve que le succès est une des bases principales du prestige, c'est que ce dernier disparaît presque toujours avec lui. Le héros, que la foule acclamait la veille, est conspué par elle le lendemain si l'insuccès l'a frappé. La réaction sera même d'autant plus vive que le prestige aura été plus grand. La foule considère, alors le héros tombé comme un égal, et se venge de s'être inclinée devant la supériorité qu'elle ne lui reconnaît plus. Lorsque Robespierre faisait couper le cou à ses collègues et à un grand nombre de ses contemporains, il possédait un immense prestige Lorsqu'un déplacement de quelques voix lui ôta son pouvoir, il perdit immédiatement ce prestige, et la foule le suivit à la guillotine avec autant d'imprécations qu'elle suivait la veille ses victimes. C'est toujours avec fureur que les croyants brisent les statues de leurs anciens dieux. Le prestige enlevé par l'insuccès est perdu brusquement. Il. peut s'user aussi par la discussion, mais d'une façon plus lente. Ce procédé est cependant d'un effet très sûr. Le prestige discuté n'est déjà plus du prestige. Les dieux et les hommes qui ont su garder longtemps leur prestige n'ont jamais toléré la discussion. Pour se faire admirer des foules, il faut toujours les tenir à distance.

Chapitre IV

Limites de variabilité des croyances et opinions des foules

Psychologie des foules / Psychology of crowds

1. — Les croyances fixes

Il y a un parallélisme étroit entre les caractères anatomiques des êtres et leurs caractères psychologiques. Dans les caractères anatomiques nous trouvons certains éléments invariables, Ou si peu variables, qu'il faut la durée des âges géologiques pour les changer, et, à côté de ces caractères fixes, irréductibles, se voient des caractères très mobiles que le milieu, l'art de l'éleveur et de l'horticulteur modifient aisément, et parfois au point de dissimuler, pour l'observateur peu attentif, les caractères fondamentaux. Nous observons le même phénomène dans les caractères moraux. A côté des éléments psychologiques irréductibles d'une race se rencontrent des éléments mobiles et changeants. Et c'est pourquoi, en étudiant les croyances et les opinions d'un peuple, on constate toujours un fonds très fixe sur lequel se greffent des opinions aussi mobiles que le sable qui recouvre le rocher. Les croyances et les opinions des foules forment donc deux classes bien distinctes. D'une part, les grandes croyances permanentes, qui durent plusieurs siècles, et sur lesquelles une civilisation entière repose, telles, par exemple, autrefois, la conception féodale, les idées chrétiennes, celles de la Réforme ; tels de nos jours, le principe des nationalités, les idées démocratiques et sociales. D'autre part, les opinions momentanées et changeantes, dérivées le plus souvent des conceptions générales, que chaque âge voit naître et mourir : telles sont les théories qui guident les arts et la littérature à certains moments, celles, par exemple, qui ont produit le romantisme, le naturalisme, le mysticisme, etc. Elles sont aussi superficielles, le plus souvent, que la mode, et changent comme elle. Ce sont les petites vagues qui naissent et s'évanouissent sans cesse à la surface d'un lac aux eaux profondes.

Les grandes croyances générales sont en nombre fort restreint. Leur naissance et leur mort forment pour chaque race historique les points culminants de son histoire. Elles constituent la vraie charpente des civilisations. Il est très facile d'établir une opinion passagère dans l'âme des foules, Mais il est très difficile d'y établir une croyance durable. Il est également fort difficile de détruire cette dernière lorsqu'elle a été établie. Ce n'est, le plus souvent, qu'au prix de révolutions violentes qu'on peut la changer. Les révolutions n'ont même ce pouvoir que lorsque la croyance a perdu presque entièrement son empire sur les âmes. Les révolutions servent alors à balayer finalement ce qui était à peu près abandonné déjà, mais ce que le joug de la coutume empêchait d'abandonner entièrement. Les révolutions qui commencent sont en réalité des croyances qui finissent. Le jour précis où une grande croyance est marquée pour mourir est facile à reconnaître ; c'est celui où sa valeur commence à être discutée. Toute croyance générale n'étant guère qu'une fiction ne saurait subsister qu'à la condition de n'être pas soumise à l'examen. Mais alors même qu'une croyance est fortement ébranlée, les institutions qui en dérivent conservent leur puissance et ne s'effacent que, lentement. Lorsqu'elle a enfin perdu complètement son pouvoir, tout ce qu'elle soutenait s'écroule bientôt. Il n'a pas encore été donné à un peuple de pouvoir changer ses croyances sans être aussitôt condamné à transformer tous les éléments de sa civilisation. Il les transforme, jusqu'à ce qu'il ait trouvé une nouvelle croyance générale qui soit acceptée ; et jusque-là il vit forcément dans l'anarchie. Les croyances générales sont les supports nécessaires des civilisations ; elles impriment une orientation aux idées. Elles seules peuvent inspirer la foi et créer le devoir. Les peuples ont toujours senti l'utilité d'acquérir des croyances générales, et compris d'instinct que la disparition de celles-ci devait marquer pour eux l'heure de la décadence. Le culte fanatique de Rome fut pour les Romains la croyance qui les rendit maîtres du monde, et quand cette croyance fut morte, Rome dut mourir. Ce fut seulement lorsqu'ils eurent acquis quelques croyances communes que les barbares, qui détruisirent la civilisation romaine, atteignirent à une certaine cohésion et purent sortir de l'anarchie. Ce n'est donc pas sans cause que les peuples ont toujours défendu leurs convictions avec intolérance. Cette intolérance, si critiquable au point de vue philosophique, représente dans la vie des peuples la plus nécessaire des vertus. C'est pour fonder ou maintenir des croyances générales que le moyen âge a élevé tant de bûchers, que tant d'inventeurs et de novateurs sont morts dans le désespoir quand ils évitaient les supplices. C'est pour les défendre que le monde a été tant de fois bouleversé, que tant de millions d'hommes sont morts sur les champs de bataille, et y mourront encore.

Il y a de grandes difficultés à établir une croyance générale, mais, quand elle est définitivement établie, sa puissance est pour longtemps invincible ; et quelle que soit sa fausseté philosophique, elle s'impose aux plus lumineux esprits. Les peuples de l'Europe n'ont-ils pas, depuis plus de quinze siècles, considéré comme des vérités indiscutables des légendes religieuses aussi barbares [21], quand on les examine de près, que celles de Moloch. L'effrayante absurdité de la légende d'un Dieu se vengeant sur son fils par d'horribles supplices de la désobéissance d'une de ses créatures, n'a pas été aperçue pendant bien des siècles. Les plus puissants génies, un Galilée, un Newton, un Leibniz, n'ont pas même supposé un instant que la vérité de tels dogmes pût être discutée. Rien ne démontre mieux l'hynotisation produite par les croyances générales, mais rien ne marque mieux aussi les humiliantes limites de notre esprit. Dès qu'un dogme nouveau est implanté dans l'âme des foules, il devient l'inspirateur de ses institutions, de ses arts et de sa conduite. L'empire qu'il exerce alors sur les âmes est absolu. Les hommes d'action ne songent qu'à le réaliser, les législateurs ne font que l'appliquer, les philosophes, les artistes, les littérateurs ne sont préoccupés que de le traduire sous des formes diverses. De la croyance fondamentale, des idées momentanées accessoires peuvent surgir, mais elles portent toujours l'empreinte de la croyance dont elles sont issues. La civilisation égyptienne, la civilisation européenne du moyen âge, la civilisation musulmane des Arabes dérivent d'un tout petit nombre de croyances religieuses qui ont imprimé leur marque sur les moindres éléments de ces civilisations, et permettent de les reconnaître aussitôt.

Et c'est ainsi que grâce aux croyances générales, les hommes de

---

[21] Barbares philosophiquement, j'entends. Pratiquement, elles ont créé une civilisation entièrement nouvelle et pendant quinze siècles laissé ontrevoir à l'homme ces paradis enchantés du rêve et de l'espoir qu'il ne connaîtra plus.

chaque âge sont entourés d'un réseau de traditions, d'opinions et de coutumes, au joug desquelles ils ne sauraient se soustraire et qui les rendent toujours très semblables les uns aux autres. Ce qui mène surtout les hommes, ce sont les croyances et les coutumes dérivées de ces croyances. Elles règlent les moindres actes de notre existence, et l'esprit le plus indépendant ne songe pas à s'y soustraire. Il n'y a de véritable tyrannie que celle qui s'exerce inconsciemment sur les âmes, parce que c'est la seule qui ne se puisse combattre. Tibère, Gengiskhan, Napoléon ont été des tyrans redoutables, sans doute, mais, du fond de leur tombeau, Moïse, Bouddha, Jésus, Mahomet, Luther ont exercé sur les âmes un despotisme bien autrement profond. Une conspiration peut abattre un tyran, mais que peut-elle sur une croyance bien établie ? Dans sa lutte violente contre le catholicisme, et malgré l'assentiment apparent des foules, malgré des procédés de destruction aussi impitoyables que ceux de l'Inquisition, c'est notre grande Révolution qui a été vaincue. Les seuls tyrans réels que l'humanité ait connus ont toujours été les ombres des morts ou les illusions qu'elle s'est créées.

L'absurdité philosophique que présentent souvent les croyances générales n'a jamais été un obstacle à leur triomphe. Ce triomphe ne semble même possible qu'à la condition qu'elles renferment quelque mystérieuse absurdité. Ce n'est donc pas l'évidente faiblesse des croyances socialistes actuelles qui les empêchera de triompher dans l'âme des foules. Leur véritable infériorité par rapport à toutes les croyances religieuses tient uniquement à ceci : l'idéal de bonheur que promettaient ces dernières ne devant être réalisé que dans une vie future, personne ne pouvait contester cette réalisation. L'idéal de bonheur socialiste devant être réalisé sur terre, dès les premières tentatives de réalisation, la vanité des promesses apparaîtra aussitôt, et la croyance nouvelle perdra du même coup tout prestige. Sa puissance ne grandira donc que jusqu'au jour où, ayant triomphé, la réalisation pratique commencera. Et c'est pourquoi, si la religion nouvelle exerce d'abord, comme toutes celles qui l'ont précédée, un rôle destructeur, elle ne saurait exercer ensuite, comme elles, un rôle créateur.

2. — Les opinions mobiles des foules

Au-dessus des croyances fixes, dont nous venons de montrer la puissance se trouve une couche d'opinions, d'idées, de pensées qui naissent et meurent constamment. Quelques-unes ont la durée d'un jour, et les plus importantes ne dépassent guère la vie d'une génération. Nous avons marqué déjà que les changements qui surviennent dans ces opinions sont parfois beaucoup plus superficiels que réels, et que toujours ils portent l'empreinte des qualités de la race. Considérant par exemple les institutions politiques du pays où nous vivons, nous avons fait voir que les partis en apparence les plus contraires : monarchistes, radicaux, impérialistes, socialistes, etc., ont un idéal absolument identique, et que cet idéal tient uniquement à la structure mentale de notre race, puisque, sous des noms analogues, on retrouve dans d'autres races un idéal tout à fait contraire. Ce n'est pas le nom donné aux opinions, ni des adaptations trompeuses qui changent le fond des choses. Les bourgeois de la Révolution, tout imprégnés de littérature latine, et qui, les yeux fixés sur la république romaine, adoptèrent ses lois, ses faisceaux et ses toges, et tachèrent d'imiter ses institutions et ses exemples, n'étaient pas devenus des Romains parce qu'ils étaient sous l'empire d'une puissante suggestion historique. Le rôle du philosophe est de rechercher ce qui subsiste des croyances anciennes sous les changements apparents, et de distinguer ce qui, dans le flot mouvant des opinions, est déterminé par les croyances générales et l'âme de la race.

Sans ce critérium philosophique on pourrait croire que les foules changent de croyances politiques ou religieuses fréquemment et à volonté. L'histoire tout entière, politique, religieuse, artistique, littéraire, semble le prouver en effet. Prenons, par exemple, une bien courte période de notre histoire, de 1790 à 1820 seulement, c'est-à-dire trente ans, la durée d'une génération. Nous y voyons les foules, d'abord monarchiques, devenir révolutionnaires, puis impérialistes, puis redevenir monarchiques. En religion, elles vont pendant le même temps du catholicisme à l'athéisme, puis au déisme, puis retournent aux formes les plus exagérées du catholicisme. Et ce ne sont pas seulement les foules, mais également ceux qui les dirigent. Nous contemplons avec étonnement ces grands conventionnels, ennemis jurés des rois et ne voulant ni dieux ni maîtres, qui deviennent les humbles serviteurs de Napoléon, puis portent pieusement des cierges dans les processions sous Louis XVIII.

Et dans les soixante-dix années qui suivent, quels changements encore dans les opinions des foules. La " Perfide Albion " du début de ce siècle devenant l'alliée de la France sous l'héritier de Napoléon ; la Russie, deux fois envahie par nous, et qui avait tant applaudi à nos derniers revers, considérée subitement comme une amie. En littérature, en art, en philosophie, les successions d'opinions sont plus rapides encore. Romantisme, naturalisme, mysticisme, etc., naissent et meurent tour à tour. L'artiste et l'écrivain acclamés hier sont profondément dédaignés demain. Mais, quand nous analysons tous ces changements, en apparence si profonds, que voyons-nous ? Tous ceux contraires aux croyances générales et aux sentiments de la race n'ont qu'une durée éphémère, et le fleuve détourné reprend bientôt son cours. Les opinions qui ne se rattachent à aucune croyance générale, à aucun sentiment de la race, et qui, par conséquent, ne sauraient avoir de fixité, sont à la merci de tous les hasards ou, si l'on préfère, des moindres changements de milieu. Formées par suggestion et contagion, elles sont toujours momentanées ; elles naissent et disparaissent parfois aussi rapidement que les dunes de sable formées par le vent au bord de la mer. De nos jours, la somme des opinions mobiles des foules est plus grande qu'elle ne le fut jamais ; et cela, pour trois raisons différentes : La première est que les anciennes croyances perdant de plus en plus leur empire, n'agissent plus comme jadis sur les opinions passagères pour leur donner une certaine orientation. L'effacement des croyances générales laisse place à une foule d'opinions particulières sans passé ni avenir. La seconde raison est que la puissance des foules devenant de plus en plus grande et ayant de moins en moins de contrepoids. la mobilité extrême d'idées que nous avons constatée chez elles, peut se manifester librement. La troisième raison enfin est la diffusion récente de la presse qui met sans cesse sous les yeux des foules les opinions les plus contraires. Les suggestions que chacune d'elles pourrait engendrer sont bientôt détruites par des suggestions opposées. Il en résulte que chaque opinion n'arrive pas à s'étendre et est vouée à une existence très éphémère. Elle est morte avant d'avoir pu se répandre assez pour devenir générale.

De ces causes diverses est résulté un phénomène très nouveau dans l'histoire du monde, et tout à fait caractéristique de l'âge actuel, je veux parler de l'impuissance des gouvernements à diriger l'opinion. Jadis, et ce jadis n'est pas fort loin, l'action des gouvernements, l'influence de quelques écrivains et d'un tout petit nombre de journaux constituaient les vrais régulateurs de l'opinion. Aujourd'hui, les écrivains ont perdu toute influence, et les journaux ne font plus que refléter l'opinion. Quant aux hommes d'État, loin de la diriger, ils ne cherchent qu'à la suivre. Ils ont une crainte de l'opinion qui va parfois jusqu'à la terreur et ôte toute fixité à leur ligne de conduite. L'opinion des foules tend donc à devenir de plus en plus le révélateur suprême de la politique. Elle arrive aujourd'hui à imposer des alliances, comme nous l'avons vu récemment pour l'alliance russe, exclusivement sortie d'un mouvement populaire. C'est un symptôme bien curieux de voir de nos jours papes, rois et empereurs, se soumettre au mécanisme de l'interview, pour exposer leur pensée, sur un sujet donné, au jugement des foules. On a pu dire jadis que la politique n'était pas chose de sentiment. Pourrait-on le dire encore aujourd'hui où elle a de plus en plus pour guide les impulsions de foules mobiles qui ne connaissent pas la raison, et que le sentiment seul peut guider ? Quant à la presse, autrefois directrice de l'opinion, elle a dû, comme les gouvernements, s'effacer devant le pouvoir des foules. Elle possède certes une puissance considérable, mais seulement parce qu'elle est exclusivement le reflet des opinions des foules et de leurs incessantes variations. Devenue simple agence d'information, elle a renoncé à chercher à imposer aucune idée, aucune doctrine. Elle suit tous les changements de la pensée publique, et les nécessités de la concurrence l'obligent à bien les suivre sous peine de perdre ses lecteurs. Les vieux organes solennels et influents d'autrefois, comme le *Constitutionnel*, les *Débats*, le *Siècle*, dont la précédente génération écoutait pieusement les oracles, ont disparu ou sont devenus feuilles d'informations encadrées de chroniques amusantes, de cancans mondains et de réclames financières. Où serait aujourd'hui le journal assez riche pour permettre à ses rédacteurs des opinions personnelles, et de quel poids seraient ces opinions auprès de lecteurs qui ne demandent qu'à être renseignés ou amusés, et qui, derrière chaque recommandation, redoutent toujours le spéculateur. La critique n'a même plus le pouvoir de lancer un livre ou une pièce de théâtre. Elle peut leur nuire, mais non les servir. Les journaux ont tellement conscience de l'inutilité de tout ce qui est critique ou opinion personnelle, qu'ils ont progressivement supprimé les critiques littéraires, se bornant à donner le titre du livre avec deux ou trois lignes de réclame, et, dans vingt ans, il en sera probablement de même pour la critique théâtrale.

Épier l'opinion est devenu aujourd'hui la préoccupation essentielle de la presse et des gouvernements. Quel est l'effet produit par un événement, un projet législatif, un discours, voilà ce qu'il leur faut savoir sans cesse ; et la chose n'est pas facile, car rien n'est plus mobile et plus changeant que la pensée des foules, et rien n'est plus fréquent que de les voir accueillir avec des anathèmes ce qu'elles avaient acclamé la veille. Cette absence totale de direction de l'opinion, et en même temps la dissolution des croyances générales, ont en pour résultat final un émiettement complet de toutes les convictions, et l'indifférence croissante des foules pour ce qui ne touche pas nettement leurs intérêts immédiats. Les questions de doctrines, telles que le socialisme, ne recrutent de défenseurs réellement convaincus que dans les couches tout à fait illettrées : ouvriers des mines et des usines, par exemple. Le petit bourgeois, l'ouvrier ayant quelque teinte d'instruction soit devenus d'un scepticisme ou tout au moins d'une mobilité complète. L'évolution qui s'est ainsi opérée depuis trente ans est frappante. A l'époque précédente, peu éloignée pourtant, les opinions possédaient encore une orientation générale ; elles dérivaient de l'adoption de quelque croyance fondamentale. Par le fait seul qu'on était monarchiste, on avait fatalement, aussi bien en histoire que dans les sciences, certaines idées très arrêtées et, par le fait seul qu'on était républicain, on avait des idées tout à fait contraires. Un monarchiste savait pertinemment que l'homme ne descend pas du singe, et un républicain savait non moins pertinemment qu'il en descend. Le monarchiste devait parler de la Révolution avec horreur, et le républicain avec vénération. Il y avait des noms, tels que ceux de Robespierre et de Marat, qu'il fallait prononcer avec des mines de dévot, et d'autres noms, tels que ceux de César, d'Auguste et de Napoléon qu'on ne devait pas articuler sans les couvrir d'invectives. Jusque dans notre Sorbonne, cette naïve façon de concevoir l'histoire était générale [22].

Aujourd'hui, devant la discussion et l'analyse, toutes les opinions perdent leur prestige ; leurs angles s'usent vite, et il en survit bien peu qui nous puissent passionner. L'homme moderne est de plus en plus envahi par l'indifférence. Ne déplorons pas trop cet effritement général des opinions. Que ce soit un symptôme de décadence dans la vie d'un peuple, on ne saurait le contester. Il est certain que les voyants, les apôtres, les meneurs, les convaincus en un mot, ont une bien autre force que les négateurs, les critiques et les indifférents ; mais n'oublions pas non plus qu'avec la puissance actuelle des foules, si une seule, opinion pouvait acquérir assez de prestige pour s'imposer, elle serait bientôt revêtue d'un pouvoir tellement tyrannique que tout devrait aussitôt plier devant elle, et que l'âge de la libre discussion serait clos pour longtemps. Les foules représentent des maîtres pacifiques parfois, comme l'étaient à leurs heures Héliogabale et Tibère ; mais elles ont aussi de furieux caprices. Quand une civilisation est prête à tomber entre leurs mains, elle est à la merci de trop de hasards pour durer bien longtemps. Si quelque chose pouvait retarder un peu l'heure de l'effondrement, ce serait précisément l'extrême mobilité des opinions et l'indifférence

---

[22] Certaines pages des livres de nos professeurs officiels sont, à ce point de vue, bien curieuses, et montrent à quel point l'esprit critique est peu développé par notre éducation universitaire. Je citerai comme exemple les lignes suivantes extraites de la Révolution française d'un ancien professeur d'histoire à la Sorbonne, qui fut ministre de l'instruction publique. " La prise de la Bastille est un fait culminant dans l'histoire non seulement de la France, mais de l'Europe entière , elle inaugurait une époque nouvelle de l'histoire du monde " ! Quant à, Robespierre, nous y apprenons avec stupeur, que sa dictature fut surtout d'opinion, de persuasion, d'autorité morale ; elle fut une sorte de pontificat entre les mains d'un homme vertueux ! (pp .91 et 220.)

croissante des foules pour toute croyance générale.

Livre III
Classification et description des diverses catégories de foules

Chapitre I

Classification des foules

Nous avons indiqué dans cet ouvrage les caractères généraux communs aux foules psychologiques. Il nous reste à montrer les caractères particuliers qui s'ajoutent à ces caractères généraux suivant les diverses catégories de collectivités lorsque, sous l'influence d'excitants convenables, elles se transforment en foule. Exposons d'abord en quelques mots une classification des foules. Notre point de départ sera la simple multitude. Sa forme la plus inférieure se présente, lorsqu'elle est composée d'individus appartenant à des races différentes. Elle n'a d'autre lien commun que la volonté, lus ou moins respectée d'un chef. On peut donner comme type de telles multitudes, les barbares d'origines fort diverses, qui pendant plusieurs siècles envahirent l'empire Romain. Au-dessus de ces multitudes de races diverses, se trouvent celles qui, sous l'influence de certains facteurs, ont acquis des caractères communs et ont fini par former une race. Elles présenteront à l'occasion les caractéristiques spéciales des foules, mais ces caractéristiques seront plus ou moins dominées par celles de la race. Ces deux catégories de multitudes peuvent, sous l'influence des facteurs étudiés dans cet ouvrage, se transformer en foules organisées ou psychologiques. Dans ces foules organisées, nous établirons les divisions suivantes :

A. Foules hétérogènes	1°	Anonymes. (Foules de rues, par exemple)
	2°	Non anonymes (Jurys, assemblées

		parlementaires, etc.)
B. Foules homogènes	1°	Sectes. (Sectes politiques, Sectes religieuses, etc.)
	2°	Castes. (Caste militaire, caste sacerdotale, castes ouvrières, etc.)
	3°	Classes. (Classe bourgeoise, classe des paysans, etc.)

Indiquons en quelques mots les caractères différentiels de ces diverses catégories de foules.

1. — Foules hétérogènes

Ces collectivités sont celles dont nous avons étudié les caractères dans ce volume. Elles se composent d'individus quelconques, quelle que soit leur profession ou leur intelligence. Nous savons maintenant que, par le fait seul que des hommes forment une foule agissante, leur psychologie collective diffère essentiellement de leur psychologie individuelle, et que l'intelligence ne les soustrait pas à cette différenciation. Nous avons vu que, dans les collectivités, l'intelligence ne joue aucun rôle. Seuls des sentiments inconscients agissent. Un facteur fondamental, la race, permet de différencier assez profondément les diverses foules hétérogènes. Nous sommes plusieurs fois déjà revenus sur le rôle de la race, et nous avons montré qu'elle est le plus puissant des facteurs capables de déterminer les actions des hommes. Elle manifeste également son action dans les caractères des foules. Une foule composée d'individus quelconques, mais tous Anglais ou Chinois, différera profondément d'une autre foule composée d'individus également quelconques, mais de races différentes Russes, Français, Espagnols, par exemple. Les profondes divergences que la constitution mentale héréditaire crée dans la façon de sentir et de penser des hommes, éclatent immédiatement dès que des circonstances, assez rares d'ailleurs, réunissent dans une même foule, en proportions à peu près égales, des individus de nationalités différentes, quelque identiques que soient en apparence les intérêts qui les rassemblent. Les tentatives faites par les socialistes pour réunir dans de grands congrès des représentants de la population ouvrière de chaque pays, ont toujours abouti aux plus furieuses discordes. Une foule latine, si révolutionnaire ou si conservatrice qu'on la suppose, fera invariablement appel, pour réaliser ses exigences, à l'intervention de l'État. Elle est toujours centralisatrice et plus ou moins césarienne. Une foule anglaise ou américaine, au contraire, ne connaît pas l'État et ne fait appel qu'à l'initiative privée. Une foule française tient avant tout à l'égalité, et une foule anglaise à la liberté. Ce sont précisément ces différences de races qui font qu'il y a presque autant de formes de socialisme et de démocratie que de nations. L'âme de la race domine donc entièrement l'âme de la foule. Elle est le substratum puissant qui limite ses oscillations. Considérons comme une loi essentielle que *les caractères inférieurs des foules sont d'autant moins accentués que l'âme de la race est plus forte*. L'état de foule et la domination des foules, c'est la barbarie ou le retour à la barbarie. C'est en acquérant une âme solidement constituée que la race se soustrait de plus en plus à la puissance irréfléchie des foules et sort de la barbarie.

En dehors de la race, la seule classification importante à faire pour les foules hétérogènes est de les séparer en foules anonymes, comme celles des rues, et en foules non anonymes, – les assemblées délibérantes et les jurés par exemple. Le sentiment de la responsabilité, nul chez les premières et développé chez les secondes, donne à leurs actes des orientations souvent fort différentes.

2. – Foules homogènes

Les foules homogènes comprennent : 1° *les sectes* ; 2° *les castes* ; 3° *les classes*. La *secte* marque le premier degré dans l'organisation des foules homogènes. Elle comprend des individus d'éducation, de professions, de milieux parfois fort différents, n'ayant entre eux que le lien unique des croyances. Telles sont les sectes religieuses et politiques, par exemple.

La *caste* représente le plus haut degré d'organisation dont la foule soit susceptible. Alors que la secte comprend des individus de professions, d'éducation, de milieux fort différents et rattachés seulement par la communauté des croyances, la caste ne comprend que des individus de même profession et par conséquent d'éducation et de milieux à peu près semblables. Telles sont la caste militaire et la caste sacerdotale, par exemple.

La *classe* est formée par des individus d'origines diverses réunis, non par la communauté des croyances, comme le sont les membres d'une secte, ni par la communauté des occupations professionnelles, comme le sont les membres d'une caste, mais par certains intérêts, certaines habitudes de vie et d'éducation fort semblables. Telles sont, par exemple, la classe bourgeoise, la classe agricole, etc.

Ne m'occupant dans cet ouvrage que des foules hétérogènes, et réservant l'étude des foules homogènes (sectes, castes et classes) pour un autre volume, je n'insisterai pas ici sur les caractères de ces dernières, et ne m'occuperai maintenant que de quelques catégories de foules hétérogènes choisies comme types.

Gustave Le Bon

Chapitre II

Les foules dites criminelles

Les foules tombant, après une certaine période d'excitation, à l'état de simples automates inconscients menés par des suggestions, il semble difficile de les qualifier dans aucun cas de criminelles. Je ne conserve ce qualificatif erroné que parce qu'il a été consacré par des recherches psychologiques récentes. Certains actes des foules sont assurément criminels si on ne les considère qu'en eux-mêmes, niais alors au même titre que l'acte d'un tigre dévorant un Hindou, après l'avoir d'abord laissé un peu déchiqueter par ses petits pour les distraire. Les crimes des foules ont généralement pour mobile une suggestion puissante, et les individus qui y ont pris part sont persuadés ensuite qu'ils ont obéi à un devoir, ce qui n'est pas du tout le cas du criminel ordinaire. L'histoire des crimes commis par les foules met en évidence ce qui précède. On peut citer comme exemple typique le meurtre du gouverneur de la Bastille, M. de Launay. Après la prise de cette forteresse, le gouverneur, entouré d'une foule très excitée, recevait des coups de tous côtés. On proposait de le pendre, de lui couper la tête, ou de l'attacher à la queue d'un cheval. En se débattant, il donna par mégarde un coup de pied à l'un des assistants. Quelqu'un proposa, et sa suggestion fut acclamée aussitôt par la foule, que l'individu atteint par le coup de pied coupât le cou au gouverneur. " Celui-ci, cuisinier sans place, demi-badaud qui est allé à la Bastille pour voir ce qui s'y passait, juge que, puisque tel est l'avis général, l'action est patriotique, et croit même mériter une médaille en détruisant un monstre. Avec un sabre qu'on lui prête, il frappe sur le col nu ; mais le sabre mal affilé ne coupant pas, il tire de sa poche un petit couteau à manche noir et (comme, en sa qualité de cuisinier, il sait travailler les viandes) il achève heureusement l'opération. "

On voit clairement ici le mécanisme indiqué précédemment. Obéissance à une suggestion d'autant plus puissante qu'elle est collective, conviction chez le meurtrier qu'il a commis un acte fort méritoire, et conviction d'autant plus naturelle qu'il a pour lui l'approbation unanime de ses concitoyens. Un acte semblable peut être légalement, mais non psychologiquement, qualifié de criminel. Les caractères généraux des foules dites criminelles sont exactement ceux que nous avons constatés chez toutes les foules : suggestibilité, crédulité, mobilité, exagération des sentiments bons ou mauvais, manifestation de certaines formes de moralité. etc. Nous allons retrouver tous ces caractères chez une des foules qui ont laissé un des plus sinistres souvenirs dans notre histoire : celle des septembriseurs. Elle présente d'ailleurs beaucoup d'analogie avec celles qui firent la Saint-Barthélemy. J'emprunte les détails du récit à M. Taine, qui les a puisés dans les mémoires du temps. On ne sait pas exactement qui donna l'ordre ou suggéra de vider les prisons en massacrant les prisonniers. Que ce soit Danton, comme cela est probable, ou tout autre, il n'importe ; le seul fait intéressant pour nous est celui de la suggestion puissante que reçut la foule chargée du massacre.

La foule des massacreurs comprenait environ trois cents personnes, et constituait le type parfait d'une foule hétérogène. A part un très petit nombre de gredins professionnels, elle se composait surtout de boutiquiers et d'artisans de tous les corps d'états : cordonniers, serruriers, perruquiers, maçons, employés, commissionnaires, etc. Sous l'influence de la suggestion reçue, ils sont, comme le cuisinier cité plus haut, parfaitement convaincus qu'ils accomplissent un devoir patriotique. Ils remplissent une double fonction, juges et bourreaux, mais ne se considèrent en aucune façon comme des criminels. Pénétrés de l'importance de leur devoir, ils commencent par former une sorte de tribunal, et immédiatement apparaissent l'esprit simpliste, et l'équité non moins simpliste des foules. Vu le nombre considérable des accusés, on décide tout d'abord que les nobles, les prêtres, les officiers, les serviteurs du roi, c'est-à-dire tous les individus dont la profession seule est une preuve de culpabilité aux yeux d'un bon patriote, seront massacrés en tas sans qu'il soit besoin de décision spéciale. Pour les autres, ils seront jugés sur la mine et la réputation. La conscience rudimentaire de la foule étant ainsi satisfaite, elle va pouvoir procéder légalement au massacre et donner libre cours à ces instincts de férocité dont j'ai montré ailleurs la genèse, et que les collectivités ont toujours le pouvoir de développer à un haut degré. Ils n'empêcheront pas d'ailleurs – ainsi que cela est la règle dans les foules – la manifestation concomitante d'autres sentiments contraires, tels qu'une sensibilité souvent aussi extrême que la férocité. " Ils ont la sympathie expansive et la sensibilité prompte de l'ouvrier parisien. A l'Abbaye, un fédéré, apprenant que depuis vingt-six heures on avait laissé les détenus sans eau, voulait absolument exterminer le guichetier négligent, et l'eût fait sans les supplications des détenus eux-mêmes. Lorsqu'un prisonnier est acquitté : (par leur tribunal improvisé), gardes et tueurs, tout le monde l'embrasse avec transport, on applaudit à outrance, " puis on retourne tuer les autres en tas. Pendant le massacre, une aimable gaieté ne cesse de régner. Ils dansent et chantent autour des cadavres, disposent des bancs " pour les dames " heureuses de voir tuer des aristocrates. Ils continuent aussi à faire preuve d'une équité spéciale. Un tueur s'étant plaint, à l'Abbaye, que les dames placées un peu loin voient mal, et que quelques assistants seuls ont le plaisir de frapper les aristocrates, ils se rendent à la justesse de cette observation, et décident que l'on fera passer lentement les victimes entre deux haies d'égorgeurs qui ne pourront frapper qu'avec le dos du sabre, afin de prolonger le supplice. A la Force on met les victimes entièrement nues, on les déchiquette pendant une demi-heure ; puis, quand tout le monde a bien vu on les finit en leur ouvrant le ventre. Les massacreurs sont d'ailleurs fort scrupuleux, et manifestent la moralité dont nous avons déjà signalé l'existence au sein des foules. Ils refusent de s'emparer de l'argent et des bijoux des victimes, et les rapportent sur la table des comités. Dans tous leurs actes, on retrouve toujours ces formes rudimentaires de raisonnement, caractéristiques de l'âme des foules. C'est ainsi qu'après l'égorgement des 12 ou 1500 ennemis de la nation, quelqu'un fait observer, et immédiatement sa suggestion est acceptée, que les autres prisons, celles qui contiennent de vieux mendiants, des vagabonds, des jeunes détenus, renferment en réalité des bouches inutiles, et dont il serait bon, pour cette raison, de se débarrasser. D'ailleurs il doit y avoir certainement parmi eux des ennemis du peuple, tels, par exemple, qu'une certaine dame Delarue, veuve d'un empoisonneur : " Elle doit être furieuse d'être en prison ; si elle pouvait, elle mettrait le feu à Paris ; elle doit l'avoir dit, elle l'a dit. Encore un coup de balai. " La démonstration parait évidente, et tout est massacré en bloc, y compris une cinquantaine d'enfants de douze, à dix-sept ans, qui, d'ailleurs, eux-mêmes auraient pu devenir des ennemis de la nation, et dont par conséquent il y avait un intérêt évident à se débarrasser.

    Au bout d'une semaine de travail, toutes ces opérations étant terminées, les massacreurs purent songer au repos. Étant intimement persuadés qu'ils avaient bien mérité de la patrie, ils vinrent réclamer aux autorités une récompense ; les plus zélés allèrent même jusqu'à exiger une médaille. L'histoire de la Commune de 1871 nous offre plusieurs faits analogues à ceux qui précèdent. Avec l'influence grandissante des foules et les capitulations successives des pouvoirs devant elles, nous sommes certainement, appelés à en voir bien d'autres.

Chapitre III

Les Jurés de cour d'assises.

Ne pouvant étudier ici toutes les catégories de jurés, j'examinerai seulement la plus importante, celle des jurés de cours d'assises. Ces jurés constituent un excellent exemple de foule hétérogène non anonyme. Nous y retrouvons la suggestibilité, la prédominance des sentiments inconscients, la faible aptitude au raisonnement, influence des meneurs, etc. En les étudiant nous aurons l'occasion d'observer d'intéressants spécimens des erreurs que peuvent commettre les personnes non initiées à la psychologie des collectivités. Les jurés nous fournissent tout d'abord une preuve de la faible importance que présente au point de vue des décisions, le niveau mental des divers éléments composant une foule. Nous avons vu que lorsqu'une assemblée délibérante est appelée à donner son opinion sur une question n'ayant pas un caractère tout a fait technique, l'intelligence ne joue aucun rôle ; et qu'une réunion de savants ou d'artistes, par ce fait seul qu'ils sont réunis, n'a pas, sur des sujets généraux, des jugements sensiblement différents de ceux d'une assemblée de maçons ou d'épiciers. A diverses époques, l'administration faisait un choix soigneux parmi les personnes appelées à composer le jury, et on les recrutait parmi les classes éclairées : professeurs, fonctionnaires, lettrés, etc. Aujourd'hui le jury se recrute surtout parmi les petits marchands, les petits patrons, les employés. Or, au grand étonnement des écrivains spéciaux, quelle qu'ait été la composition des jurys, la statistique prouve que leurs décisions ont été identiques. Les magistrats eux-mêmes, si hostiles pourtant à l'institution du jury, ont dû reconnaître l'exactitude de cette assertion. Voici comment s'exprime à ce sujet un ancien président de cour d'assises, M. Bérard des Glajeux, dans ses *Souvenirs*.

" Aujourd'hui les choix du jury sont, en réalité, dans les mains des conseillers municipaux, qui admettent ou éliminent, à leur gré, suivant les préoccupations politiques et électorales inhérentes à leur situation... La majorité des élus se compose de commerçants moins importants qu'on ne les choisissait autrefois, et des employés de certaines administrations... Toutes les opinions se fondant avec toutes les professions dans le rôle de juge, beaucoup ayant l'ardeur des néophytes, et les hommes de meilleure volonté se rencontrant dans les situations les plus humbles, l'esprit du jury n'a pas changé : *ses verdicts sont restés les mêmes.* " Retenons du passage que je viens de citer les conclusions qui sont très justes, et non les explications qui sont très faibles. Il ne faut pas trop s'étonner de cette faiblesse, car la psychologie des foules, et par conséquent des jurés, semble avoir été le plus souvent aussi inconnue des avocats que des magistrats. J'en trouve la preuve dans ce fait rapporté par l'auteur cité à l'instant, qu'un des plus illustres avocats de cour d'assises, Lachaud, usait systématiquement de son droit de récusation à l'égard de tous les individus intelligents faisant partie du jury. Or, l'expérience – l'expérience seule – a fini par apprendre l'entière inutilité de ces récusations. La preuve en est qu'aujourd'hui le ministère public et les avocats, à Paris du moins, y ont entièrement renoncé ; et, comme le fait remarquer M. des Glajeux, les verdicts n'ont pas changé, ils ne sont ni meilleurs ni pires ". Comme toutes les foules, les jurés sont très fortement impressionnes par des sentiments et très faiblement par des raisonnements Ils ne résistent pas, écrit un avocat, " à la vue d'une femme donnant à téter, ou à un défilé d'orphelins. " " Il suffit qu'une femme soit agréable, dit M. des Glajeux, pour obtenir la bienveillance du jury. " Impitoyables aux crimes qui semblent pouvoir les atteindre – et qui sont précisément d'ailleurs les plus redoutables pour la société – les jurés sont au contraire très indulgents pour les crimes dits passionnels. Ils sont rarement sévères pour l'infanticide des filles-mères et moins encore pour la fille abandonnée qui vitriolise un peu son séducteur, sentant fort bien d'instinct que ces crimes-là sont peu dangereux pour la société, et que dans un pays où la loi ne protège, pas les filles abandonnées, le crime de celle qui se venge est plus utile que nuisible, en intimidant d'avance les futurs séducteurs [23].

Les jurys, comme toutes les foules, sont fort éblouis par le prestige, et le président des Glajeux fait justement remarquer que, très démocratiques dans leur composition, ils sont très aristocratiques dans leurs affections : " Le nom, la naissance, la grande fortune, la renommée, l'assistance d'un avocat illustre, les choses qui distinguent et les choses qui reluisent forment un appoint très considérable dans la main des accusés." Agir sur les sentiments des jurés, et, comme avec toutes les foules, raisonner fort peu, ou n'employer que des formes rudimentaires de raisonnement, doit être la préoccupation de tout bon

---

[23] Remarquons en passant que cette division, très bien faite d'instinct par les jurés, entre les crimes dangereux pour la société et les crimes non dangereux pour elle n'est pas du tout dénuée de justesse. Le but des lois criminelles doit être évidemment de protéger la société contre les criminels dangereux et non pas de la venger. Or nos codes, et surtout l'esprit de nos magistrats, sont tout imprégnés encore de l'esprit de vengeance du vieux droit primitif, et le terme de vindicte (vindicta, vengeance) est encore d'un usage journalier. Nous avons la preuve de cette tendance des magistrats dans le refus de beaucoup d'entre eux d'appliquer l'excellente loi Bérenger, qui permet au condamné de ne subir sa peine que s'il récidive. Or, il n'est pas un magistrat qui puisse ignorer, car la statistique le prouve, que l'application d'une première peine crée presque infailliblement la récidive. Quand les juges relâchent un coupable, il leur semble toujours que la société n'a pas été vengée. Plutôt que de ne la pas venger, ils préfèrent créer un récidiviste dangereux.

avocat. Un avocat anglais célèbre par ses succès en cour d'assises a bien montré la façon d'agir.

" Il observait attentivement le jury tout en plaidant. C'est le moment favorable. Avec du flair et de l'habitude, l'avocat lit sur les physionomies l'effet de chaque phrase, de chaque mot, et il en tire ses conclusions. Il s'agit tout d'abord de distinguer les membres acquis d'avance à la cause. Le défenseur achève en un tour de main de se les assurer, après quoi il passe aux membres qui semblent au contraire mal disposés, et il s'efforce de deviner pourquoi ils sont contraires à l'accusé. C'est la partie délicate du travail, car il peut y avoir une infinité de raisons d'avoir envie de condamner un homme, en dehors du sentiment de la justice. "

Ces quelques lignes résument très bien le but de l'art oratoire, et nous montrent aussi pourquoi le discours fait d'avance est inutile puisqu'il faut pouvoir à chaque instant modifier les termes employés suivant l'impression produite. L'orateur n'a pas besoin de convertir tous les membres d'un jury, mais seulement les meneurs qui détermineront l'opinion générale. Comme dans toutes les foules, il y a toujours un petit nombre, d'individus qui conduisent les autres. " J'ai fait l'expérience, dit l'avocat que je citais plus haut, qu'au moment de rendre le verdict, il suffisait d'un ou deux hommes énergiques pour entraîner le reste du jury. " Ce sont ces deux ou trois-là qu'il faut convaincre par d'habiles suggestions. Il faut d'abord et avant tout leur plaire. L'homme en foule à qui on a plu est près d'être convaincu, et tout disposé à trouver excellentes les raisons quelconques qu'on lui présente. Je trouve, dans un travail intéressant sur Me Lachaud, l'anecdote suivante : " On sait que pendant toute la durée des plaidoiries qu'il prononçait aux assises, Lachaud ne perdait pas de vue deux ou trois jurés qu'il savait, ou sentait, influents, mais revêches. Généralement, il parvenait à réduire ces récalcitrants. Pourtant, une fois, en province, il en trouva un qu'il dardait vainement de son argumentation la plus tenace depuis trois quarts d'heure : le premier du deuxième banc, le septième juré. C'était désespérant ! Tout à coup, au milieu d'une démonstration passionnante, Lachaud s'arrête, et s'adressant au président de la cour d'assises : " Monsieur le président, dit-il, ne pourriez-vous pas faire tirer le rideau, là, en face. Monsieur le septième juré est aveuglé par le soleil. " Le septième juré rougit, sourit, remercia. Il était acquis à la défense. "

Plusieurs écrivains, et parmi eux de très distingués, ont fortement combattu dans ces derniers temps l'institution du jury, seule protection que nous ayons pourtant contre les erreurs vraiment bien fréquentes d'une caste sans contrôle [24]. Les uns voudraient un jury recruté seulement parmi les classes éclairées ; mais nous avons déjà prouvé que, même dans ce cas, les décisions seront identiques à celles qui sont maintenant rendues, D'autres, se basant sur les erreurs commises par les jurés, voudraient supprimer ces derniers et les remplacer par des juges. Mais comment peuvent-ils oublier que ces erreurs tant reprochées au jury, ce sont toujours des juges qui les ont d'abord commises, puisque, quand l'accusé arrive devant le jury, il a été considéré comme, coupable par plusieurs magistrats : le juge d'instruction, le procureur de la République et la chambre des mises en accusation. Et ne voit-on pas alors que si l'accusé était définitivement jugé par des magistrats au lieu de l'être par des jurés, il perdrait sa seule chance d'être reconnu innocent. Les erreurs des jurés ont toujours été d'abord des erreurs de magistrats. C'est donc uniquement à ces derniers qu'il faut s'en prendre quand on voit des erreurs judiciaires particulièrement monstrueuses, comme la condamnation de ce docteur X. qui, poursuivi par un juge d'instruction véritablement par trop borné, sur la dénonciation d'une fille demi-idiote qui accusait ce médecin de l'avoir fait avorter pour 30 francs aurait été envoyé au bagne sans

---

[24] La magistrature représente, en effet, la seule administration dont les actes ne soient soumis à aucun contrôle. Malgré toutes ses révolutions, la France démocratique ne possède pas ce droit d'*habeas corpus* dont l'Angleterre est si fière. Nous avons banni tous les tyrans ; mais dans chaque cité nous avons établi un magistrat qui dispose à son gré de l'honneur et de la liberté des citoyens. Un petit juge d'instruction, à peine sorti de l'école de droit, possède le pouvoir révoltant d'envoyer à son gré en prison, sur une simple supposition de culpabilité de sa part, et dont il ne doit la justification à personne, les citoyens les plus considérables. Il peut les y garder six mois ou même un an sous prétexte d'instruction, et les relâcher ensuite sans leur devoir ni indemnité, ni excuses. Le mandat d'amener est absolument l'équivalent de la lettre de cachet, avec cette différence que cette dernière, si justement reprochée à l'ancienne monarchie, n'était à la portée que de très grands personnages, alors qu'elle est aujourd'hui entre les mains de toute une classe de citoyens, qui est loin de passer pour la plus éclairée et la plus indépendante.

l'explosion d'indignation publique qui le fit gracier immédiatement par le chef de l'État. L'honorabilité du condamné proclamée par tous ses concitoyens rendait évidente la grossièreté de l'erreur. Les magistrats la reconnaissaient eux-mêmes ; et cependant, par esprit de caste, ils firent tout ce qu'ils purent pour empêcher la grâce d'être signée. Dans toutes les affaires analogues, entourées de détails techniques où il ne peut rien comprendre, le jury écoute naturellement le ministère public, se disant qu'après tout l'affaire a été instruite par des magistrats rompus à toutes les subtilités. Quels sont alors les auteurs véritables de l'erreur : les jurés ou les magistrats ? Gardons précieusement le jury. Il constitue peut-être la seule catégorie de foule qu'aucune individualité ne saurait remplacer. Lui seul peut tempérer les duretés de la loi qui, égale pour tous, doit être aveugle en principe, et ne pas connaître les cas particuliers. Inaccessible à la pitié, et ne connaissant que le texte de la loi, le juge, avec sa dureté professionnelle, frapperait de la même peine le cambrioleur assassin et la fille pauvre que l'abandon de son séducteur et la misère ont conduite à l'infanticide alors que le jury sent très bien d'instinct que la fille séduite est beaucoup moins coupable que le séducteur, qui, lui, cependant, échappe à la loi et qu'elle mérite toute son indulgence. Sachant très bien ce qu'est la psychologie des castes, et ce qu'est aussi la psychologie des autres catégories de foules, je ne vois aucun cas où, accusé à tort d'un crime, je ne préférerais pas avoir affaire à des jurés plutôt qu'à des magistrats. J'aurais beaucoup de chances d'être reconnu innocent avec les premiers, et très peu avec les seconds. Redoutons la puissance des foules, mais redoutons beaucoup plus encore la puissance de certaines castes. Les premières peuvent se laisser convaincre, les secondes ne fléchissent jamais.

Chapitre IV

Les foules électorales.

Les foules électorales, c'est-à-dire les collectivités appelées à élire les titulaires de certaines fonctions, constituent des foules hétérogènes ; mais, comme elles n'agissent que sur un point bien déterminé : choisir entre divers candidats, on ne peut observer chez elles que quelques-uns des caractères précédemment décrits. Les caractères des foules qu'elles manifestent surtout, sont la faible aptitude au raisonnement, l'absence d'esprit critique, l'irritabilité, la crédulité et le simplisme. On découvre aussi dans leurs décisions l'influence des meneurs et le rôle des facteurs précédemment énumérés : l'affirmation, la répétition, le prestige et la contagion. Recherchons comment on les séduit. Des procédés qui réussissent le mieux, leur psychologie se déduira clairement. La première des conditions à posséder pour le candidat est le prestige. Le prestige personnel ne peut être remplacé que par celui de la fortune. Le talent, le génie même ne sont pas des éléments de succès. Cette nécessité pour le candidat de posséder du prestige, c'est-à-dire de pouvoir s'imposer sans discussion, est capitale. Si les électeurs, dont la majorité est composée d'ouvriers et de paysans, choisissent si rarement un des leurs pour les représenter, c'est que les personnalités sorties de leurs rangs n'ont pour eux aucun prestige. Quand, par hasard, ils nomment un de leurs égaux, c'est le plus souvent pour des raisons accessoires, par exemple pour contrecarrer un homme éminent, un patron puissant dans la dépendance duquel se trouve chaque jour l'électeur, et dont il a ainsi l'illusion de devenir pour un instant le maître. Mais la possession du prestige ne suffit pas pour assurer au candidat le succès. L'électeur tient à ce qu'on flatte ses convoitises et ses vanités ; il faut l'accabler des plus extravagantes flagorneries, ne pas hésiter à lui faire les plus fantastiques promesses. S'il est ouvrier, on ne saurait trop injurier et flétrir ses patrons. Quant au candidat adverse, on doit tâcher de l'écraser en établissant par affirmation, répétition et contagion qu'il est le dernier des gredins, et que personne n'ignore qu'il a commis plusieurs crimes. Inutile, bien entendu, de chercher aucun semblant de preuve. Si l'adversaire connaît mal la psychologie des foules, il essaiera de se justifier par des arguments, au lieu de se borner à répondre aux affirmations par d'autres affirmations ; et il n'aura dès lors aucune chance de triompher. Le programme écrit du candidat ne doit pas être trop catégorique, parce que ses adversaires pourraient le lui opposer plus tard ; mais son programme verbal ne saurait être trop excessif. Les réformes les plus considérables peuvent être promises sans crainte. Sur le moment, ces exagérations produisent beaucoup d'effet, et pour l'avenir elles n'engagent en rien. Il est d'observation constante, en effet, que l'électeur ne s'est jamais préoccupé de savoir jusqu'à quel point l'élu a suivi la profession de foi acclamée, et sur laquelle l'élection est supposée avoir eu lieu. Nous reconnaissons ici tous les facteurs de persuasion que nous avons décrits. Nous allons les retrouver encore dans l'action des *mots* et des *formules* dont nous avons déjà montré le puissant empire. L'orateur qui sait les manier conduit à volonté les foules où il veut. Des expressions telles que : l'infâme capital, les vils exploiteurs, l'admirable ouvrier, la socialisation des richesses, etc., produisent toujours le même effet, bien qu'un peu usées déjà. Mais le candidat qui trouve une formule neuve, bien dépourvue de sens précis, et par conséquent pouvant répondre aux aspirations les plus diverses, obtient un succès infaillible. La sanglante révolution espagnole de 1873 a été faite avec un de ces mots magiques, au sens complexe, que chacun peut interpréter à sa façon. Un écrivain contemporain en a raconté la genèse en termes qui méritent d'être rapportés. " Les radicaux avaient découvert qu'une république unitaire est une monarchie déguisée, et, pour leur faire plaisir, les Cortès avaient proclamé d'une seule voix la république fédérale sans qu'aucun des votants eût pu dire ce qui venait d'être voté. Mais cette formule enchantait tout le monde, c'était une ivresse, un délire. On venait d'inaugurer sur la terre le règne de la vertu et du bonheur. Un républicain, à qui son ennemi refusait le titre de fédéral, s'en offensait comme d'une mortelle injure. On s'abordait dans les rues en se disant : *Salud y republica federal* ! Après quoi on entonnait des hymnes à la sainte indiscipline et à l'autonomie du soldat. Qu'était-ce que la " république fédérale ? " Les uns entendaient par là l'émancipation des provinces, des institutions pareilles à celles des États-Unis ou la décentralisation administrative ; autres visaient à l'anéantissement de toute autorité, à l'ouverture prochaine de la grande liquidation sociale. Les socialistes de Barcelone et de l'Andalousie prêchaient la souveraineté absolue des communes, ils entendaient donner à l'Espagne dix mille municipes indépendants, ne recevant de lois que d'eux-mêmes, en supprimant du même coup et l'armée et la gendarmerie. On vit bientôt dans les provinces du Midi l'insurrection se propager de ville en ville, de village en village. Dès qu'une commune avait fait son pronunciamiento, son premier soin était de détruire le télégraphe et les chemins de fer pour couper toutes ses communications avec ses voisins et avec Madrid. Il n'était pas de méchant bourg qui n'entendit faire sa cuisine à part. Le fédéralisme avait fait place à un cantonalisme brutal, incendiaire et massacreur, et partout se célébraient de sanglantes saturnales. " Quant à l'influence que pourraient avoir des raisonnements sur l'esprit des électeurs, il faudrait n'avoir jamais lu le compte rendu d'une réunion électorale pour n'être pas fixé à ce sujet. On y échange des affirmations, des invectives, parfois des horions, jamais des raisons. Si le silence s'établit pour un instant, c'est qu'un assistant au caractère difficile annonce qu'il va poser au candidat une de ces questions embarrassantes qui réjouissent toujours l'auditoire. Mais la satisfaction des opposants ne dure pas bien longtemps, car la voix du préopinant est bientôt couverte par les hurlements des adversaires. On peut considérer comme type des réunions publiques les comptes rendus suivants, pris entre des centaines d'autres semblables, et que j'emprunte aux journaux quotidiens.

" Un organisateur ayant prié les assistants de nommer un président, l'orage se déchaîne. Les anarchistes bondissent sur la scène pour enlever le bureau d'assaut. Les socialistes le défendent avec énergie ; on se cogne, on se traite mutuellement de mouchards, vendus, etc. un citoyen se retire avec un oeil poché.

" Enfin, le bureau est installé tant bien que mal au milieu du tumulte, et la tribune reste au compagnon X.

" L'orateur exécute une charge à fond de train contre les socialistes, qui l'interrompent en criant : " Crétin ! bandit ! canaille ! " etc., épithètes auxquelles le compagnon X... répond par l'exposé d'une théorie selon laquelle les socialistes sont des " idiots " ou des " farceurs ".

" ... Le parti allemaniste avait organisé, hier soir, à la salle du Commerce, rue du Faubourg-du-Temple, une grande réunion préparatoire à la fête des Travailleurs du premier mai. Le mot d'ordre était : " Calme et tranquillité. "

" Le compagnon G... traite les socialistes de " crétins et de " fumistes ".

" Sur ces mots, orateurs et auditeurs s'invectivent et en viennent aux mains ; les chaises, les bancs, les tables entrent en scène, etc., etc. "

N'imaginons pas un instant que ce genre de discussion soit spécial à une classe déterminée d'électeurs, et dépende de leur situation sociale. Dans toute assemblée anonyme, quelle qu'elle soit, fût-elle exclusivement composée de lettrés, la discussion revêt facilement les mêmes formes. J'ai montré que les hommes en foule tendent vers l'égalisation mentale, et à chaque instant nous en retrouvons la preuve. Voici, comme exemple, un extrait du compte rendu d'une réunion exclusivement composée d'étudiants, que j'emprunte à un journal :

" Le tumulte n'a fait que croître à mesure que la soirée s'avançait ; je ne crois pas qu'un seul orateur ait pu dire deux phrases sans être interrompu. A chaque instant les cris partaient d'un point ou de l'autre, ou de tous les points à la fois ; on applaudissait, on sifflait ; des discussions violentes s'engageaient entre divers auditeurs ; les cannes étaient brandies, menaçantes ; on frappait le plancher en cadence ; des clameurs poursuivaient les interrupteurs " A la porte ! À la tribune ! "

" M-C... prodigue à l'association les épithètes d'odieuse et lâche, monstrueuse, vile, vénale et vindicative, et déclare qu'il veut la détruire, etc., etc. ".

On pourrait se demander comment, dans des conditions pareilles, peut se former l'opinion d'un électeur Mais poser une pareille question serait se faire une étrange illusion sur le degré de liberté dont peut jouir une collectivité. Les foules ont des opinions imposées, jamais des opinions raisonnées. Dans le cas qui nous occupe, les opinions et les votes des électeurs sont entre les mains de comités électoraux, dont les meneurs sont le plus souvent quelques marchands de vins, fort influents sur les ouvriers, auxquels ils font crédit. Savez-vous ce qu'est un comité électoral, écrit un des plus vaillants défenseurs de la démocratie actuelle, M. Schérer ? Tout simplement la clef de nos institutions, la maîtresse pièce de la machine politique. La France est aujourd'hui gouvernée par les comités [25]." Aussi n'est-il pas trop difficile d'agir sur eux, pour peu

---

[25] Les comités, quels que soient leurs noms : clubs, syndicats, etc., constituent peut-être le plus redoutable danger de la puissance des foules. Ils représentent, en effet, la forme la plus impersonnelle, et, par conséquent, la plus oppressive de la tyrannie. Les meneurs qui dirigent les comités étant censés parler et agir au

que le candidat soit acceptable et possède des ressources suffisantes. D'après les aveux des donateurs, 3 millions suffirent pour obtenir les élections multiples du général Boulanger. Telle est la psychologie des foules électorales. Elle est identique à celle des autres foules. Ni meilleure ni pire. Aussi ne tirerai-je de ce qui précède aucune conclusion contre le suffrage universel. Si j'avais à décider de son sort, je le conserverais tel qu'il est, pour des motifs pratiques qui découlent précisément de notre étude de la psychologie des foules, et que pour cette raison je vais exposer. Sans doute, les inconvénients du suffrage universel sont trop visibles pour être méconnus. On ne saurait contester que les civilisations ont été l'œuvre d'une petite minorité d'esprits supérieurs constituant la pointe d'une pyramide, dont les étages, s'élargissant à mesure que décroît la valeur mentale, représentent les couches profondes d'une nation. Ce n'est pas assurément du suffrage d'éléments inférieurs, représentant uniquement le nombre, que la grandeur d'une civilisation peut dépendre. Sans doute encore les suffrages des foules sont souvent bien dangereux. Ils nous ont déjà coûté plusieurs invasions ; et avec le triomphe du socialisme, les fantaisies de la souveraineté populaire nous coûteront sûrement beaucoup plus cher encore. Mais ces objections théoriquement excellentes perdent pratiquement toute leur force, si l'on veut se souvenir de la puissance invincible des idées transformées en dogmes. Le dogme de la souveraineté des foules est, au point de vue philosophique, aussi peu défendable que les dogmes religieux du moyen âge, mais il en a aujourd'hui l'absolue puissance. Il est donc aussi inattaquable que le furent jadis nos idées religieuses. Supposez un libre-penseur moderne, transporté par un pouvoir magique en plein moyen âge. Croyez-vous qu'après avoir constaté la puissance souveraine des idées religieuses qui régnaient alors il eût tenté de les combattre ? <u>Tombé dans les mains d'un juge voulant le faire brûler sous l'imputation</u>

nom d'une collectivité sont dégagés de toute responsabilité et peuvent tout se permettre. Le tyran le plus farouche n'eût jamais osé rêver les proscriptions ordonnées par les comités révolutionnaires. Ils avaient, dit Barras, décimés et mis en coupe réglée la Convention. Robespierre fut maître absolu tant qu'il put parler en leur nom. Le jour où l'effroyable dictateur se sépara d'eux pour des questions d'amour-propre, il fut perdu. Le règne des foules c'est le règne des comités, c'est-à-dire des meneurs. On ne saurait rêver de despotisme plus dur.

d'avoir conclu un pacte avec le diable, ou d'avoir été au sabbat, eût-il songé à contester l'existence du diable et du sabbat ? On ne discute pas plus avec les croyances des foules qu'avec les cyclones. Le dogme du suffrage universel possède aujourd'hui le pouvoir qu'eurent jadis les dogmes chrétiens. Orateurs et écrivains en parlent avec un respect et des adulations que n'a pas connus Louis XIV. Il faut donc se conduire à son égard comme à l'égard de tous les dogmes religieux. Le temps seul agit sur eux.

Il serait d'ailleurs d'autant plus inutile d'essayer d'ébranler ce dogme qu'il a des raisons apparentes pour lui : " Dans les temps d'égalité, dit justement Tocqueville, les hommes n'ont aucune foi les uns dans les autres, à cause de leur similitude ; mais cette même similitude leur donne une confiance presque illimitée dans le jugement du public ; car il ne leur parait pas vraisemblable, qu'ayant tous des lumières pareilles, la vérité ne se rencontre pas du côté du plus grand nombre. " Faut-il supposer maintenant qu'avec un suffrage restreint - restreint aux capacités, si l'on veut - on améliorerait les votes des foules ? Je ne puis l'admettre un seul instant, et cela pour les raisons que j'ai déjà dites de l'infériorité mentale de toutes les collectivités, quelle que puisse être leur composition. En foule les hommes s'égalisent toujours, et, sur des questions générales, le suffrage de quarante académiciens n'est pas meilleur que celui de quarante porteurs d'eau. Je ne crois pas du tout qu'aucun des votes tant reprochés au suffrage universel, tel que le rétablissement de l'Empire, par exemple, eût été différent si les votants avaient été recrutés exclusivement parmi des savants et des lettrés. Ce n'est pas parce qu'un individu sait le grec ou les mathématiques, est architecte, vétérinaire, médecin ou avocat, qu'il acquiert sur les questions sociales des clartés particulières. Tous nos économistes sont des gens instruits, professeurs et académiciens pour la plupart. Est-il une seule question générale : protectionnisme, bimétallisme, etc., sur laquelle ils aient réussi à se mettre d'accord ? C'est que leur science n'est qu'une forme très atténuée de l'universelle ignorance. Devant des problèmes sociaux, où entrent de si multiples inconnues, toutes les ignorances s'égalisent.

Si donc des gens bourrés de science formaient à eux seuls le corps électoral, leurs votes ne seraient pas meilleurs que ceux d'aujourd'hui. Ils se guideraient surtout d'après leurs sentiments et l'esprit de leur parti. Nous n'aurions aucune des difficultés actuelles en moins, et en plus nous aurions sûrement la lourde tyrannie des castes.

Restreint ou général, sévissant dans un pays républicain ou dans un pays monarchique, pratiqué en France, en Belgique, en Grèce, en Portugal ou en Espagne le suffrage des foules est partout semblable, et ce qu'il traduit souvent, ce sont les aspirations et les besoins inconscients de la race. La moyenne des élus représente pour chaque pays l'âme moyenne de la race. D'une génération à l'autre on la retrouve à peu près identique. Et c'est ainsi qu'une fois encore nous retombons sur cette notion fondamentale de race, déjà rencontrée si souvent, et sur cette autre notion, qui découle de la première que les institutions et les gouvernements ne jouent qu'un rôle insignifiant dans la vie des peuples. Ces derniers sont surtout conduits par l'âme de leur race, c'est-à-dire par les résidus ancestraux dont cette âme est la somme. La race et l'engrenage des nécessités de chaque jour, tels sont les maîtres mystérieux qui régissent nos destinées.

Chapitre V

Les assemblées parlementaires

Les assemblées parlementaires représentent des foules hétérogènes non anonymes. Malgré leur recrutement, variable suivant les époques et les peuples, elles se ressemblent beaucoup par leurs caractères. L'influence de la race s'y fait sentir, pour atténuer ou exagérer, mais non pour empêcher la manifestation des caractères. Les assemblées parlementaires des contrées les plus différentes, celles de Grèce, d'Italie, de Portugal, d'Espagne, de France et d'Amérique, présentent dans leurs discussions et leurs votes de grandes analogies et laissent les gouvernements aux prises avec des difficultés identiques. Le régime parlementaire représente d'ailleurs l'idéal de tous les peuples civilisés modernes. Il traduit cette idée, psychologiquement erronée mais généralement admise, que beaucoup d'hommes réunis sont bien plus capables qu'un petit nombre de prendre une décision sage et indépendante sur un sujet donné. Nous retrouverons dans les assemblées parlementaires les caractéristiques générales des foules : le simplisme des idées, l'irritabilité, la suggestibilité, l'exagération des sentiments, l'influence prépondérante des meneurs. Mais, en raison de leur composition spéciale, les foules parlementaires présentent quelques différences que nous indiquerons bientôt. Le simplisme des opinions est une des caractéristiques les plus importantes de ces assemblées. On y rencontre dans tous les partis, chez les peuples latins surtout, une tendance invariable à résoudre les problèmes sociaux les plus compliqués par les principes abstraits les plus simples, et par des lois générales applicables à tous les cas. Les principes varient naturellement avec chaque parti ; mais, par le fait seul que les individus sont en foule, ils tendent toujours à exagérer la valeur de ces principes et à les pousser jusqu'à leurs dernières conséquences. Aussi ce que les parlements représentent surtout, ce sont des opinions extrêmes. Le type le plus parfait du simplisme des assemblées fut réalisé par les jacobins de notre grande Révolution Tous dogmatiques et logiques, la cervelle pleine de généralités vagues, ils s'occupaient d'appliquer des principes fixes sans se soucier des événements ; et on a pu dire avec raison qu'ils avaient traversé la Révolution sans la voir. Avec les dogmes très simples qui leur servaient de guide, ils s'imaginaient refaire une société de toutes pièces, et ramener une civilisation raffinée à une phase très antérieure de l'évolution sociale. Les moyens qu'ils employèrent pour réaliser leur rêve étaient également empreints d'un absolu simplisme. Ils se bornaient en effet, à détruire violemment ce qui les gênait. Tous, d'ailleurs : girondins, montagnards, thermidoriens, etc., étaient animés du même esprit. Les foules parlementaires sont très suggestibles ; et, comme pour toutes les foules, la suggestion émane de meneurs possédant du prestige ; mais, dans les assemblées parlementaires, la suggestibilité a des limites très nettes qu'il importe de marquer. Sur toutes les questions d'intérêt local ou régional, chaque membre d'une assemblée a des opinions fixes, irréductibles, et qu'aucune argumentation ne pourrait ébranler. Le talent d'un Démosthène n'arriverait pas à changer le vote d'un député sur des questions telles que le protectionnisme ou le privilège des bouilleurs de cru, qui représentent des exigences d'électeurs influents. La suggestion antérieure de ces électeurs est assez prépondérante pour annuler toutes les autres suggestions, et maintenir une fixité absolue d'opinion [26].

Sur des questions générales : renversement d'un ministère, établissement d'un impôt, etc., il n'y a plus du tout de fixité d'opinion, et les suggestions des meneurs peuvent agir, mais pas tout à fait comme dans une foule ordinaire. Chaque parti a ses meneurs, qui ont parfois une égale influence. Il en résulte que le député se trouve entre des suggestions contraires et devient fatalement très hésitant. C'est pourquoi on le voit souvent, à un quart d'heure de distance, voter de façon contraire, ajouter à une loi un article qui la détruit : ôter par exemple aux industriels le droit de choisir et de congédier leurs ouvriers, puis annuler à peu près cette mesure par un amendement. Et c'est pourquoi, à chaque législature, une Chambre a des opinions très fixes et d'autres opinions très indécises. Au fond, les questions générales étant les plus nombreuses, c'est l'indécision qui domine, indécision entretenue par la crainte constante de l'électeur, dont la suggestion latente tend toujours à contrebalancer l'influence des meneurs. Ce sont cependant les meneurs qui sont en définitive les vrais maîtres dans les discussions nombreuses où les membres d'une assemblée n'ont pas d'opinions antérieures bien arrêtées. La nécessité de ces meneurs est évidente puisque, sous le nom de chefs de groupes, on les retrouve dans les assemblées de tous les pays. Ils sont les vrais souverains d'une assemblée. Les hommes en foule ne sauraient se passer d'un maître. Et c'est pourquoi les votes d'une assemblée ne représentent généralement que les opinions d'une petite minorité. Les meneurs agissent très peu par leurs raisonnements, beaucoup par leur prestige. Et la meilleure preuve, c'est que si une circonstance quelconque les en dépouille, ils n'ont plus d'influence.

---

[26] C'est à ces opinions antérieurement fixées et rendues irréductibles par des nécessités électorales, que s'applique sans doute cette réflexion d'un vieux parlementaire anglais : " Depuis cinquante ans que je siège à Westminster, j'ai entendu des milliers de discours ; il en est peu qui aient changé mon opinion ; mais pas un seul n'a changé mon vote. "

Ce prestige des meneurs est individuel et ne tient ni au nom ni à la célébrité. M. Jules Simon parlant des grands hommes de l'assemblée de 1848, où il a siégé, nous en donne de bien curieux exemples.

" Deux mois avant d'être tout-puissant, Louis-Napoléon n'était rien.

" Victor Hugo monta à la tribune. Il n'y eut pas de succès. On l'écouta, comme on écoutait Félix Pyat ; on ne l'applaudit pas autant. " Je n'aime pas ses idées, me dit Vaulabelle en parlant de Félix Pyat ; mais c'est un des plus grands écrivains et le plus grand orateur de la France. " Edgar Quinet, ce rare et puissant esprit, n'était compté pour rien. Il avait eu son moment de popularité avant l'ouverture de l'Assemblée ; dans l'Assemblée, il n'en eut aucune.

" Les assemblées politiques sont le lieu de la terre où l'éclat du génie se fait le moins sentir. On n'y tient compte que d'une éloquence appropriée au temps et au lieu, et des services rendus non à la patrie, mais aux partis. Pour qu'on rendit hommage à Lamartine en 1848 et à Thiers en 1871, il fallut le stimulant de l'intérêt urgent, inexorable. Le danger passé, on fut guéri à la fois de la reconnaissance et de la peur.

J'ai reproduit le passage qui précède pour les faits qu'il contient, mais non pour les explications, qu'il propose. Elles sont d'une psychologie médiocre. Une foule perdrait aussitôt son caractère de foule si elle tenait compte aux meneurs des services rendus, que ce soit à la patrie ou aux partis. La foule qui obéit au meneur subit son prestige, et n'y fait intervenir aucun sentiment d'intérêt ou de reconnaissance. Aussi le meneur doué d'un prestige suffisant possède-t-il un pouvoir presque absolu. On sait l'influence immense qu'eut pendant de longues années, grâce à son prestige, un député célèbre, battu dans les dernières élections à la suite de certains événements financiers. Sur un simple signe de lui, les ministres étaient renversés. Un écrivain a marqué nettement dans les lignes suivantes la portée de son action.

" C'est à M. X... principalement que nous devons d'avoir acheté le Tonkin trois fois plus cher qu'il n'aurait dû coûter, de n'avoir pris dans

Madagascar qu'un pied incertain, de nous être laissé frustrer de tout un empire sur le bas Niger, d'avoir perdu la situation prépondérante que nous occupions en Égypte. – Les théories de M. X... nous ont coûté plus de territoires que les désastres de Napoléon Ier.

Il ne faudrait pas trop en vouloir au meneur en question. Il nous a coûté fort cher évidemment ; mais une grande partie de son influence tenait à ce qu'il suivait l'opinion publique, qui, en matière coloniale, n'était pas du tout alors ce qu'elle est devenue aujourd'hui. Il est rare qu'un meneur précède l'opinion ; presque toujours il se borne à la suivre et à en épouser toutes les erreurs. Les moyens de persuasion des meneurs, en dehors du prestige, sont les facteurs que nous avons déjà énumérés plusieurs fois. Pour les manier habilement, le meneur doit avoir pénétré, au moins d'une façon inconsciente, la psychologie des foules, et savoir comment leur parler. Il doit surtout connaître la fascinante influence des mots, des formules et des images. Il doit posséder une éloquence spéciale, composée : d'affirmations énergiques, dégagées de preuves, et d'images impressionnantes encadrées de raisonnements fort sommaires. C'est un genre d'éloquence qu'on rencontre dans toutes les assemblées, y compris le parlement anglais, le plus pondéré pourtant de tous.

" Nous pouvons lire constamment, dit le philosophe anglais Maine, des débats à la Chambre des communes, où toute la discussion consiste à échanger des généralités assez faibles et des personnalités assez violentes. Sur l'imagination d'une démocratie pure, ce genre de formules générales exerce un effet prodigieux. Il sera toujours aisé de faire accepter à une foule des assertions générales présentées en termes saisissants, quoiqu'elles n'aient jamais été vérifiées et ne soient peut-être susceptibles d'aucune vérification. "

L'importance des " termes saisissants ", indiquée dans la citation qui précède, ne saurait être exagérée. Nous avons plusieurs fois déjà insisté sur la puissance spéciale des mots et des formules. Il faut les choisir de façon à ce qu'ils évoquent des images très vives. La phrase suivante, empruntée au discours d'un des meneurs de nos assemblées, en constitue un excellent spécimen :

« Le jour où le même navire emportera vers les terres fiévreuses de la relégation le politicien véreux et l'anarchiste meurtrier, ils pourront lier conversation et ils s'apparaîtront l'un à l'autre comme les deux aspects complémentaires d'un même ordre social. »

L'image ainsi évoquée est bien visible, et tous les adversaires de l'orateur se sentent menacés par elle. Ils voient du même coup les pays fiévreux, le bâtiment qui pourra les emporter, car ne font-ils pas peut-être partie de la catégorie assez mal limitée des politiciens menacés ? Ils éprouvent alors la sourde crainte que devaient ressentir les conventionnels, que les vagues discours de Robespierre menaçaient plus ou moins du couperet de la guillotine, et qui, sous l'influence de cette crainte, lui cédaient toujours. Les meneurs ont tout intérêt à verser dans les plus invraisemblables exagérations. L'orateur dont je viens de citer une phrase, a pu affirmer, sans soulever de grandes protestations, que les banquiers et les prêtres soudoyaient les lanceurs de bombes, et que les administrateurs des grandes compagnies financières méritent les mêmes peines que les anarchistes. Sur les foules, de pareilles affirmations agissent toujours. L'affirmation n'est jamais trop furieuse, ni la déclamation trop menaçante. Rien n'intimide plus les auditeurs que cette éloquence. En protestant, ils craignent de passer pour traîtres ou complices. Cette éloquence spéciale a toujours régné, comme je le disais à l'instant, sur toutes les assemblées ; et, dans les périodes critiques, elle ne fait que s'accentuer. La lecture des discours des grands orateurs qui composaient les assemblées de la Révolution est très intéressant à ce point de vue. A chaque instant ils se croyaient obligés de s'interrompre pour flétrir le crime et exalter la vertu ; puis, ils éclataient en imprécations contre les tyrans, et juraient de vivre libres ou de mourir. L'assistance se levait, applaudissait avec fureur, puis calmée, se rasseyait. Le meneur peut être quelquefois intelligent et instruit ; mais cela lui est généralement plus nuisible qu'utile. En montrant la complexité des choses, en permettant d'expliquer et de comprendre, l'intelligence rend toujours indulgent, et émousse fortement l'intensité et la violence des convictions nécessaires aux apôtres. Les grands meneurs de tous les âges, ceux de la Révolution surtout ont été lamentablement bornés ; et ce sont justement les plus bornés qui ont exercé la plus grande influence. Les discours du plus célèbre d'entre eux, Robespierre, stupéfient souvent par leur incohérence ; en se bornant à les lire, on n'y trouverait aucune explication plausible du rôle immense du puissant dictateur :

" Lieux communs et redondances de l'éloquence pédagogique et de la culture latine au service d'une âme plutôt puérile que plate, et qui semble se borner, dans l'attaque ou la défense, au " Viens-y donc ! ", des écoliers. Pas une idée, pas un tour, pas un trait, c'est l'ennui dans la tempête. Quand on sort de cette lecture morne, on a envie de pousser le ouf ! de l'aimable Camille Desmoulins. "

Il est quelquefois effrayant de songer au pouvoir que donne à un homme possédant du prestige une conviction forte unie à une extrême étroitesse d'esprit. Il faut pourtant réaliser ces conditions pour ignorer les obstacles et savoir vouloir. D'instinct les foules reconnaissent dans ces convaincus énergiques le maître qu'il leur faut toujours. Dans une assemblée parlementaire, le succès d'un discours dépend presque uniquement du prestige que l'orateur possède, et pas du tout des raisons qu'il propose. Et, la meilleure preuve, c'est que lorsqu'une cause quelconque fait perdre à un orateur son prestige, il perd du même coup toute son influence, c'est-à-dire le pouvoir de diriger à son gré les votes. Quant à l'orateur inconnu qui arrive avec un discours contenant de bonnes raisons, mais seulement des raisons, il n'a aucune chance d'être seulement écouté. Un ancien député M. Descubes a récemment tracé dans les lignes suivantes l'image du député sans prestige :

" Quand il a pris place à la tribune, il tire de sa serviette un dossier qu'il étale méthodiquement devant lui et débute avec assurance.

Il se flatte de faire passer dans l'âme des auditeurs la conviction qui l'anime. Il a pesé et repesé ses arguments ; il est tout bourré de chiffres et de preuves ; il est sûr d'avoir raison. Toute résistance, devant l'évidence qu'il apporte, sera vaine. Il commence, confiant dans son bon droit et aussi dans l'attention de ses collègues, qui certainement ne demandent qu'à s'incliner devant la vérité... Il parle, et, tout de suite il est surpris du mouvement de la salle, un peu agacé par le brouhaha qui s'en élève. Comment le silence ne se fait-il pas ? Pourquoi cette inattention générale ? A quoi pensent donc ceux-là qui causent entre eux ? Quel motif si urgent fait quitter sa place à cet autre ? Une inquiétude passe sur son front. Il fronce les sourcils, s'arrête. Encouragé par le président, il repart, haussant la voix. On ne l'en écoute que moins. Il force le ton, il s'agite : le bruit redouble autour de lui. Il ne s'entend plus lui-même, s'arrête encore ; puis, craignant que son silence ne provoque le fâcheux cri de : *Clôture* ! il reprend de plus belle. Le vacarme devient insupportable. "

Lorsque les assemblées parlementaires se trouvent montées à un certain degré d'excitation, elles deviennent identiques aux foules hétérogènes ordinaire, et leurs sentiments présentent par conséquent la particularité d'être toujours extrêmes. On les verra se porter aux plus grands actes d'héroïsme ou aux pires excès. L'individu n'est plus lui-même, et il l'est si peu qu'il votera les mesures les plus contraires à ses intérêts personnels. L'histoire de la Révolution montre à quel point les assemblées peuvent devenir inconscientes et obéir aux suggestions les plus contraires à leurs intérêts. C'était un sacrifice énorme pour la noblesse de renoncer à ses privilèges, et pourtant, dans une nuit célèbre de la Constituante, elle le fit sans hésiter. C'était une menace permanente de mort pour les conventionnels de renoncer à leur inviolabilité, et pourtant ils le firent et ne craignirent pas de se décimer réciproquement, sachant bien cependant que l'échafaud où ils envoyaient aujourd'hui des collègues leur était réservé demain. Mais ils étaient arrivés à ce degré d'automatisme complet que j'ai décrit, et aucune considération ne pouvait les empêcher de céder aux suggestions qui les hypnotisaient. Le passage suivant des mémoires de l'un d'eux, Billaud-Varennes, est absolument typique sur ce point : " Les décisions que l'on nous reproche tant, dit-il, *nous ne les voulions pas le plus souvent deux jours, un jour auparavant : la crise seule les suscitait.* " Rien n'est plus juste.

Les mêmes phénomènes d'inconscience se manifestèrent pendant toutes les séances orageuses de la Convention.

" Ils approuvent et décrètent, dit Taine, ce dont ils ont horreur, non seulement les sottises et les folies, mais les crimes, le meurtre des innocents, le meurtre de leur amis. A l'unanimité et avec les plus vifs applaudissements, la gauche, réunie à la droite, envoie à l'échafaud Danton, son chef naturel, le grand promoteur et conducteur de la Révolution. À l'unanimité et avec les plus grands applaudissements, la droite, réunie à la gauche, vote les pires décrets du gouvernement révolutionnaire. A l'unanimité, et avec des cris d'admiration et d'enthousiasme, avec des témoignages de sympathie passionnée pour Collot d'Herbois, pour Couthon et pour Robespierre, la Convention, par des réélections spontanées et multiples, maintient en place le gouvernement homicide que la Plaine déteste parce qu'il est homicide, et que la Montagne déteste parce qu'il la décime. Plaine et Montagne, la majorité et la minorité finissent par consentir à aider à leur propre suicide. Le 22 prairial, la Convention tout entière a tendu la gorge ; le 8 thermidor, pendant le premier quart d'heure qui a suivi le discours de Robespierre, elle l'a tendue encore. "

Le tableau peut paraître sombre. Il est exact pourtant. Les assemblées parlementaires suffisamment excitées et hypnotisées présentent les mêmes caractères. Elles deviennent un troupeau mobile obéissant à toutes les impulsions. La description suivante de l'assemblée de 1848, due à un parlementaire dont on ne suspectera pas la foi démocratique, M. Spuller, et que je reproduis d'après la *Revue littéraire,* est bien typique. On y retrouve tous les sentiments exagérés que j'ai décrits dans les foules, et cette mobilité excessive qui permet de passer d'un instant à l'autre par la gamme des sentiments les plus contraires.

" Les divisions, les jalousies, les soupçons, et tour à tour la confiance aveugle et les espoirs illimités ont conduit le parti républicain à sa perte. Sa naïveté et sa candeur n'avaient d'égale que sa défiance universelle. Aucun sens de la légalité, nulle intelligence de la discipline : des terreurs et des illusions sans bornes : le paysan et l'enfant se rencontrent en ce point. Leur calme rivalise avec leur impatience. Leur sauvagerie est pareille à leur docilité. C'est le propre d'un tempérament qui n'est point fait et d'une éducation absente. Bien ne les étonne et tout les déconcerte. Tremblants, peureux, intrépides, héroïques, ils se jetteront à travers les flammes et ils reculeront devant une ombre.

" Ils ne connaissent point les effets et les rapports des choses. Aussi prompts aux découragements qu'aux exaltations, sujets à toutes les paniques, toujours trop haut ou trop bas, jamais au degré qu'il faut et dans la mesure qui convient. Plus fluides que l'eau, ils reflètent toutes les couleurs et prennent toutes les formes. Quelle base de gouvernement pouvait-on espérer d'asseoir en eux ? "

Il s'en faut de beaucoup heureusement que tous les caractères que nous venons de décrire dans les assemblées parlementaires se manifestent constamment. Elles ne sont foules qu'à certains moments. Les individus qui les composent arrivent à garder leur individualité dans un grand nombre de cas ; et c'est pourquoi une assemblée peut élaborer des lois techniques excellentes. Ces lois ont, il est vrai, pour auteur un homme spécial qui les a préparées dans le silence du cabinet ; et la loi votée est en réalité l'œuvre d'un individu, et non plus celle d'une assemblée. Ce sont naturellement ces lois qui sont les meilleures. Elles ne deviennent désastreuses que lorsqu'une série d'amendements malheureux les rendent collectives. L'œuvre d'une foule est partout et toujours inférieure à celle d'un individu isolé. Ce sont les spécialistes qui sauvent les assemblées des mesures trop désordonnées et trop inexpérimentées. Le spécialiste est alors un meneur momentané. L'assemblée n'agit pas sur lui et il agit sur elle. Malgré toutes les difficultés de leur fonctionnement, les assemblées parlementaires représentent ce que les peuples ont encore trouvé de meilleur pour se gouverner et surtout pour se soustraire le plus possible au joug des tyrannies personnelles. Elles sont certainement l'idéal d'un gouvernement, au moins pour les philosophes, les penseurs, les écrivains, les artistes et les savants, en un mot pour tout ce qui constitue le sommet d'une civilisation.

En fait, d'ailleurs, elles ne présentent que deux dangers sérieux, l'un est un gaspillage forcé des finances, l'autre une restriction progressive des libertés individuelles. Le premier de ces dangers est la conséquence forcée des exigences et de l'imprévoyance des foules électorales. Qu'un membre d'une assemblée propose une mesure donnant une satisfaction apparente à des idées démocratiques, telle qu'assurer, par exemple, des retraites à tous les ouvriers, augmenter le traitement des cantonniers, des instituteurs, etc., les autres députés, suggestionnés par la crainte des électeurs, n'oseront pas avoir l'air de dédaigner les intérêts de ces derniers en repoussant la mesure proposée, bien que sachant qu'elle grèvera lourdement le budget et nécessitera la création de nouveaux impôts. Hésiter dans le vote leur est impossible. Les conséquences de l'accroissement des dépenses sont lointaines et sans résultats bien fâcheux pour eux, alors que les conséquences d'un vote négatif pourraient apparaître clairement le jour prochain où il faudra se représenter devant l'électeur. À côté de cette première cause d'exagération des dépenses il en est une autre, non moins impérative obligation d'accorder toutes les dépenses d'intérêt purement local. Un député ne saurait s'y opposer, parce qu'elles représentent encore des exigences d'électeurs, et que chaque député ne peut obtenir ce dont il a besoin pour sa circonscription qu'à la condition de céder aux demandes analogues de ses collègues [27].

---

[27] Dans son numéro du 6 avril 1895, *l'Economiste* faisait une revue curieuse de ce que peuvent coûter en une année ces dépenses d'intérêt purement électoral, notamment celles des chemins de fer. Pour relier Langayes (ville de 3.000 habitants), juchée sur une montagne, au Puy, vote d'un chemin de fer qui coûtera 15 millions. Pour relier Beaumont (3.500 habitants) à Castel-Sarrazin, 7 millions. Pour relier le village de Oust (523 habitants) à celui de Seix (1.200 habitants) 7 millions. Pour relier Prades à la bourgade d'Olette (717 habitants), 6 millions, etc. Rien que pour 1895, 90 millions de voies ferrées dépourvues de tout intérêt général ont été votés. D'autres dépenses de nécessités également électorales ne sont pas moins importantes. La loi sur les retraites ouvrières coûtera bientôt un minimum annuel de 165 millions d'après le ministre des finances, et de 800 millions suivant l'académicien Leroy-Beaulieu. Évidemment la progression continue de telles dépenses a forcément cour issue la faillite. Beaucoup de pays en Europe : le Portugal, la Grèce, l'Espagne, la Turquie, y sont arrivés ; d'autres vont y être acculés bientôt ; mais il ne faut pas trop s'en préoccuper, puisque le public a successivement accepté sans grandes protestations des réductions des quatre cinquièmes dans le paiement des coupons par divers pays. Ces ingénieuses faillites permettent alors de remettre instantanément les budgets avariés en équilibre. Les guerres, le socialisme, les luttes économiques nous

Le second des dangers mentionnés plus haut, la restriction forcée des libertés par les assemblées parlementaires, moins visible en apparence est cependant fort réel. Il est la conséquence des innombrables lois, toujours restrictives, dont les parlements, avec leur esprit simpliste, voient mal les conséquences, et qu'ils se croient obligés de voter. Il faut que ce danger soit bien inévitable, puisque l'Angleterre elle-même, qui offre assurément le type le plus parfait du régime parlementaire, celui où le représentant est le plus indépendant de son électeur, n'a pas réussi à s'y soustraire. Herbert Spencer, dans un travail déjà ancien, avait montré que l'accroissement de la liberté apparente devait être suivi d'une diminution de la liberté réelle. Reprenant la même thèse dans son livre récent, *l'Individu contre l'État*, il s'exprime ainsi au sujet du parlement anglais :

" Depuis cette époque la législation a suivi le cours que j'indiquais. Des mesures dictatoriales, se multipliant rapidement, ont continuellement tendu à restreindre les libertés individuelles, et cela de deux manières : des réglementations ont été établies, chaque année en plus grand nombre, qui imposent une contrainte au citoyen là où ses actes étaient auparavant complètement libres, et le forcent à accomplir des actes qu'il pouvait auparavant accomplir ou ne pas accomplir, à volonté. En même temps des charges publiques, de plus en plus lourdes, surtout locales, ont restreint davantage sa liberté en diminuant cette portion de ses profits qu'il peut dépenser à sa guise, et en augmentant la portion qui lui est enlevée pour être dépensée selon le bon plaisir des agents publics. "

Cette restriction progressive des libertés se manifeste pour tous les pays sous une forme spéciale, que Herbert Spencer n'a pas indiquée, et qui est celle-ci : La création de ces séries innombrables de mesures législatives, toutes généralement d'ordre restrictif, conduit nécessairement à augmenter le nombre, le pouvoir et l'influence des fonctionnaires chargés de les appliquer. Ils tendent ainsi

préparent d'ailleurs de bien autres catastrophes, et à l'époque de désagrégation universelle où nous sommes entrés, il faut se résigner à vivre au jour le jour sans trop se soucier de lendemains qui nous échappent.

progressivement à devenir les véritables maîtres des pays civilisés. Leur puissance est d'autant plus grande, que, dans les incessants changements de pouvoir, la caste administrative est la seule qui échappe à ces changements, la seule qui possède l'irresponsabilité, l'impersonnalité et la perpétuité. Or, de tous les despotismes, il n'en est pas de plus lourds que ceux qui se présentent sous cette triple forme. Cette création incessante de lois et de règlements restrictifs entourant des formalités les plus byzantines les moindres actes de la vie, a pour résultat fatal de rétrécir de plus en plus la sphère dans laquelle les citoyens peuvent se mouvoir librement. Victimes de cette illusion qu'en multipliant les lois l'égalité et la liberté se trouvent mieux assurées, les peuples acceptent chaque jour de plus pesantes entraves. Ce n'est pas impunément qu'ils les acceptent. Habitués à supporter tous les jougs, ils finissent bientôt par les rechercher, et arrivent à perdre toute spontanéité et toute énergie. Ils ne sont plus alors que des ombres vaines, des automates passifs,. sans volonté, sans résistance et sans force. Mais alors les ressorts que l'homme ne trouve plus en lui-même, il est bien forcé de les chercher hors de lui-même. Avec l'indifférence et l'impuissance croissantes des citoyens, le rôle des gouvernements est obligé de grandir encore. Ce sont eux qui doivent avoir forcément l'esprit d'initiative, d'entreprise et de conduite que les particuliers n'ont plus. Il leur faut tout entreprendre, tout diriger, tout protéger. L'État devient un dieu tout-puissant. Mais l'expérience enseigne que le pouvoir de tels dieux ne fut jamais ni bien durable, ni bien fort. Cette restriction progressive de toutes les libertés chez certains peuples, malgré une licence extérieure qui leur donne l'illusion de les posséder, semble être une conséquence de leur vieillesse tout autant que celle d'un régime quelconque. Elle constitue un des symptômes précurseurs de cette phase de décadence à laquelle aucune civilisation n'a pu échapper jusqu'ici. Si l'on en juge par les enseignements du passé et par des symptômes qui éclatent de toutes parts, plusieurs de nos civilisations modernes sont arrivées à cette phase d'extrême vieillesse qui précède la décadence. Il semble que des phases identiques soient fatales pour tous les peuples, puisque l'on voit si souvent l'histoire en répéter le cours. Ces phases d'évolution générale des civilisations, il est facile de les marquer sommairement, et c'est avec leur résumé que se terminera notre ouvrage. Si nous envisageons dans leurs grandes lignes la genèse de la grandeur et de la décadence des civilisations qui ont précédé la nôtre, que voyons-nous ? A l'aurore de ces civilisations une poussière d'hommes, d'origines variées, réunie par les hasards des migrations, des invasions et des conquêtes. De sangs divers, de langues et de croyances également diverses, ces hommes n'ont de lien commun que la loi à demi reconnue d'un chef. Dans ces agglomérations confuses se retrouvent au plus haut degré les caractères psychologiques des foules. Elles en ont la cohésion momentanée, les héroïsmes, les faiblesses, les impulsions et les violences. Rien n'est stable en elles. Ce sont des barbares. Puis le temps accomplit son oeuvre. L'identité des milieux, la répétition des croisements, les nécessités d'une vie commune, agissent lentement. L'agglomération d'unités dissemblables commence à se fusionner et à former une race, c'est-à-dire un agrégat possédant des caractères et des sentiments communs, que l'hérédité va fixer de plus en plus. La foule est devenue un peuple, et ce peuple va pouvoir sortir de la barbarie. Il n'en sortira tout à fait pourtant que quand, après de longs efforts, des luttes sans cesse répétées et d'innombrables recommencements, il aura acquis un idéal. Peu importe la nature de cet idéal, que ce soit le culte de Rome, la puissance d'Athènes ou le triomphe d'Allah, il suffira pour donner à tous les individus de la race en voie de formation une parfaite unité de sentiments et de pensées. C'est alors que peut naître une civilisation nouvelle avec ses institutions, ses croyances et ses arts. Entraînée par son rêve, la race acquerra successivement tout ce qui donne l'éclat, la force et la grandeur. Elle sera foule encore sans doute à certaines heures, mais alors, derrière les caractères mobiles et changeants des foules, se trouvera ce substratum solide, l'âme de la race, qui limite étroitement l'étendue des oscillations d'un peuple et règle le hasard. Mais, après avoir exercé son action créatrice, le temps commence cette oeuvre de destruction à laquelle n'échappent ni les dieux ni les hommes. Arrivée à un certain niveau de puissance et de complexité, la civilisation cesse de grandir, et, dès qu'elle ne grandit plus, elle est condamnée à décliner bientôt. L'heure de la vieillesse va sonner pour elle.

Cette heure inévitable est toujours marquée par l'affaiblissement de l'idéal qui soutenait l'âme de la race. A mesure que cet idéal pâlit, tous les édifices religieux, politiques ou sociaux dont il était l'inspirateur commencent à s'ébranler.

Avec l'évanouissement progressif de son idéal, la race perd de plus en plus ce qui faisait sa cohésion, son unité et sa force. L'individu peut croître en personnalité et en intelligence, mais en même temps aussi l'égoïsme collectif de la race est remplacé par un développement excessif de l'égoïsme individuel accompagné par l'affaissement du caractère et par l'amoindrissement de l'aptitude à l'action. Ce qui formait un peuple, une unité, un bloc, finit par devenir une agglomération d'individus sans cohésion et que maintiennent artificiellement pour quelque temps encore les traditions et les institutions. C'est alors que, divisé par leurs intérêts et leurs aspirations, ne sachant plus se gouverner, les hommes demandent à être dirigés dans leurs moindres actes, et que l'État exerce son influence absorbante. Avec la perte définitive de l'idéal ancien, la race finit par perdre entièrement son âme ; elle n'est plus qu'une poussière d'individus isolés et redevient ce qu'elle était à son point de départ : une foule. Elle en a tous les caractères transitoires sans consistance et sans lendemain. La civilisation n'a plus aucune fixité et est à la merci de tous les hasards. La plèbe est reine et les barbares avancent. La civilisation peut sembler brillante encore parce qu'elle possède la façade extérieure qu'un long passé a créée, mais c'est en réalité un édifice vermoulu que rien ne soutient plus et qui s'effondrera au premier orage. Passer de la barbarie à la civilisation en poursuivant un rêve, puis décliner et mourir dès que ce rêve a perdu sa force, tel est le cycle de la vie d'un peuple.

Fin

Gustave Le Bon

THE CROWD A STUDY OF THE POPULAR MIND
(Gustave Le Bon 1896)

Gustave Le Bon

Psychologie des foules / Psychology of crowds

Introduction

The following work is devoted to an account of the characteristics of crowds. The whole of the common characteristics with which heredity endows the individuals of a race constitute the genius of the race. When, however, a certain number of these individuals are gathered together in a crowd for purposes of action, observation proves that, from the mere fact of their being assembled, there result certain new psychological characteristics, which are added to the racial characteristics and differ from them at times to a very considerable degree. Organised crowds have always played an important part in the life of peoples, but this part has never been of such moment as at present. The substitution of the unconscious action of crowds for the conscious activity of individuals is one of the principal characteristics of the present age. I have endeavoured to examine the difficult problem presented by crowds in a purely scientific manner—that is, by making an effort to proceed with method, and without being influenced by opinions, theories, and doctrines. This, I believe, is the only mode of arriving at the discovery of some few particles of truth, especially when dealing, as is the case here, with a question that is the subject of impassioned controversy. A man of science bent on verifying a phenomenon is not called upon to concern himself with the interests his verifications may hurt. In a recent publication an eminent thinker, M. Goblet d'Alviela, made the remark that, belonging to none of the contemporary schools, I am occasionally found in opposition of sundry of the conclusions of all of them. I hope this new work will merit a similar observation. To belong to a school is necessarily to espouse its prejudices and preconceived opinions. Still I should explain to the reader why he will find me draw conclusions from my investigations which it might be thought at first sight they do not bear; why, for instance, after noting the extreme mental inferiority of crowds, picked assemblies included, I yet affirm it would be dangerous to meddle with their organisation, notwithstanding this inferiority.

The reason is, that the most attentive observation of the facts of history has invariably demonstrated to me that social organisms being every whit as complicated as those of all beings, it is in no wise in our power to force them to undergo on a sudden far-reaching transformations. Nature has recourse at times to radical measures, but never after our fashion, which explains how it is that nothing is more fatal to a people than the mania for great reforms, however excellent these reforms may appear theoretically. They would only be useful were it possible to change instantaneously the genius of nations. This power, however, is only possessed by time. Men are ruled by ideas, sentiments, and customs—matters which are of the essence of ourselves. Institutions and laws are the outward manifestation of our character, the expression of its needs. Being its outcome, institutions and laws cannot change this character.

The study of social phenomena cannot be separated from that of the peoples among whom they have come into existence. From the philosophic point of view these phenomena may have an absolute value; in practice they have only a relative value.

It is necessary, in consequence, when studying a social phenomenon, to consider it successively under two very different aspects. It will then be seen that the teachings of pure reason are very often contrary to those of practical reason. There are scarcely any data, even physical, to which this distinction is not applicable. From the point of view of absolute truth a cube or a circle are invariable geometrical figures, rigorously defined by certain formulas. From the point of view of the impression they make on our eye these geometrical figures may assume very varied shapes. By perspective the cube may be transformed into a pyramid or a square, the circle into an ellipse or a straight line.

Moreover, the consideration of these fictitious shapes is far more important than that of the real shapes, for it is they and they alone that we see and that can be reproduced by photography or in pictures. In certain cases there is more truth in the unreal than in the real. To present objects with their exact geometrical forms would be to distort nature and render it unrecognisable. If we imagine a world whose inhabitants could only copy or photograph objects, but were unable to touch them, it would be very difficult for such persons to attain to an exact idea of their form. Moreover, the knowledge of this form, accessible only to a small number of learned men, would present but a very minor interest. The philosopher who studies social phenomena should bear in mind that side by side with their theoretical value they possess a practical value, and that this latter, so far as the evolution of civilisation is concerned, is alone of importance. The recognition of this fact should render him very circumspect with regard to the conclusions that logic would seem at first to enforce upon him. There are other motives that dictate to him a like reserve. The complexity of social facts is such, that it is impossible to grasp them as a whole and to foresee the effects of their reciprocal influence. It seems, too, that behind the visible facts are hidden at times thousands of invisible causes. Visible social phenomena appear to be the result of an immense, unconscious working, that as a rule is beyond the reach of our analysis. Perceptible phenomena may be compared to the waves, which are the expression on the surface of the ocean of deep-lying disturbances of which we know nothing. So far as the majority of their acts are considered, crowds display a singularly inferior mentality; yet there are other acts in which they appear to be guided by those mysterious forces which the ancients denominated destiny, nature, or providence, which we call the voices of the dead, and whose power it is impossible to overlook, although we ignore their essence. It would seem, at times, as if there were latent forces in the inner being of nations which serve to guide them. What, for instance, can be more complicated, more logical, more marvellous than a language? Yet whence can this admirably organised production have arisen, except it be the outcome of the unconscious genius of crowds? The most learned academics, the most esteemed grammarians can do no more than note down the laws that govern languages; they would be utterly incapable of creating them. Even with respect to the ideas of great men are we certain that they are exclusively the offspring of their brains? No doubt such ideas are always created by solitary minds, but is it not the genius of crowds that has furnished the thousands of grains of dust forming the soil in which they have sprung up?

Crowds, doubtless, are always unconscious, but this very unconsciousness is perhaps one of the secrets of their strength. In the natural world beings exclusively governed by instinct accomplish acts whose marvellous complexity astounds us. Reason is an attribute of humanity of too recent date and still too imperfect to reveal to us the laws of the unconscious, and still more to take its place. The part played by the unconscious in all our acts is immense, and that played by reason very small. The unconscious acts like a force still unknown. If we wish, then, to remain within the narrow but safe limits within which science can attain to knowledge, and not to wander in the domain of vague conjecture and vain hypothesis, all we must do is simply to take note of such phenomena as are accessible to us, and confine ourselves to their consideration. Every conclusion drawn from our observation is, as a rule, premature, for behind the phenomena which we see clearly are other phenomena that we see indistinctly, and perhaps behind these latter, yet others which we do not see at all.

INTRODUCTION. THE ERA OF CROWDS.

The evolution of the present age—The great changes in civilisation are the consequence of changes in National thought—Modern belief in the power of crowds—It transforms the traditional policy of the European states—How the rise of the popular classes comes about, and the manner in which they exercise their power—The necessary consequences of the power of the crowd—Crowds unable to play a part other than destructive—The dissolution of worn-out civilisations is the work of the crowd—General ignorance of the psychology of crowds—Importance of the study of crowds for legislators and statesmen.

The great upheavals which precede changes of civilisations such as the fall of the Roman Empire and the foundation of the Arabian Empire, seem at first sight determined more especially by political transformations, foreign invasion, or the overthrow of dynasties. But a more attentive study of these events shows that behind their apparent causes the real cause is generally seen to be a profound modification in the ideas of the peoples. The true historical upheavals are not those which astonish us by their grandeur and violence. The only important changes whence the renewal of civilisations results, affect ideas, conceptions, and beliefs. The memorable events of history are the visible effects of the invisible changes of human thought. The reason these great events are so rare is that there is nothing so stable in a race as the inherited groundwork of its thoughts. The present epoch is one of these critical moments in which the thought of mankind is undergoing a process of transformation. Two fundamental factors are at the base of this transformation. The first is the destruction of those religious, political, and social beliefs in which all the elements of our civilisation are rooted. The second is the creation of entirely new conditions of existence and thought as the result of modern scientific and industrial discoveries. The ideas of the past, although half destroyed, being still very powerful, and the ideas which are to replace them being still in process of formation, the modern age represents a period of transition and anarchy. It is not easy to say as yet what will one day be evolved from this necessarily somewhat chaotic period. What will be the fundamental ideas on which the societies that are to succeed our own will be built up? We do not at present know. Still it is already clear that on whatever lines the societies of the future are organised, they will have to count with a new power, with the last surviving sovereign force of modern times, the power of crowds. On the ruins of so many ideas formerly considered beyond discussion, and to-day decayed or decaying, of so many sources of authority that successive revolutions have destroyed, this power, which alone has arisen in their stead, seems soon destined to absorb the others. While all our ancient beliefs are tottering and disappearing, while the old pillars of society are giving way one by one, the power of the crowd is the only force that nothing menaces, and of which the prestige is continually on the increase. The age we are about to enter will in truth be the ERA OF CROWDS.

Scarcely a century ago the traditional policy of European states and the rivalries of sovereigns were the principal factors that shaped events. The opinion of the masses scarcely counted, and most frequently indeed did not count at all. To-day it is the traditions which used to obtain in politics, and the individual tendencies and rivalries of rulers which do not count; while, on the contrary, the voice of the masses has become preponderant. It is this voice that dictates their conduct to kings, whose endeavour is to take note of its utterances. The destinies of nations are elaborated at present in the heart of the masses, and no longer in the councils of princes. The entry of the popular classes into political life—that is to say, in reality, their progressive transformation into governing classes—is one of the most striking characteristics of our epoch of transition. The introduction of universal suffrage, which exercised for a long time but little influence, is not, as might be thought, the distinguishing feature of this transference of political power. The progressive growth of the power of the masses took place at first by the propagation of certain ideas, which have slowly implanted themselves in men's minds, and afterwards by the gradual association of individuals bent on bringing about the realisation of theoretical conceptions. It is by association that crowds have come to procure ideas with respect to their interests which are very clearly defined if not particularly just, and have arrived at a consciousness of their strength. The masses are founding syndicates before which the authorities capitulate one after the other; they are also founding labour unions, which in spite of all economic laws tend to regulate the conditions of labour and wages. They return to assemblies in which the Government is vested, representatives utterly lacking initiative and independence, and reduced most often to nothing else than the spokesmen of the committees that have chosen them.

To-day the claims of the masses are becoming more and more sharply defined, and amount to nothing less than a determination to utterly destroy society as it now exists, with a view to making it hark back to that primitive communism which was the normal condition of all human groups before the dawn of civilisation. Limitations of the hours of labour, the nationalisation of mines, railways, factories, and the soil, the equal distribution of all products, the elimination of all the upper classes for the benefit of the popular classes, &c., such are these claims. Little adapted to reasoning, crowds, on the contrary, are quick to act. As the result of their present organisation their strength has become immense. The dogmas whose birth we are witnessing will soon have the force of the old dogmas; that is to say, the tyrannical and sovereign force of being above discussion.

The divine right of the masses is about to replace the divine right of kings.

The writers who enjoy the favour of our middle classes, those who best represent their rather narrow ideas, their somewhat prescribed views, their rather superficial scepticism, and their at times somewhat excessive egoism, display profound alarm at this new power which they see growing; and to combat the disorder in men's minds they are addressing despairing appeals to those moral forces of the Church for which they formerly professed so much disdain. They talk to us of the bankruptcy of science, go back in penitence to Rome, and remind us of the teachings of revealed truth. These new converts forget that it is too late. Had they been really touched by grace, a like operation could not have the same influence on minds less concerned with the preoccupations which beset these recent adherents to religion. The masses repudiate to-day the gods which their admonishers repudiated yesterday and helped to destroy. There is no power, Divine or human, that can oblige a stream to flow back to its source. There has been no bankruptcy of science, and science has had no share in the present intellectual anarchy, nor in the making of the new power which is springing up in the midst of this anarchy. Science promised us truth, or at least a knowledge of such relations as our intelligence can seize: it never promised us peace or happiness. Sovereignly indifferent to our feelings, it is deaf to our lamentations. It is for us to endeavour to live with science, since nothing can bring back the illusions it has destroyed.

Universal symptoms, visible in all nations, show us the rapid growth of the power of crowds, and do not admit of our supposing that it is destined to cease growing at an early date. Whatever fate it may reserve for us, we shall have to submit to it. All reasoning against it is a mere vain war of words. Certainly it is possible that the advent to power of the masses marks one of the last stages of Western civilisation, a complete return to those periods of confused anarchy which seem always destined to precede the birth of every new society. But may this result be prevented?

Up to now these thoroughgoing destructions of a worn-out civilisation have constituted the most obvious task of the masses. It is not indeed to-day merely that this can be traced. History tells us, that from the moment when the moral forces on which a civilisation rested have lost their strength, its final dissolution is brought about by those unconscious and brutal crowds known, justifiably enough, as barbarians. Civilisations as yet have only been created and directed by a small intellectual aristocracy, never by crowds. Crowds are only powerful for destruction. Their rule is always tantamount to a barbarian phase. A civilisation involves fixed rules, discipline, a passing from the instinctive to the rational state, forethought for the future, an elevated degree of culture—all of them conditions that crowds, left to themselves, have invariably shown themselves incapable of realising. In consequence of the purely destructive nature of their power crowds act like those microbes which hasten the dissolution of enfeebled or dead bodies. When the structure of a civilisation is rotten, it is always the masses that bring about its downfall. It is at such a juncture that their chief mission is plainly visible, and that for a while the philosophy of number seems the only philosophy of history. Is the same fate in store for our civilisation? There is ground to fear that this is the case, but we are not as yet in a position to be certain of it. However this may be, we are bound to resign ourselves to the reign of the masses, since want of foresight has in succession overthrown all the barriers that might have kept the crowd in check. We have a very slight knowledge of these crowds which are beginning to be the object of so much discussion. Professional students of psychology, having lived far from them, have always ignored them, and when, as of late, they have turned their attention in this direction it has only been to consider the crimes crowds are capable of committing. Without a doubt criminal crowds exist, but virtuous and heroic crowds, and crowds of many other kinds, are also to be met with. The crimes of crowds only constitute a particular phase of their psychology. The mental constitution of crowds is not to be learnt merely by a study of their crimes, any more than that of an individual by a mere description of his vices.

However, in point of fact, all the world's masters, all the founders of religions or empires, the apostles of all beliefs, eminent statesmen, and, in a more modest sphere, the mere chiefs of small groups of men have always been unconscious psychologists, possessed of an instinctive and often very sure knowledge of the character of crowds, and it is their accurate knowledge of this character that has enabled them to so easily establish their mastery. Napoleon had a marvellous insight into the psychology of the masses of the country over which he reigned, but he, at times, completely misunderstood the psychology of crowds belonging to other races;[1] and it is because he thus misunderstood it that he engaged in Spain, and notably in Russia, in conflicts in which his power received blows which were destined within a brief space of time to ruin it. A knowledge of the psychology of crowds is to-day the last resource of the statesman who wishes not to govern them—that is becoming a very difficult matter—but at any rate not to be too much governed by them.

[1] His most subtle advisers, moreover, did not understand this psychology any better. Talleyrand wrote him that "Spain would receive his soldiers as liberators." It received them as beasts of prey. A psychologist acquainted with the hereditary instincts of the Spanish race would have easily foreseen this reception.

Psychologie des foules / Psychology of crowds

It is only by obtaining some sort of insight into the psychology of crowds that it can be understood how slight is the action upon them of laws and institutions, how powerless they are to hold any opinions other than those which are imposed upon them, and that it is not with rules based on theories of pure equity that they are to be led, but by seeking what produces an impression on them and what seduces them. For instance, should a legislator, wishing to impose a new tax, choose that which would be theoretically the most just? By no means. In practice the most unjust may be the best for the masses. Should it at the same time be the least obvious, and apparently the least burdensome, it will be the most easily tolerated. It is for this reason that an indirect tax, however exorbitant it be, will always be accepted by the crowd, because, being paid daily in fractions of a farthing on objects of consumption, it will not interfere with the habits of the crowd, and will pass unperceived. Replace it by a proportional tax on wages or income of any other kind, to be paid in a lump sum, and were this new imposition theoretically ten times less burdensome than the other, it would give rise to unanimous protest. This arises from the fact that a sum relatively high, which will appear immense, and will in consequence strike the imagination, has been substituted for the unperceived fractions of a farthing. The new tax would only appear light had it been saved farthing by farthing, but this economic proceeding involves an amount of foresight of which the masses are incapable.

The example which precedes is of the simplest. Its appositeness will be easily perceived. It did not escape the attention of such a psychologist as Napoleon, but our modern legislators, ignorant as they are of the characteristics of a crowd, are unable to appreciate it. Experience has not taught them as yet to a sufficient degree that men never shape their conduct upon the teaching of pure reason. Many other practical applications might be made of the psychology of crowds. A knowledge of this science throws the most vivid light on a great number of historical and economic phenomena totally incomprehensible without it. I shall have occasion to show that the reason why the most remarkable of modern historians, Taine, has at times so imperfectly understood the events of the great French Revolution is, that it never occurred to him to study the genius of crowds. He took as his guide in the study of this complicated period the descriptive method resorted to by naturalists; but the moral forces are almost absent in the case of the phenomena which naturalists have to study. Yet it is precisely these forces that constitute the true mainsprings of history.

In consequence, merely looked at from its practical side, the study of the psychology of crowds deserved to be attempted. Were its interest that resulting from pure curiosity only, it would still merit attention. It is as interesting to decipher the motives of the actions of men as to determine the characteristics of a mineral or a plant. Our study of the genius of crowds can merely be a brief synthesis, a simple summary of our investigations. Nothing more must be demanded of it than a few suggestive views. Others will work the ground more thoroughly. To-day we only touch the surface of a still almost virgin soil.

BOOK I
THE MIND OF CROWDS

Gustave Le Bon

CHAPTER I

GENERAL CHARACTERISTICS OF CROWDS.—PSYCHOLOGICAL LAW OF THEIR MENTAL UNITY.

What constitutes a crowd from the psychological point of view— A numerically strong agglomeration of individuals does not suffice to form a crowd—Special characteristics of psychological crowds—The turning in a fixed direction of the ideas and sentiments of individuals composing such a crowd, and the disappearance of their personality—The crowd is always dominated by considerations of which it is unconscious—The disappearance of brain activity and the predominance of medullar activity—The lowering of the intelligence and the complete transformation of the sentiments—The transformed sentiments may be better or worse than those of the individuals of which the crowd is composed—A crowd is as easily heroic as criminal. In its ordinary sense the word "crowd" means a gathering of individuals of whatever nationality, profession, or sex, and whatever be the chances that have brought them together. From the psychological point of view the expression "crowd" assumes quite a different signification. Under certain given circumstances, and only under those circumstances, an agglomeration of men presents new characteristics very different from those of the individuals composing it. The sentiments and ideas of all the persons in the gathering take one and the same direction, and their conscious personality vanishes. A collective mind is formed, doubtless transitory, but presenting very clearly defined characteristics. The gathering has thus become what, in the absence of a better expression, I will call an organised crowd, or, if the term is considered preferable, a psychological crowd. It forms a single being, and is subjected to the LAW OF THE MENTAL UNITY OF CROWDS. It is evident that it is not by the mere fact of a number of individuals finding themselves accidentally side by side that they acquire the character of an organised crowd. A thousand individuals accidentally gathered in a public place without any determined object in no way constitute a crowd from the psychological point of view. To acquire the special characteristics of such a crowd, the influence is necessary of certain predisposing causes of which we shall have to determine the nature. The disappearance of conscious personality and the turning of feelings and thoughts in a definite direction, which are the primary characteristics of a crowd about to become organised, do not always involve the simultaneous presence of a number of individuals on one spot. Thousands of isolated individuals may acquire at certain moments, and under the influence of certain violent emotions—such, for example, as a great national event—the characteristics of a psychological crowd. It will be sufficient in that case that a mere chance should bring them together for their acts to at once assume the characteristics peculiar to the acts of a crowd. At certain moments half a dozen men might constitute a psychological crowd, which may not happen in the case of hundreds of men gathered together by accident. On the other hand, an entire nation, though there may be no visible agglomeration, may become a crowd under the action of certain influences. A psychological crowd once constituted, it acquires certain provisional but determinable general characteristics. To these general characteristics there are adjoined particular characteristics which vary according to the elements of which the crowd is composed, and may modify its mental constitution. Psychological crowds, then, are susceptible of classification; and when we come to occupy ourselves with this matter, we shall see that a heterogeneous crowd—that is, a crowd composed of dissimilar elements—presents certain characteristics in common with homogeneous crowds—that is, with crowds composed of elements more or less akin (sects, castes, and classes)—and side by side with these common characteristics particularities which permit of the two kinds of crowds being differentiated. But before occupying ourselves with the different categories of crowds, we must first of all examine the characteristics common to them all. We shall set to work like the naturalist, who begins by describing the general characteristics common to all the members of a family before concerning himself with the particular characteristics which allow the differentiation of the genera and species that the family includes. It is not easy to describe the mind of crowds with exactness, because its organisation varies not only according to race and composition, but also according to the nature and intensity of the exciting causes to which crowds are subjected. The same difficulty, however, presents itself in the psychological study of an individual. It is only in novels that individuals are found to traverse their whole life with an unvarying character. It is only the uniformity of the environment that creates the apparent uniformity of characters. I have shown elsewhere that all mental constitutions contain possibilities of character which may be manifested in consequence of a sudden change of environment. This explains how it was that among the most savage members of the French Convention were to be found inoffensive citizens who, under ordinary circumstances, would have been peaceable notaries or virtuous magistrates. The storm past, they resumed their normal character of quiet, law-abiding citizens. Napoleon found amongst them his most docile servants. It being impossible to study here all the successive degrees of organisation of crowds, we shall concern ourselves more especially with such crowds as have attained to the phase of complete organisation. In this way we shall see what crowds may become, but not what they invariably are. It is only in this advanced phase of organisation that certain new and special characteristics are superposed on the unvarying and dominant character of the race; then takes place that turning already alluded to of all the feelings and thoughts of the collectivity in an identical direction. It is only under such circumstances, too, that what I have called above the PSYCHOLOGICAL LAW OF THE MENTAL UNITY OF CROWDS comes into play. Among the psychological characteristics of crowds there are some that they may present in common with isolated individuals, and others, on the contrary, which are absolutely peculiar to them and are only to be met with in collectivities. It is these special characteristics that we shall study, first of all, in order to show their importance.

The most striking peculiarity presented by a psychological crowd is the following: Whoever be the individuals that compose it, however like or unlike be their mode of life, their occupations, their character, or their intelligence, the fact that they have been transformed into a crowd puts them in possession of a sort of collective mind which makes them feel, think, and act in a manner quite different from that in which each individual of them would feel, think, and act were he in a state of isolation. There are certain ideas and feelings which do not come into being, or do not transform themselves into acts except in the case of individuals forming a crowd. The psychological crowd is a provisional being formed of heterogeneous elements, which for a moment are combined, exactly as the cells which constitute a living body form by their reunion a new being which displays characteristics very different from those possessed by each of the cells singly.

Contrary to an opinion which one is astonished to find coming from the pen of so acute a philosopher as Herbert Spencer, in the aggregate which constitutes a crowd there is in no sort a summing-up of or an average struck between its elements. What really takes place is a combination followed by the creation of new characteristics, just as in chemistry certain elements, when brought into contact—bases and acids, for example—combine to form a new body possessing properties quite different from those of the bodies that have served to form it. It is easy to prove how much the individual forming part of a crowd differs from the isolated individual, but it is less easy to discover the causes of this difference. To obtain at any rate a glimpse of them it is necessary in the first place to call to mind the truth established by modern psychology, that unconscious phenomena play an altogether preponderating part not only in organic life, but also in the operations of the intelligence. The conscious life of the mind is of small importance in comparison with its unconscious life. The most subtle analyst, the most acute observer, is scarcely successful in discovering more than a very small number of the unconscious motives that determine his conduct. Our conscious acts are the outcome of an unconscious substratum created in the mind in the main by hereditary influences. This substratum consists of the innumerable common characteristics handed down from generation to generation, which constitute the genius of a race. Behind the avowed causes of our acts there undoubtedly lie secret causes that we do not avow, but behind these secret causes there are many others more secret still which we ourselves ignore. The greater part of our daily actions are the result of hidden motives which escape our observation.

It is more especially with respect to those unconscious elements which constitute the genius of a race that all the individuals belonging to it resemble each other, while it is principally in respect to the conscious elements of their character—the fruit of education, and yet more of exceptional hereditary conditions—that they differ from each other. Men the most unlike in the matter of their intelligence possess instincts, passions, and feelings that are very similar. In the case of every thing that belongs to the realm of sentiment—religion, politics, morality, the affections and antipathies, &c.—the most eminent men seldom surpass the standard of the most ordinary individuals. From the intellectual point of view an abyss may exist between a great mathematician and his boot maker, but from the point of view of character the difference is most often slight or non-existent. It is precisely these general qualities of character, governed by forces of which we are unconscious, and possessed by the majority of the normal individuals of a race in much the same degree—it is precisely these qualities, I say, that in crowds become common property. In the collective mind the intellectual aptitudes of the individuals, and in consequence their individuality, are weakened. The heterogeneous is swamped by the homogeneous, and the unconscious qualities obtain the upper hand.

This very fact that crowds possess in common ordinary qualities explains why they can never accomplish acts demanding a high degree of intelligence. The decisions affecting matters of general interest come to by an assembly of men of distinction, but specialists in different walks of life, are not sensibly superior to the decisions that would be adopted by a gathering of imbeciles. The truth is, they can only bring to bear in common on the work in hand those mediocre qualities which are the birthright of every average individual. In crowds it is stupidity and not mother-wit that is accumulated. It is not all the world, as is so often repeated, that has more wit than Voltaire, but assuredly Voltaire that has more wit than all the world, if by "all the world" crowds are to be understood. If the individuals of a crowd confined themselves to putting in common the ordinary qualities of which each of them has his share, there would merely result the striking of an average, and not, as we have said is actually the case, the creation of new characteristics. How is it that these new characteristics are created? This is what we are now to investigate.

Different causes determine the appearance of these characteristics peculiar to crowds, and not possessed by isolated individuals. The first is that the individual forming part of a crowd acquires, solely from numerical considerations, a sentiment of invincible power which allows him to yield to instincts which, had he been alone, he would perforce have kept under restraint. He will be the less disposed to check himself from the consideration that, a crowd being anonymous, and in consequence irresponsible, the sentiment of responsibility which always controls individuals disappears entirely. The second cause, which is contagion, also intervenes to determine the manifestation in crowds of their special characteristics, and at the same time the trend they are to take. Contagion is a phenomenon of which it is easy to establish the presence, but that it is not easy to explain. It must be classed among those phenomena of a hypnotic order, which we shall shortly study. In a crowd every sentiment and act is contagious, and contagious to such a degree that an individual readily sacrifices his personal interest to the collective interest. This is an aptitude very contrary to his nature, and of which a man is scarcely capable, except when he makes part of a crowd. A third cause, and by far the most important, determines in the individuals of a crowd special characteristics which are quite contrary at times to those presented by the isolated individual. I allude to that suggestibility of which, moreover, the contagion mentioned above is neither more nor less than an effect. To understand this phenomenon it is necessary to bear in mind certain recent physiological discoveries. We know to-day that by various processes an individual may be brought into such a condition that, having entirely lost his conscious personality, he obeys all the suggestions of the operator who has deprived him of it, and commits acts in utter contradiction with his character and habits. The most careful observations seem to prove that an individual immerged for some length of time in a crowd in action soon finds himself—either in consequence of the magnetic influence given out by the crowd, or from some other cause of which we are ignorant—in a special state, which much resembles the state of fascination in which the hypnotised individual finds himself in the hands of the hypnotiser. The activity of the brain being paralysed in the case of the hypnotised subject, the latter becomes the slave of all the unconscious activities of his spinal cord, which the hypnotiser directs at will. The conscious personality has entirely vanished; will and discernment are lost. All feelings and thoughts are bent in the direction determined by the hypnotiser.

Such also is approximately the state of the individual forming part of a psychological crowd. He is no longer conscious of his acts. In his case, as in the case of the hypnotised subject, at the same time that certain faculties are destroyed, others may be brought to a high degree of exaltation. Under the influence of a suggestion, he will undertake the accomplishment of certain acts with irresistible impetuosity. This impetuosity is the more irresistible in the case of crowds than in that of the hypnotised subject, from the fact that, the suggestion being the same for all the individuals of the crowd, it gains in strength by reciprocity. The individualities in the crowd who might possess a personality sufficiently strong to resist the suggestion are too few in number to struggle against the current. At the utmost, they may be able to attempt a diversion by means of different suggestions. It is in this way, for instance, that a happy expression, an image opportunely evoked, have occasionally deterred crowds from the most bloodthirsty acts.

We see, then, that the disappearance of the conscious personality, the predominance of the unconscious personality, the turning by means of suggestion and contagion of feelings and ideas in an identical direction, the tendency to immediately transform the suggested ideas into acts; these, we see, are the principal characteristics of the individual forming part of a crowd. He is no longer himself, but has become an automaton who has ceased to be guided by his will. Moreover, by the mere fact that he forms part of an organised crowd, a man descends several rungs in the ladder of civilisation. Isolated, he may be a cultivated individual; in a crowd, he is a barbarian—that is, a creature acting by instinct. He possesses the spontaneity, the violence, the ferocity, and also the enthusiasm and heroism of primitive beings, whom he further tends to resemble by the facility with which he allows himself to be impressed by words and images—which would be entirely without action on each of the isolated individuals composing the crowd—and to be induced to commit acts contrary to his most obvious interests and his best-known habits. An individual in a crowd is a grain of sand amid other grains of sand, which the wind stirs up at will.

It is for these reasons that juries are seen to deliver verdicts of which each individual juror would disapprove, that parliamentary assemblies adopt laws and measures of which each of their members would disapprove in his own person.

Taken separately, the men of the Convention were enlightened citizens of peaceful habits. United in a crowd, they did not hesitate to give their adhesion to the most savage proposals, to guillotine individuals most clearly innocent, and, contrary to their interests, to renounce their inviolability and to decimate themselves. It is not only by his acts that the individual in a crowd differs essentially from himself. Even before he has entirely lost his independence, his ideas and feelings have undergone a transformation, and the transformation is so profound as to change the miser into a spendthrift, the sceptic into a believer, the honest man into a criminal, and the coward into a hero. The renunciation of all its privileges which the nobility voted in a moment of enthusiasm during the celebrated night of August 4, 1789, would certainly never have been consented to by any of its members taken singly. The conclusion to be drawn from what precedes is, that the crowd is always intellectually inferior to the isolated individual, but that, from the point of view of feelings and of the acts these feelings provoke, the crowd may, according to circumstances, he better or worse than the individual. All depends on the nature of the suggestion to which the crowd is exposed. This is the point that has been completely misunderstood by writers who have only studied crowds from the criminal point of view. Doubtless a crowd is often criminal, but also it is often heroic. It is crowds rather than isolated individuals that may be induced to run the risk of death to secure the triumph of a creed or an idea, that may be fired with enthusiasm for glory and honour, that are led on—almost without bread and without arms, as in the age of the Crusades—to deliver the tomb of Christ from the infidel, or, as in '93, to defend the fatherland. Such heroism is without doubt somewhat unconscious, but it is of such heroism that history is made. Were peoples only to be credited with the great actions performed in cold blood, the annals of the world would register but few of them.

CHAPTER II

THE SENTIMENTS AND MORALITY OF CROWDS

1. IMPULSIVENESS, MOBILITY, AND IRRITABILITY OF CROWDS. The crowd is at the mercy of all exterior exciting causes, and reflects their incessant variations—The impulses which the crowd obeys are so imperious as to annihilate the feeling of personal interest— Premeditation is absent from crowds—Racial influence. 2. CROWDS ARE CREDULOUS AND READILY INFLUENCED BY SUGGESTION. The obedience of crowds to suggestions—The images evoked in the mind of crowds are accepted by them as realities—Why these images are identical for all the individuals composing a crowd—The equality of the educated and the ignorant man in a crowd—Various examples of the illusions to which the individuals in a crowd are subject—The impossibility of according belief to the testimony of crowds—The unanimity of numerous witnesses is one of the worst proofs that can be invoked to establish a fact—The slight value of works of history. 3. THE EXAGGERATION AND INGENUOUSNESS OF THE SENTIMENTS OF CROWDS. Crowds do not admit doubt or uncertainty, and always go to extremes—Their sentiments always excessive. 4. THE INTOLERANCE, DICTATORIALNESS, AND CONSERVATISM OF CROWDS. The reasons of these sentiments—The servility of crowds in the face of a strong authority The momentary revolutionary instincts of crowds do not prevent them from being extremely conservative—Crowds

instinctively hostile to changes and progress. 5. THE MORALITY OF CROWDS. The morality of crowds, according to the suggestions under which they act, may be much lower or much higher than that of the individuals composing them— Explanation and examples— Crowds rarely guided by those considerations of interest which are most often the exclusive motives of the isolated individual—The moralising role of crowds.

Having indicated in a general way the principal characteristics of crowds, it remains to study these characteristics in detail.

It will be remarked that among the special characteristics of crowds there are several—such as impulsiveness, irritability, incapacity to reason, the absence of judgment and of the critical spirit, the exaggeration of the sentiments, and others besides— which are almost always observed in beings belonging to inferior forms of evolution—in women, savages, and children, for instance. However, I merely indicate this analogy in passing; its demonstration is outside the scope of this work. It would, moreover, be useless for persons acquainted with the psychology of primitive beings, and would scarcely carry conviction to those in ignorance of this matter.

I now proceed to the successive consideration of the different characteristics that may be observed in the majority of crowds.

1. IMPULSIVENESS, MOBILITY, AND IRRITABILITY OF CROWDS.

When studying the fundamental characteristics of a crowd we stated that it is guided almost exclusively by unconscious motives. Its acts are far more under the influence of the spinal cord than of the brain. In this respect a crowd is closely akin to quite primitive beings. The acts performed may be perfect so far as their execution is concerned, but as they are not directed by the brain, the individual conducts himself according as the exciting causes to which he is submitted may happen to decide. A crowd is at the mercy of all external exciting causes, and reflects their incessant variations. It is the slave of the impulses which it receives. The isolated individual may be submitted to the same exciting causes as the man in a crowd, but as his brain shows him the inadvisability of yielding to them, he refrains from yielding. This truth may be physiologically expressed by saying that the isolated individual possesses the capacity of dominating his reflex actions, while a crowd is devoid of this capacity.

The varying impulses to which crowds obey may be, according to their exciting causes, generous or cruel, heroic or cowardly, but they will always be so imperious that the interest of the individual, even the interest of self-preservation, will not dominate them. The exciting causes that may act on crowds being so varied, and crowds always obeying them, crowds are in consequence extremely mobile. This explains how it is that we see them pass in a moment from the most bloodthirsty ferocity to the most extreme generosity and heroism. A crowd may easily enact the part of an executioner, but not less easily that of a martyr. It is crowds that have furnished the torrents of blood requisite for the triumph of every belief. It is not necessary to go back to the heroic ages to see what crowds are capable of in this latter direction. They are never sparing of their life in an insurrection, and not long since a general,[2] becoming suddenly popular, might easily have found a hundred thousand men ready to sacrifice their lives for his cause had he demanded it.

[2] General Boulanger.

Any display of premeditation by crowds is in consequence out of the question. They may be animated in succession by the most contrary sentiments, but they will always be under the influence of the exciting causes of the moment. They are like the leaves which a tempest whirls up and scatters in every direction and then allows to fall. When studying later on certain revolutionary crowds we shall give some examples of the variability of their sentiments. This mobility of crowds renders them very difficult to govern, especially when a measure of public authority has fallen into their hands. Did not the necessities of everyday life constitute a sort of invisible regulator of existence, it would scarcely be possible for democracies to last. Still, though the wishes of crowds are frenzied they are not durable. Crowds are as incapable of willing as of thinking for any length of time.

A crowd is not merely impulsive and mobile. Like a savage, it is not prepared to admit that anything can come between its desire and the realisation of its desire. It is the less capable of understanding such an intervention, in consequence of the feeling of irresistible power given it by its numerical strength. The notion of impossibility disappears for the individual in a crowd. An isolated individual knows well enough that alone he cannot set fire to a palace or loot a shop, and should he be tempted to do so, he will easily resist the temptation. Making part of a crowd, he is conscious of the power given him by number, and it is sufficient to suggest to him ideas of murder or pillage for him to yield immediately to temptation. An unexpected obstacle will be destroyed with frenzied rage. Did the human organism allow of the perpetuity of furious passion, it might be said that the normal condition of a crowd baulked in its wishes is just such a state of furious passion.

The fundamental characteristics of the race, which constitute the unvarying source from which all our sentiments spring, always exert an influence on the irritability of crowds, their impulsiveness and their mobility, as on all the popular sentiments we shall have to study. All crowds are doubtless always irritable and impulsive, but with great variations of degree. For instance, the difference between a Latin and an Anglo-Saxon crowd is striking. The most recent facts in French history throw a vivid light on this point. The mere publication, twenty-five years ago, of a telegram, relating an insult supposed to have been offered an ambassador, was sufficient to determine an explosion of fury, whence followed immediately a terrible war. Some years later the telegraphic announcement of an insignificant reverse at Langson provoked a fresh explosion which brought about the instantaneous overthrow of the government. At the same moment a much more serious reverse undergone by the English expedition to Khartoum produced only a slight emotion in England, and no ministry was overturned. Crowds are everywhere distinguished by feminine characteristics, but Latin crowds are the most feminine of all. Whoever trusts in them may rapidly attain a lofty destiny, but to do so is to be perpetually skirting the brink of a Tarpeian rock, with the certainty of one day being precipitated from it.

2. THE SUGGESTIBILITY AND CREDULITY OF CROWDS.

When defining crowds, we said that one of their general characteristics was an excessive suggestibility, and we have shown to what an extent suggestions are contagious in every human agglomeration; a fact which explains the rapid turning of the sentiments of a crowd in a definite direction. However indifferent it may be supposed, a crowd, as a rule, is in a state of expectant attention, which renders suggestion easy. The first suggestion formulated which arises implants itself immediately by a process of contagion in the brains of all assembled, and the identical bent of the sentiments of the crowd is immediately an accomplished fact.

As is the case with all persons under the influence of suggestion, the idea which has entered the brain tends to transform itself into an act. Whether the act is that of setting fire to a palace, or involves self-sacrifice, a crowd lends itself to it with equal facility. All will depend on the nature of the exciting cause, and no longer, as in the case of the isolated individual, on the relations existing between the act suggested and the sum total of the reasons which may be urged against its realisation.

In consequence, a crowd perpetually hovering on the borderland of unconsciousness, readily yielding to all suggestions, having all the violence of feeling peculiar to beings who cannot appeal to the influence of reason, deprived of all critical faculty, cannot be otherwise than excessively credulous. The improbable does not exist for a crowd, and it is necessary to bear this circumstance well in mind to understand the facility with which are created and propagated the most improbable legends and stories.[3]

---

[3] Persons who went through the siege of Paris saw numerous examples of this credulity of crowds. A candle alight in an upper story was immediately looked upon as a signal given the besiegers, although it was evident, after a moment of reflection, that it was utterly impossible to catch sight of the light of the candle at a distance of several miles.

The creation of the legends which so easily obtain circulation in crowds is not solely the consequence of their extreme credulity. It is also the result of the prodigious perversions that events undergo in the imagination of a throng. The simplest event that comes under the observation of a crowd is soon totally transformed. A crowd thinks in images, and the image itself immediately calls up a series of other images, having no logical connection with the first. We can easily conceive this state by thinking of the fantastic succession of ideas to which we are sometimes led by calling up in our minds any fact. Our reason shows us the incoherence there is in these images, but a crowd is almost blind to this truth, and confuses with the real event what the deforming action of its imagination has superimposed thereon. A crowd scarcely distinguishes between the subjective and the objective. It accepts as real the images evoked in its mind, though they most often have only a very distant relation with the observed fact. The ways in which a crowd perverts any event of which it is a witness ought, it would seem, to be innumerable and unlike each other, since the individuals composing the gathering are of very different temperaments. But this is not the case. As the result of contagion the perversions are of the same kind, and take the same shape in the case of all the assembled individuals.

The first perversion of the truth effected by one of the individuals of the gathering is the starting-point of the contagious suggestion. Before St. George appeared on the walls of Jerusalem to all the Crusaders he was certainly perceived in the first instance by one of those present. By dint of suggestion and contagion the miracle signalised by a single person was immediately accepted by all. Such is always the mechanism of the collective hallucinations so frequent in history— hallucinations which seem to have all the recognised characteristics of authenticity, since they are phenomena observed by thousands of persons. To combat what precedes, the mental quality of the individuals composing a crowd must not be brought into consideration. This quality is without importance. From the moment that they form part of a crowd the learned man and the ignoramus are equally incapable of observation.

This thesis may seem paradoxical. To demonstrate it beyond doubt it would be necessary to investigate a great number of historical facts, and several volumes would be insufficient for the purpose. Still, as I do not wish to leave the reader under the impression of unproved assertions, I shall give him some examples taken at hazard from the immense number of those that might be quoted. The following fact is one of the most typical, because chosen from among collective hallucinations of which a crowd is the victim, in which are to be found individuals of every kind, from the most ignorant to the most highly educated. It is related incidentally by Julian Felix, a naval lieutenant, in his book on "Sea Currents," and has been previously cited by the Revue Scientifique.

The frigate, the Belle Poule, was cruising in the open sea for the purpose of finding the cruiser Le Berceau, from which she had been separated by a violent storm. It was broad daylight and in full sunshine. Suddenly the watch signalled a disabled vessel; the crew looked in the direction signalled, and every one, officers and sailors, clearly perceived a raft covered with men towed by boats which were displaying signals of distress. Yet this was nothing more than a collective hallucination. Admiral Desfosses lowered a boat to go to the rescue of the wrecked sailors. On nearing the object sighted, the sailors and officers on board the boat saw "masses of men in motion, stretching out their hands, and heard the dull and confused noise of a great number of voices." When the object was reached those in the boat found themselves simply and solely in the presence of a few branches of trees covered with leaves that had been swept out from the neighbouring coast. Before evidence so palpable the hallucination vanished.

The mechanism of a collective hallucination of the kind we have explained is clearly seen at work in this example. On the one hand we have a crowd in a state of expectant attention, on the other a suggestion made by the watch signalling a disabled vessel at sea, a suggestion which, by a process of contagion, was accepted by all those present, both officers and sailors. It is not necessary that a crowd should be numerous for the faculty of seeing what is taking place before its eyes to be destroyed and for the real facts to be replaced by hallucinations unrelated to them. As soon as a few individuals are gathered together they constitute a crowd, and, though they should be distinguished men of learning, they assume all the characteristics of crowds with regard to matters outside their speciality. The faculty of observation and the critical spirit possessed by each of them individually at once disappears. An ingenious psychologist, Mr. Davey, supplies us with a very curious example in point, recently cited in the Annales des Sciences Psychiques, and deserving of relation here. Mr. Davey, having convoked a gathering of distinguished observers, among them one of the most prominent of English scientific men, Mr. Wallace, executed in their presence, and after having allowed them to examine the objects and to place seals where they wished, all the regulation spiritualistic phenomena, the materialisation of spirits, writing on slates, &c. Having subsequently obtained from these distinguished observers written reports admitting that the phenomena observed could only have been obtained by supernatural means, he revealed to them that they were the result of very simple tricks. "The most astonishing feature of Monsieur Davey's investigation," writes the author of this account, "is not the marvellousness of the tricks themselves, but the extreme weakness of the reports made with respect to them by the noninitiated witnesses. It is clear, then," he says, "that witnesses even in number may give circumstantial relations which are completely erroneous, but whose result is THAT, IF THEIR DESCRIPTIONS ARE ACCEPTED AS EXACT, the phenomena they describe are inexplicable by trickery. The methods invented by Mr. Davey were so simple that one is astonished that he should have had the boldness to employ them; but he had such a power over the mind of the crowd that he could persuade it that it saw what it did not see." Here, as always, we have the power of the hypnotiser over the hypnotised. Moreover, when this power is seen in action on minds of a superior order and previously invited to be suspicious, it is understandable how easy it is to deceive ordinary crowds.

Analogous examples are innumerable. As I write these lines the papers are full of the story of two little girls found drowned in the Seine. These children, to begin with, were recognised in the most unmistakable manner by half a dozen witnesses. All the affirmations were in such entire concordance that no doubt remained in the mind of the juge d'instruction. He had the certificate of death drawn up, but just as the burial of the children was to have been proceeded with, a mere chance brought about the discovery that the supposed victims were alive, and had, moreover, but a remote resemblance to the drowned girls. As in several of the examples previously cited, the affirmation of the first witness, himself a victim of illusion, had sufficed to influence the other witnesses.

In parallel cases the starting-point of the suggestion is always the illusion produced in an individual by more or less vague reminiscences, contagion following as the result of the affirmation of this initial illusion. If the first observer be very impressionable, it will often be sufficient that the corpse he believes he recognises should present— apart from all real resemblance—some peculiarity, a scar, or some detail of toilet which may evoke the idea of another person. The idea evoked may then become the nucleus of a sort of crystallisation which invades the understanding and paralyses all critical faculty. What the observer then sees is no longer the object itself, but the image evoked in his mind. In this way are to be explained erroneous recognitions of the dead bodies of children by their own mother, as occurred in the following case, already old, but which has been recently recalled by the newspapers. In it are to be traced precisely the two kinds of suggestion of which I have just pointed out the mechanism.

"The child was recognised by another child, who was mistaken. The series of unwarranted recognitions then began.

"An extraordinary thing occurred. The day after a schoolboy had recognised the corpse a woman exclaimed, `Good Heavens, it is my child!'

"She was taken up to the corpse; she examined the clothing, and noted a scar on the forehead. `It is certainly,' she said, `my son who disappeared last July. He has been stolen from me and murdered.'

"The woman was concierge in the Rue du Four; her name was Chavandret. Her brother-in-law was summoned, and when questioned he said, `That is the little Filibert.' Several persons living in the street recognised the child found at La Villette as Filibert Chavandret, among them being the boy's schoolmaster, who based his opinion on a medal worn by the lad.

"Nevertheless, the neighbours, the brother-in-law, the schoolmaster, and the mother were mistaken. Six weeks later the identity of the child was established. The boy, belonging to Bordeaux, had been murdered there and brought by a carrying company to Paris."[4]

[4] L'Eclair, April 21, 1895.

It will be remarked that these recognitions are most often made by women and children—that is to say, by precisely the most impressionable persons. They show us at the same time what is the worth in law courts of such witnesses. As far as children, more especially, are concerned, their statements ought never to be invoked. Magistrates are in the habit of repeating that children do not lie. Did they possess a psychological culture a little less rudimentary than is the case they would know that, on the contrary, children invariably lie; the lie is doubtless innocent, but it is none the less a lie. It would be better to decide the fate of an accused person by the toss of a coin than, as has been so often done, by the evidence of a child.

To return to the faculty of observation possessed by crowds, our conclusion is that their collective observations are as erroneous as possible, and that most often they merely represent the illusion of an individual who, by a process of contagion, has suggestioned his fellows. Facts proving that the most utter mistrust of the evidence of crowds is advisable might be multiplied to any extent. Thousands of men were present twenty-five years ago at the celebrated cavalry charge during the battle of Sedan, and yet it is impossible, in the face of the most contradictory ocular testimony, to decide by whom it was commanded. The English general, Lord Wolseley, has proved in a recent book that up to now the gravest errors of fact have been committed with regard to the most important incidents of the battle of Waterloo—facts that hundreds of witnesses had nevertheless attested.[5]

---

[5] Do we know in the case of one single battle exactly how it took place? I am very doubtful on the point. We know who were the conquerors and the conquered, but this is probably all. What M. D'Harcourt has said with respect to the battle of Solferino, which he witnessed and in which he was personally engaged, may be applied to all battles—"The generals (informed, of course, by the evidence of hundreds of witnesses) forward their official reports; the orderly officers modify these documents and draw up a definite narrative; the chief of the staff raises objections and re-writes the whole on a fresh basis. It is carried to the Marshal, who exclaims, 'You are entirely in error,' and he substitutes a fresh edition. Scarcely anything remains of the original report." M. D'Harcourt relates this fact as proof of the impossibility of establishing the truth in connection with the most striking, the best observed events.

Such facts show us what is the value of the testimony of crowds. Treatises on logic include the unanimity of numerous witnesses in the category of the strongest proofs that can be invoked in support of the exactness of a fact. Yet what we know of the psychology of crowds shows that treatises on logic need on this point to be rewritten. The events with regard to which there exists the most doubt are certainly those which have been observed by the greatest number of persons. To say that a fact has been simultaneously verified by thousands of witnesses is to say, as a rule, that the real fact is very different from the accepted account of it. It clearly results from what precedes that works of history must be considered as works of pure imagination. They are fanciful accounts of ill-observed facts, accompanied by explanations the result of reflection. To write such books is the most absolute waste of time. Had not the past left us its literary, artistic, and monumental works, we should know absolutely nothing in reality with regard to bygone times. Are we in possession of a single word of truth concerning the lives of the great men who have played preponderating parts in the history of humanity—men such as Hercules, Buddha, or Mahomet? In all probability we are not. In point of fact, moreover, their real lives are of slight importance to us. Our interest is to know what our great men were as they are presented by popular legend. It is legendary heroes, and not for a moment real heroes, who have impressed the minds of crowds.

Unfortunately, legends—even although they have been definitely put on record by books—have in themselves no stability. The imagination of the crowd continually transforms them as the result of the lapse of time and especially in consequence of racial causes. There is a great gulf fixed between the sanguinary Jehovah of the Old Testament and the God of Love of Sainte Therese, and the Buddha worshipped in China has no traits in common with that venerated in India.

It is not even necessary that heroes should be separated from us by centuries for their legend to be transformed by the imagination of the crowd. The transformation occasionally takes place within a few years. In our own day we have seen the legend of one of the greatest heroes of history modified several times in less than fifty years. Under the Bourbons Napoleon became a sort of idyllic and liberal philanthropist, a friend of the humble who, according to the poets, was destined to be long remembered in the cottage. Thirty years afterwards this easy-going hero had become a sanguinary despot, who, after having usurped power and destroyed liberty, caused the slaughter of three million men solely to satisfy his ambition. At present we are witnessing a fresh transformation of the legend. When it has undergone the influence of some dozens of centuries the learned men of the future, face to face with these contradictory accounts, will perhaps doubt the very existence of the hero, as some of them now doubt that of Buddha, and will see in him nothing more than a solar myth or a development of the legend of Hercules. They will doubtless console themselves easily for this uncertainty, for, better initiated than we are to-day in the characteristics and psychology of crowds, they will know that history is scarcely capable of preserving the memory of anything except myths.

3. THE EXAGGERATION AND INGENUOUSNESS OF THE SENTIMENTS OF CROWDS.

Whether the feelings exhibited by a crowd be good or bad, they present the double character of being very simple and very exaggerated. On this point, as on so many others, an individual in a crowd resembles primitive beings. Inaccessible to fine distinctions, he sees things as a whole, and is blind to their intermediate phases. The exaggeration of the sentiments of a crowd is heightened by the fact that any feeling when once it is exhibited communicating itself very quickly by a process of suggestion and contagion, the evident approbation of which it is the object considerably increases its force. The simplicity and exaggeration of the sentiments of crowds have for result that a throng knows neither doubt nor uncertainty. Like women, it goes at once to extremes. A suspicion transforms itself as soon as announced into incontrovertible evidence. A commencement of antipathy or disapprobation, which in the case of an isolated individual would not gain strength, becomes at once furious hatred in the case of an individual in a crowd. The violence of the feelings of crowds is also increased, especially in heterogeneous crowds, by the absence of all sense of responsibility. The certainty of impunity, a certainty the stronger as the crowd is more numerous, and the notion of a considerable momentary force due to number, make possible in the case of crowds sentiments and acts impossible for the isolated individual. In crowds the foolish, ignorant, and envious persons are freed from the sense of their insignificance and powerlessness, and are possessed instead by the notion of brutal and temporary but immense strength. Unfortunately, this tendency of crowds towards exaggeration is often brought to bear upon bad sentiments. These sentiments are atavistic residuum of the instincts of the primitive man, which the fear of punishment obliges the isolated and responsible individual to curb. Thus it is that crowds are so easily led into the worst excesses. Still this does not mean that crowds, skilfully influenced, are not capable of heroism and devotion and of evincing the loftiest virtues; they are even more capable of showing these qualities than the isolated individual. We shall soon have occasion to revert to this point when we come to study the morality of crowds.

Given to exaggeration in its feelings, a crowd is only impressed by excessive sentiments. An orator wishing to move a crowd must make an abusive use of violent affirmations. To exaggerate, to affirm, to resort to repetitions, and never to attempt to prove anything by reasoning are methods of argument well known to speakers at public meetings. Moreover, a crowd exacts a like exaggeration in the sentiments of its heroes. Their apparent qualities and virtues must always be amplified. It has been justly remarked that on the stage a crowd demands from the hero of the piece a degree of courage, morality, and virtue that is never to be found in real life. Quite rightly importance has been laid on the special standpoint from which matters are viewed in the theatre. Such a standpoint exists no doubt, but its rules for the most part have nothing to do with common sense and logic. The art of appealing to crowds is no doubt of an inferior order, but it demands quite special aptitudes. It is often impossible on reading plays to explain their success. Managers of theatres when accepting pieces are themselves, as a rule, very uncertain of their success, because to judge the matter it would be necessary that they should be able to transform themselves into a crowd.[6]

[6] It is understandable for this reason why it sometimes happens that pieces refused by all theatrical managers obtain a prodigious success when by a stroke of chance they are put on the stage. The recent success of Francois Coppee's play "Pour la Couronne" is well known, and yet, in spite of the name of its author, it was refused during ten years by the managers of the principal Parisian theatres.

"Charley's Aunt," refused at every theatre, and finally staged at the expense of a stockbroker, has had two hundred representations in France, and more than a thousand in London. Without the explanation given above of the impossibility for theatrical managers to mentally substitute themselves for a crowd, such mistakes in judgment on the part of competent individuals, who are most interested not to commit such grave blunders, would be inexplicable. This is a subject that I cannot deal with here, but it might worthily tempt the pen of a writer acquainted with theatrical matters, and at the same time a subtle psychologist—of such a writer, for instance, as M. Francisque Sarcey.

Here, once more, were we able to embark on more extensive explanations, we should show the preponderating influence of racial considerations. A play which provokes the enthusiasm of the crowd in one country has sometimes no success in another, or has only a partial and conventional success, because it does not put in operation influences capable of working on an altered public. I need not add that the tendency to exaggeration in crowds is only present in the case of sentiments and not at all in the matter of intelligence. I have already shown that, by the mere fact that an individual forms part of a crowd, his intellectual standard is immediately and considerably lowered. A learned magistrate, M. Tarde, has also verified this fact in his researches on the crimes of crowds. It is only, then, with respect to sentiment that crowds can rise to a very high or, on the contrary, descend to a very low level.

4. THE INTOLERANCE, DICTATORIALNESS AND CONSERVATISM OF CROWDS.

Crowds are only cognisant of simple and extreme sentiments; the opinions, ideas, and beliefs suggested to them are accepted or rejected as a whole, and considered as absolute truths or as not less absolute errors. This is always the case with beliefs induced by a process of suggestion instead of engendered by reasoning. Every one is aware of the intolerance that accompanies religious beliefs, and of the despotic empire they exercise on men's minds.

Being in doubt as to what constitutes truth or error, and having, on the other hand, a clear notion of its strength, a crowd is as disposed to give authoritative effect to its inspirations as it is intolerant. An individual may accept contradiction and discussion; a crowd will never do so. At public meetings the slightest contradiction on the part of an orator is immediately received with howls of fury and violent invective, soon followed by blows, and expulsion should the orator stick to his point. Without the restraining presence of the representatives of authority the contradictor, indeed, would often be done to death.

Dictatorialness and intolerance are common to all categories of crowds, but they are met with in a varying degree of intensity. Here, once more, reappears that fundamental notion of race which dominates all the feelings and all the thoughts of men. It is more especially in Latin crowds that authoritativeness and intolerance are found developed in the highest measure. In fact, their development is such in crowds of Latin origin that they have entirely destroyed that sentiment of the independence of the individual so powerful in the Anglo-Saxon. Latin crowds are only concerned with the collective independence of the sect to which they belong, and the characteristic feature of their conception of independence is the need they experience of bringing those who are in disagreement with themselves into immediate and violent subjection to their beliefs. Among the Latin races the Jacobins of every epoch, from those of the Inquisition downwards, have never been able to attain to a different conception of liberty.

Authoritativeness and intolerance are sentiments of which crowds have a very clear notion, which they easily conceive and which they entertain as readily as they put them in practice when once they are imposed upon them. Crowds exhibit a docile respect for force, and are but slightly impressed by kindness, which for them is scarcely other than a form of weakness. Their sympathies have never been bestowed on easy-going masters, but on tyrants who vigorously oppressed them. It is to these latter that they always erect the loftiest statues. It is true that they willingly trample on the despot whom they have stripped of his power, but it is because, having lost his strength, he has resumed his place among the feeble, who are to be despised because they are not to be feared. The type of hero dear to crowds will always have the semblance of a Caesar. His insignia attracts them, his authority overawes them, and his sword instils them with fear.

A crowd is always ready to revolt against a feeble, and to bow down servilely before a strong authority. Should the strength of an authority be intermittent, the crowd, always obedient to its extreme sentiments, passes alternately from anarchy to servitude, and from servitude to anarchy.

However, to believe in the predominance among crowds of revolutionary instincts would be to entirely misconstrue their psychology. It is merely their tendency to violence that deceives us on this point. Their rebellious and destructive outbursts are always very transitory. Crowds are too much governed by unconscious considerations, and too much subject in consequence to secular hereditary influences not to be extremely conservative. Abandoned to themselves, they soon weary of disorder, and instinctively turn to servitude. It was the proudest and most untractable of the Jacobins who acclaimed Bonaparte with greatest energy when he suppressed all liberty and made his hand of iron severely felt.

It is difficult to understand history, and popular revolutions in particular, if one does not take sufficiently into account the profoundly conservative instincts of crowds. They may be desirous, it is true, of changing the names of their institutions, and to obtain these changes they accomplish at times even violent revolutions, but the essence of these institutions is too much the expression of the hereditary needs of the race for them not invariably to abide by it. Their incessant mobility only exerts its influence on quite superficial matters. In fact they possess conservative instincts as indestructible as those of all primitive beings. Their fetish- like respect for all traditions is absolute; their unconscious horror of all novelty capable of changing the essential conditions of their existence is very deeply rooted. Had democracies possessed the power they wield to-day at the time of the invention of mechanical looms or of the introduction of steam-power and of railways, the realisation of these inventions would have been impossible, or would have been achieved at the cost of revolutions and repeated massacres. It is fortunate for the progress of civilisation that the power of crowds only began to exist when the great discoveries of science and industry had already been effected.

5. THE MORALITY OF CROWDS.

Taking the word "morality" to mean constant respect for certain social conventions, and the permanent repression of selfish impulses, it is quite evident that crowds are too impulsive and too mobile to be moral. If, however, we include in the term morality the transitory display of certain qualities such as abnegation, self-sacrifice, disinterestedness, devotion, and the need of equity, we may say, on the contrary, that crowds may exhibit at times a very lofty morality.

The few psychologists who have studied crowds have only considered them from the point of view of their criminal acts, and noticing how frequent these acts are, they have come to the conclusion that the moral standard of crowds is very low.

Doubtless this is often the case; but why? Simply because our savage, destructive instincts are the inheritance left dormant in all of us from the primitive ages. In the life of the isolated individual it would be dangerous for him to gratify these instincts, while his absorption in an irresponsible crowd, in which in consequence he is assured of impunity, gives him entire liberty to follow them. Being unable, in the ordinary course of events, to exercise these destructive instincts on our fellow-men, we confine ourselves to exercising them on animals. The passion, so widespread, for the chase and the acts of ferocity of crowds proceed from one and the same source. A crowd which slowly slaughters a defenceless victim displays a very cowardly ferocity; but for the philosopher this ferocity is very closely related to that of the huntsmen who gather in dozens for the pleasure of taking part in the pursuit and killing of a luckless stag by their hounds.

A crowd may be guilty of murder, incendiarism, and every kind of crime, but it is also capable of very lofty acts of devotion, sacrifice, and disinterestedness, of acts much loftier indeed than those of which the isolated individual is capable. Appeals to sentiments of glory, honour, and patriotism are particularly likely to influence the individual forming part of a crowd, and often to the extent of obtaining from him the sacrifice of his life. History is rich in examples analogous to those furnished by the Crusaders and the volunteers of 1793. Collectivities alone are capable of great disinterestedness and great devotion. How numerous are the crowds that have heroically faced death for beliefs, ideas, and phrases that they scarcely understood! The crowds that go on strike do so far more in obedience to an order than to obtain an increase of the slender salary with which they make shift. Personal interest is very rarely a powerful motive force with crowds, while it is almost the exclusive motive of the conduct of the isolated individual. It is assuredly not self-interest that has guided crowds in so many wars, incomprehensible as a rule to their intelligence—wars in which they have allowed themselves to be massacred as easily as the larks hypnotised by the mirror of the hunter.

Even in the case of absolute scoundrels it often happens that the mere fact of their being in a crowd endows them for the moment with very strict principles of morality. Taine calls attention to the fact that the perpetrators of the September massacres deposited on the table of the committees the pocket-books and jewels they had found on their victims, and with which they could easily have been able to make away. The howling, swarming, ragged crowd which invaded the Tuileries during the revolution of 1848 did not lay hands on any of the objects that excited its astonishment, and one of which would have meant bread for many days.

This moralisation of the individual by the crowd is not certainly a constant rule, but it is a rule frequently observed. It is even observed in circumstances much less grave than those I have just cited. I have remarked that in the theatre a crowd exacts from the hero of the piece exaggerated virtues, and it is a commonplace observation that an assembly, even though composed of inferior elements, shows itself as a rule very prudish. The debauchee, the souteneur, the rough often break out into murmurs at a slightly risky scene or expression, though they be very harmless in comparison with their customary conversation.

If, then, crowds often abandon themselves to low instincts, they also set the example at times of acts of lofty morality. If disinterestedness, resignation, and absolute devotion to a real or chimerical ideal are moral virtues, it may be said that crowds often possess these virtues to a degree rarely attained by the wisest philosophers. Doubtless they practice them unconsciously, but that is of small import. We should not complain too much that crowds are more especially guided by unconscious considerations and are not given to reasoning. Had they, in certain cases, reasoned and consulted their immediate interests, it is possible that no civilisation would have grown up on our planet and humanity would have had no history.

Gustave Le Bon

CHAPTER III

THE IDEAS, REASONING POWER, AND IMAGINATION OF CROWDS

1. THE IDEAS OF CROWDS. Fundamental and accessory ideas— How contradictory ideas may exist simultaneously—The transformation that must be undergone by lofty ideas before they are accessible to crowds— The social influence of ideas is independent of the degree of truth they may contain. 2. THE REASONING POWER OF CROWDS. Crowds are not to be influenced by reasoning—The reasoning of crowds is always of a very inferior order—There is only the appearance of analogy or succession in the ideas they associate. 3. THE IMAGINATION OF CROWDS. Strength of the imagination of crowds—Crowds think in images, and these images succeed each other without any connecting link—Crowds are especially impressed by the marvellous—Legends and the marvellous are the real pillars of civilisation—The popular imagination has always been the basis of the power of statesmen—The manner in which facts capable of striking the imagination of crowds present themselves for observation.

1. THE IDEAS OF CROWDS

WHEN studying in a preceding work the part played by ideas in the evolution of nations, we showed that every civilisation is the outcome of a small number of fundamental ideas that are very rarely renewed. We showed how these ideas are implanted in the minds of crowds, with what difficulty the process is effected, and the power possessed by the ideas in question when once it has been accomplished. Finally we saw that great historical perturbations are the result, as a rule, of changes in these fundamental ideas. Having treated this subject at sufficient length, I shall not return to it now, but shall confine myself to saying a few words on the subject of such ideas as are accessible to crowds, and of the forms under which they conceive them.

They may be divided into two classes. In one we shall place accidental and passing ideas created by the influences of the moment: infatuation for an individual or a doctrine, for instance. In the other will be classed the fundamental ideas, to which the environment, the laws of heredity and public opinion give a very great stability; such ideas are the religious beliefs of the past and the social and democratic ideas of to-day. These fundamental ideas resemble the volume of the water of a stream slowly pursuing its course; the transitory ideas are like the small waves, for ever changing, which agitate its surface, and are more visible than the progress of the stream itself although without real importance. At the present day the great fundamental ideas which were the mainstay of our fathers are tottering more and more. They have lost all solidity, and at the same time the institutions resting upon them are severely shaken. Every day there are formed a great many of those transitory minor ideas of which I have just been speaking; but very few of them to all appearance seem endowed with vitality and destined to acquire a preponderating influence. Whatever be the ideas suggested to crowds they can only exercise effective influence on condition that they assume a very absolute, uncompromising, and simple shape. They present themselves then in the guise of images, and are only accessible to the masses under this form. These imagelike ideas are not connected by any logical bond of analogy or succession, and may take each other's place like the slides of a magic-lantern which the operator withdraws from the groove in which they were placed one above the other. This explains how it is that the most contradictory ideas may be seen to be simultaneously current in crowds. According to the chances of the moment, a crowd will come under the influence of one of the various ideas stored up in its understanding, and is capable, in consequence, of committing the most dissimilar acts. Its complete lack of the critical spirit does not allow of its perceiving these contradictions. This phenomenon is not peculiar to crowds. It is to be observed in many isolated individuals, not only among primitive beings, but in the case of all those—the fervent sectaries of a religious faith, for instance—who by one side or another of their intelligence are akin to primitive beings. I have observed its presence to a curious extent in the case of educated Hindoos brought up at our European universities and having taken their degree. A number of Western ideas had been superposed on their unchangeable and fundamental hereditary or social ideas. According to the chances of the moment, the one or the other set of ideas showed themselves each with their special accompaniment of acts or utterances, the same individual presenting in this way the most flagrant contradictions. These contradictions are more apparent than real, for it is only hereditary ideas that have sufficient influence over the isolated individual to become motives of conduct. It is only when, as the result of the intermingling of different races, a man is placed between different hereditary tendencies that his acts from one moment to another may be really entirely contradictory. It would be useless to insist here on these phenomena, although their psychological importance is capital. I am of opinion that at least ten years of travel and observation would be necessary to arrive at a comprehension of them. Ideas being only accessible to crowds after having assumed a very simple shape must often undergo the most thoroughgoing transformations to become popular. It is especially when we are dealing with somewhat lofty philosophic or scientific ideas that we see how far-reaching are the modifications they require in order to lower them to the level of the intelligence of crowds. These modifications are dependent on the nature of the crowds, or of the race to which the crowds belong, but their tendency is always belittling and in the direction of simplification. This explains the fact that, from the social point of view, there is in reality scarcely any such thing as a hierarchy of ideas—that is to say, as ideas of greater or less elevation. However great or true an idea may have been to begin with, it is deprived of almost all that which constituted its elevation and its greatness by the mere fact that it has come within the intellectual range of crowds and exerts an influence upon them. Moreover, from the social point of view the hierarchical value of an idea, its intrinsic worth, is without importance. The necessary point to consider is the effects it produces. The Christian ideas of the Middle Ages, the democratic ideas of the last century, or the social ideas of to-day are assuredly not very elevated. Philosophically considered, they can only be regarded as somewhat sorry errors, and yet their power has been and will be immense, and they will count for a long time to come among the most essential factors that determine the conduct of States. Even when an idea has undergone the transformations which render it accessible to crowds, it only exerts influence when, by various processes which we shall examine elsewhere, it has entered the domain of the unconscious, when indeed it has become a sentiment, for which much time is required. For it must not be supposed that merely because the justness of an idea has been proved it can be productive of effective action even on cultivated minds. This fact may be quickly appreciated by noting how slight is the influence of the clearest demonstration on the majority of men. Evidence, if it be very plain, may be accepted by an educated person, but the convert will be quickly brought back by his unconscious self to his original conceptions. See him again after the lapse of a few days and he will put forward afresh his old arguments in exactly the same terms. He is in reality under the influence of anterior ideas, that have become sentiments, and it is such ideas alone that influence the more recondite motives of our acts and utterances. It cannot be otherwise in the case of crowds. When by various processes an idea has ended by penetrating into the minds of crowds, it possesses an irresistible power, and brings about a series of effects, opposition to which is bootless. The philosophical ideas which resulted in the French Revolution took nearly a century to implant themselves in the mind of the crowd. Their irresistible force, when once they had taken root, is known. The striving of an entire nation towards the conquest of social equality, and the realisation of abstract rights and ideal liberties, caused the tottering of all thrones and profoundly disturbed the Western world. During twenty years the nations were engaged in internecine conflict, and Europe witnessed hecatombs that would have terrified Ghengis Khan and Tamerlane. The world had never seen on such a scale what may result from the promulgation of an idea. A long time is necessary for ideas to establish themselves in the minds of crowds, but just as long a time is needed for them to be eradicated. For this reason crowds, as far as ideas are concerned, are always several generations behind learned men and philosophers. All statesmen are well aware to-day of the admixture of error contained in the fundamental ideas I referred to a short while back, but as the influence of these ideas is still very powerful they are obliged to govern in accordance with principles in the truth of which they have ceased to believe.

2. THE REASONING POWER OF CROWDS

It cannot absolutely be said that crowds do not reason and are not to be influenced by reasoning.

However, the arguments they employ and those which are capable of influencing them are, from a logical point of view, of such an inferior kind that it is only by way of analogy that they can be described as reasoning.

The inferior reasoning of crowds is based, just as is reasoning of a high order, on the association of ideas, but between the ideas associated by crowds there are only apparent bonds of analogy or succession. The mode of reasoning of crowds resembles that of the Esquimaux who, knowing from experience that ice, a transparent body, melts in the mouth, concludes that glass, also a transparent body, should also melt in the mouth; or that of the savage who imagines that by eating the heart of a courageous foe he acquires his bravery; or of the workman who, having been exploited by one employer of labour, immediately concludes that all employers exploit their men. The characteristics of the reasoning of crowds are the association of dissimilar things possessing a merely apparent connection between each other, and the immediate generalisation of particular cases. It is arguments of this kind that are always presented to crowds by those who know how to manage them. They are the only arguments by which crowds are to be influenced. A chain of logical argumentation is totally incomprehensible to crowds, and for this reason it is permissible to say that they do not reason or that they reason falsely and are not to be influenced by reasoning. Astonishment is felt at times on reading certain speeches at their weakness, and yet they had an enormous influence on the crowds which listened to them, but it is forgotten that they were intended to persuade collectivities and not to be read by philosophers. An orator in intimate communication with a crowd can evoke images by which it will be seduced. If he is successful his object has been attained, and twenty volumes of harangues—always the outcome of reflection—are not worth the few phrases which appealed to the brains it was required to convince.

Psychologie des foules / Psychology of crowds

It would be superfluous to add that the powerlessness of crowds to reason aright prevents them displaying any trace of the critical spirit, prevents them, that is, from being capable of discerning truth from error, or of forming a precise judgment on any matter. Judgments accepted by crowds are merely judgments forced upon them and never judgments adopted after discussion. In regard to this matter the individuals who do not rise above the level of a crowd are numerous. The ease with which certain opinions obtain general acceptance results more especially from the impossibility experienced by the majority of men of forming an opinion peculiar to themselves and based on reasoning of their own.

3. THE IMAGINATION OF CROWDS

Just as is the case with respect to persons in whom the reasoning power is absent, the figurative imagination of crowds is very powerful, very active and very susceptible of being keenly impressed. The images evoked in their mind by a personage, an event, an accident, are almost as lifelike as the reality. Crowds are to some extent in the position of the sleeper whose reason, suspended for the time being, allows the arousing in his mind of images of extreme intensity which would quickly be dissipated could they be submitted to the action of reflection. Crowds, being incapable both of reflection and of reasoning, are devoid of the notion of improbability; and it is to be noted that in a general way it is the most improbable things that are the most striking.

This is why it happens that it is always the marvellous and legendary side of events that more specially strike crowds. When a civilisation is analysed it is seen that, in reality, it is the marvellous and the legendary that are its true supports. Appearances have always played a much more important part than reality in history, where the unreal is always of greater moment than the real.

Crowds being only capable of thinking in images are only to be impressed by images. It is only images that terrify or attract them and become motives of action.

For this reason theatrical representations, in which the image is shown in its most clearly visible shape, always have an enormous influence on crowds. Bread and spectacular shows constituted for the plebeians of ancient Rome the ideal of happiness, and they asked for nothing more. Throughout the successive ages this ideal has scarcely varied. Nothing has a greater effect on the imagination of crowds of every category than theatrical representations. The entire audience experiences at the same time the same emotions, and if these emotions are not at once transformed into acts, it is because the most unconscious spectator cannot ignore that he is the victim of illusions, and that he has laughed or wept over imaginary adventures. Sometimes, however, the sentiments suggested by the images are so strong that they tend, like habitual suggestions, to transform themselves into acts. The story has often been told of the manager of a popular theatre who, in consequence of his only playing sombre dramas, was obliged to have the actor who took the part of the traitor protected on his leaving the theatre, to defend him against the violence of the spectators, indignant at the crimes, imaginary though they were, which the traitor had committed. We have here, in my opinion, one of the most remarkable indications of the mental state of crowds, and especially of the facility with which they are suggestioned. The unreal has almost as much influence on them as the real. They have an evident tendency not to distinguish between the two. The power of conquerors and the strength of States is based on the popular imagination. It is more particularly by working upon this imagination that crowds are led. All great historical facts, the rise of Buddhism, of Christianity, of Islamism, the Reformation, the French

Revolution, and, in our own time, the threatening invasion of Socialism are the direct or indirect consequences of strong impressions produced on the imagination of the crowd.

Moreover, all the great statesmen of every age and every country, including the most absolute despots, have regarded the popular imagination as the basis of their power, and they have never attempted to govern in opposition to it "It was by becoming a Catholic," said Napoleon to the Council of State, "that I terminated the Vendeen war. By becoming a Mussulman that I obtained a footing in Egypt. By becoming an Ultramontane that I won over the Italian priests, and had I to govern a nation of Jews I would rebuild Solomon's temple." Never perhaps since Alexander and Caesar has any great man better understood how the imagination of the crowd should be impressed. His constant preoccupation was to strike it. He bore it in mind in his victories, in his harangues, in his speeches, in all his acts. On his deathbed it was still in his thoughts. How is the imagination of crowds to be impressed? We shall soon see. Let us confine ourselves for the moment to saying that the feat is never to be achieved by attempting to work upon the intelligence or reasoning faculty, that is to say, by way of demonstration. It was not by means of cunning rhetoric that Antony succeeded in making the populace rise against the murderers of Caesar; it was by reading his will to the multitude and pointing to his corpse. Whatever strikes the imagination of crowds presents itself under the shape of a startling and very clear image, freed from all accessory explanation, or merely having as accompaniment a few marvellous or mysterious facts: examples in point are a great victory, a great miracle, a great crime, or a great hope. Things must be laid before the crowd as a whole, and their genesis must never be indicated. A hundred petty crimes or petty accidents will not strike the imagination of crowds in the least, whereas a single great crime or a single great accident will profoundly impress them, even though the results be infinitely less disastrous than those of the hundred small accidents put together. The epidemic of influenza, which caused the death but a few years ago of five thousand persons in Paris alone, made very little impression on the popular imagination. The reason was that this veritable hecatomb was not embodied in any visible image, but was only learnt from statistical information furnished weekly. An accident which should have caused the death of only five hundred instead of five thousand persons, but on the same day and in public, as the outcome of an accident appealing strongly to the eye, by the fall, for instance, of the Eiffel Tower, would have produced, on the contrary, an immense impression on the imagination of the crowd. The probable loss of a transatlantic steamer that was supposed, in the absence of news, to have gone down in mid-ocean profoundly impressed the imagination of the crowd for a whole week. Yet official statistics show that 850 sailing vessels and 203 steamers were lost in the year 1894 alone. The crowd, however, was never for a moment concerned by these successive losses, much more important though they were as far as regards the destruction of life and property, than the loss of the Atlantic liner in question could possibly have been.

It is not, then, the facts in themselves that strike the popular imagination, but the way in which they take place and are brought under notice. It is necessary that by their condensation, if I may thus express myself, they should produce a startling image which fills and besets the mind. To know the art of impressing the imagination of crowds is to know at the same time the art of governing them.

CHAPTER IV

A RELIGIOUS SHAPE ASSUMED BY ALL THE CONVICTIONS OF CROWDS

What is meant by the religious sentiment—It is independent of the worship of a divinity—Its characteristics—The strength of convictions assuming a religious shape—Various examples— Popular gods have never disappeared—New forms under which they are revived—Religious forms of atheism—Importance of these notions from the historical point of view— The Reformation, Saint Bartholomew, the Terror, and all analogous events are the result of the religious sentiments of crowds and not of the will of isolated individuals. We have shown that crowds do not reason, that they accept or reject ideas as a whole, that they tolerate neither discussion nor contradiction, and that the suggestions brought to bear on them invade the entire field of their understanding and tend at once to transform themselves into acts. We have shown that crowds suitably influenced are ready to sacrifice themselves for the ideal with which they have been inspired. We have also seen that they only entertain violent and extreme sentiments, that in their case sympathy quickly becomes adoration, and antipathy almost as soon as it is aroused is transformed into hatred. These general indications furnish us already with a presentiment of the nature of the convictions of crowds. When these convictions are closely examined, whether at epochs marked by fervent religious faith, or by great political upheavals such as those of the last century, it is apparent that they always assume a peculiar form which I cannot better define than by giving it the name of a religious sentiment.

This sentiment has very simple characteristics, such as worship of a being supposed superior, fear of the power with which the being is credited, blind submission to its commands, inability to discuss its dogmas, the desire to spread them, and a tendency to consider as enemies all by whom they are not accepted. Whether such a sentiment apply to an invisible God, to a wooden or stone idol, to a hero or to a political conception, provided that it presents the preceding characteristics, its essence always remains religious. The supernatural and the miraculous are found to be present to the same extent. Crowds unconsciously accord a mysterious power to the political formula or the victorious leader that for the moment arouses their enthusiasm.

A person is not religious solely when he worships a divinity, but when he puts all the resources of his mind, the complete submission of his will, and the whole-souled ardour of fanaticism at the service of a cause or an individual who becomes the goal and guide of his thoughts and actions. Intolerance and fanaticism are the necessary accompaniments of the religious sentiment. They are inevitably displayed by those who believe themselves in the possession of the secret of earthly or eternal happiness. These two characteristics are to be found in all men grouped together when they are inspired by a conviction of any kind. The Jacobins of the Reign of Terror were at bottom as religious as the Catholics of the Inquisition, and their cruel ardour proceeded from the same source. The convictions of crowds assume those characteristics of blind submission, fierce intolerance, and the need of violent propaganda which are inherent in the religious sentiment, and it is for this reason that it may be said that all their beliefs have a religious form. The hero acclaimed by a crowd is a veritable god for that crowd. Napoleon was such a god for fifteen years, and a divinity never had more fervent worshippers or sent men to their death with greater ease. The Christian and Pagan Gods never exercised a more absolute empire over the minds that had fallen under their sway.

Psychologie des foules / Psychology of crowds

All founders of religious or political creeds have established them solely because they were successful in inspiring crowds with those fanatical sentiments which have as result that men find their happiness in worship and obedience and are ready to lay down their lives for their idol. This has been the case at all epochs. Fustel de Coulanges, in his excellent work on Roman Gaul, justly remarks that the Roman Empire was in no wise maintained by force, but by the religious admiration it inspired. "It would be without a parallel in the history of the world," he observes rightly, "that a form of government held in popular detestation should have lasted for five centuries. . . . It would be inexplicable that the thirty legions of the Empire should have constrained a hundred million men to obedience." The reason of their obedience was that the Emperor, who personified the greatness of Rome, was worshipped like a divinity by unanimous consent. There were altars in honour of the Emperor in the smallest townships of his realm. "From one end of the Empire to the other a new religion was seen to arise in those days which had for its divinities the emperors themselves. Some years before the Christian era the whole of Gaul, represented by sixty cities, built in common a temple near the town of Lyons in honour of Augustus. . . . Its priests, elected by the united Gallic cities, were the principal personages in their country. . . . It is impossible to attribute all this to fear and servility. Whole nations are not servile, and especially for three centuries. It was not the courtiers who worshipped the prince, it was Rome, and it was not Rome merely, but it was Gaul, it was Spain, it was Greece and Asia."

To-day the majority of the great men who have swayed men's minds no longer have altars, but they have statues, or their portraits are in the hands of their admirers, and the cult of which they are the object is not notably different from that accorded to their predecessors. An understanding of the philosophy of history is only to be got by a thorough appreciation of this fundamental point of the psychology of crowds. The crowd demands a god before everything else.

It must not be supposed that these are the superstitions of a bygone age which reason has definitely banished. Sentiment has never been vanquished in its eternal conflict with reason. Crowds will hear no more of the words divinity and religion, in whose name they were so long enslaved; but they have never possessed so many fetishes as in the last hundred years, and the old divinities have never had so many statues and altars raised in their honour. Those who in recent years have studied the popular movement known under the name of Boulangism have been able to see with what ease the religious instincts of crowds are ready to revive. There was not a country inn that did not possess the hero's portrait. He was credited with the power of remedying all injustices and all evils, and thousands of men would have given their lives for him. Great might have been his place in history had his character been at all on a level with his legendary reputation.

It is thus a very useless commonplace to assert that a religion is necessary for the masses, because all political, divine, and social creeds only take root among them on the condition of always assuming the religious shape—a shape which obviates the danger of discussion. Were it possible to induce the masses to adopt atheism, this belief would exhibit all the intolerant ardour of a religious sentiment, and in its exterior forms would soon become a cult. The evolution of the small Positivist sect furnishes us a curious proof in point. What happened to the Nihilist whose story is related by that profound thinker Dostoiewsky has quickly happened to the Positivists. Illumined one day by the light of reason he broke the images of divinities and saints that adorned the altar of a chapel, extinguished the candles, and, without losing a moment, replaced the destroyed objects by the works of atheistic philosophers such as Buchner and Moleschott, after which he piously relighted the candles. The object of his religious beliefs had been transformed, but can it be truthfully said that his religious sentiments had changed?

Certain historical events—and they are precisely the most important—I again repeat, are not to be understood unless one has attained to an appreciation of the religious form which the convictions of crowds always assume in the long run. There are social phenomena that need to be studied far more from the point of view of the psychologist than from that of the naturalist. The great historian Taine has only studied the Revolution as a naturalist, and on this account the real genesis of events has often escaped him. He has perfectly observed the facts, but from want of having studied the psychology of crowds he has not always been able to trace their causes. The facts having appalled him by their bloodthirsty, anarchic, and ferocious side, he has scarcely seen in the heroes of the great drama anything more than a horde of epileptic savages abandoning themselves without restraint to their instincts. The violence of the Revolution, its massacres, its need of propaganda, its declarations of war upon all things, are only to be properly explained by reflecting that the Revolution was merely the establishment of a new religious belief in the mind of the masses. The Reformation, the massacre of Saint Bartholomew, the French religious wars, the Inquisition, the Reign of Terror are phenomena of an identical kind, brought about by crowds animated by those religious sentiments which necessarily lead those imbued with them to pitilessly extirpate by fire and sword whoever is opposed to the establishment of the new faith. The methods of the Inquisition are those of all whose convictions are genuine and sturdy. Their convictions would not deserve these epithets did they resort to other methods.

Upheavals analogous to those I have just cited are only possible when it is the soul of the masses that brings them about. The most absolute despots could not cause them. When historians tell us that the massacre of Saint Bartholomew was the work of a king, they show themselves as ignorant of the psychology of crowds as of that of sovereigns. Manifestations of this order can only proceed from the soul of crowds. The most absolute power of the most despotic monarch can scarcely do more than hasten or retard the moment of their apparition. The massacre of Saint Bartholomew or the religious wars were no more the work of kings than the Reign of Terror was the work of Robespierre, Danton, or Saint Just. At the bottom of such events is always to be found the working of the soul of the masses, and never the power of potentates.

BOOK II
THE OPINIONS AND
BELIEFS OF CROWDS

Gustave Le Bon

ns des foules / Psychology of crowds

CHAPTER I

REMOTE FACTORS OF THE OPINIONS AND BELIEFS OF CROWDS

Having studied the mental constitution of crowds and become acquainted with their modes of feeling, thinking, and reasoning, we shall now proceed to examine how their opinions and beliefs arise and become established.

The factors which determine these opinions and beliefs are of two kinds: remote factors and immediate factors.

The remote factors are those which render crowds capable of adopting certain convictions and absolutely refractory to the acceptance of others. These factors prepare the ground in which are suddenly seen to germinate certain new ideas whose force and consequences are a cause of astonishment, though they are only spontaneous in appearance. The outburst and putting in practice of certain ideas among crowds present at times a startling suddenness. This is only a superficial effect, behind which must be sought a preliminary and preparatory action of long duration.

The immediate factors are those which, coming on the top of this long, preparatory working, in whose absence they would remain without effect, serve as the source of active persuasion on crowds; that is, they are the factors which cause the idea to take shape and set it loose with all its consequences. The resolutions by which collectivities are suddenly carried away arise out of these immediate factors; it is due to them that a riot breaks out or a strike is decided upon, and to them that enormous majorities invest one man with power to overthrow a government.

The successive action of these two kinds of factors is to be traced in all great historical events. The French Revolution—to cite but one of the most striking of such events—had among its remote factors the writings of the philosophers, the exactions of the nobility, and the progress of scientific thought. The mind of the masses, thus prepared, was then easily roused by such immediate factors as the speeches of orators, and the resistance of the court party to insignificant reforms.

Among the remote factors there are some of a general nature, which are found to underlie all the beliefs and opinions of crowds. They are race, traditions, time, institutions, and education.

We now proceed to study the influence of these different factors.

Psychologie des foules / Psychology of crowds

1. RACE

This factor, race, must be placed in the first rank, for in itself it far surpasses in importance all the others. We have sufficiently studied it in another work; it is therefore needless to deal with it again. We showed, in a previous volume, what an historical race is, and how, its character once formed, it possesses, as the result of the laws of heredity such power that its beliefs, institutions, and arts—in a word, all the elements of its civilisation—are merely the outward expression of its genius. We showed that the power of the race is such that no element can pass from one people to another without undergoing the most profound transformations.[7]

[7] The novelty of this proposition being still considerable and history being quite unintelligible without it, I devoted four chapters to its demonstration in my last book ("The Psychological Laws of the Evolution of Peoples"). From it the reader will see that, in spite of fallacious appearances, neither language, religion, arts, or, in a word, any element of civilisation, can pass, intact, from one people to another.

Environment, circumstances, and events represent the social suggestions of the moment. They may have a considerable influence, but this influence is always momentary if it be contrary to the suggestions of the race; that is, to those which are inherited by a nation from the entire series of its ancestors.

We shall have occasion in several of the chapters of this work to touch again upon racial influence, and to show that this influence is so great that it dominates the characteristics peculiar to the genius of crowds. It follows from this fact that the crowds of different countries offer very considerable differences of beliefs and conduct and are not to be influenced in the same manner.

2. TRADITIONS

Traditions represent the ideas, the needs, and the sentiments of the past. They are the synthesis of the race, and weigh upon us with immense force. The biological sciences have been transformed since embryology has shown the immense influence of the past on the evolution of living beings; and the historical sciences will not undergo a less change when this conception has become more widespread. As yet it is not sufficiently general, and many statesmen are still no further advanced than the theorists of the last century, who believed that a society could break off with its past and be entirely recast on lines suggested solely by the light of reason.

A people is an organism created by the past, and, like every other organism, it can only be modified by slow hereditary accumulations. It is tradition that guides men, and more especially so when they are in a crowd. The changes they can effect in their traditions with any ease, merely bear, as I have often repeated, upon names and outward forms.

This circumstance is not to be regretted. Neither a national genius nor civilisation would be possible without traditions. In consequence man's two great concerns since he has existed have been to create a network of traditions which he afterwards endeavours to destroy when their beneficial effects have worn themselves out. Civilisation is impossible without traditions, and progress impossible without the destruction of those traditions. The difficulty, and it is an immense difficulty, is to find a proper equilibrium between stability and variability. Should a people allow its customs to become too firmly rooted, it can no longer change, and becomes, like China, incapable of improvement. Violent revolutions are in this case of no avail; for what happens is that either the broken fragments of the chain are pieced together again and the past resumes its empire without change,

Psychologie des foules / Psychology of crowds

or the fragments remain apart and decadence soon succeeds anarchy. The ideal for a people is in consequence to preserve the institutions of the past, merely changing them insensibly and little by little. This ideal is difficult to realise. The Romans in ancient and the English in modern times are almost alone in having realised it. It is precisely crowds that cling the most tenaciously to traditional ideas and oppose their being changed with the most obstinacy. This is notably the case with the category of crowds constituting castes. I have already insisted upon the conservative spirit of crowds, and shown that the most violent rebellions merely end in a changing of words and terms. At the end of the last century, in the presence of destroyed churches, of priests expelled the country or guillotined, it might have been thought that the old religious ideas had lost all their strength, and yet a few years had barely lapsed before the abolished system of public worship had to be re-established in deference to universal demands.[8]

[8] *The report of the ex-Conventionist, Fourcroy, quoted by Taine, is very clear on this point."What is everywhere seen with respect to the keeping of Sunday and attendance at the churches proves that the majority of Frenchmen desire to return to their old usages and that it is no longer opportune to resist this natural tendency. . . . The great majority of men stand in need of religion, public worship, and priests. IT IS AN ERROR OF SOME MODERN PHILOSOPHERS, BY WHICH I MYSELF HAVE BEEN LED AWAY, to believe in the possibility of instruction being so general as to destroy religious prejudices, which for a great number of unfortunate persons are a source of consolation. . . . The mass of the people, then, must be allowed its priests, its altars, and its public worship."*

Blotted out for a moment, the old traditions had resumed their sway. No example could better display the power of tradition on the mind of crowds. The most redoubtable idols do not dwell in temples, nor the most despotic tyrants in palaces; both the one and the other can be broken in an instant. But the invisible

225

masters that reign in our innermost selves are safe from every effort at revolt, and only yield to the slow wearing away of centuries.

3. TIME

In social as in biological problems time is one of the most energetic factors. It is the sole real creator and the sole great destroyer. It is time that has made mountains with grains of sand and raised the obscure cell of geological eras to human dignity. The action of centuries is sufficient to transform any given phenomenon. It has been justly observed that an ant with enough time at its disposal could level Mount Blanc. A being possessed of the magical force of varying time at his will would have the power attributed by believers to God.

In this place, however, we have only to concern ourselves with the influence of time on the genesis of the opinions of crowds. Its action from this point of view is still immense. Dependent upon it are the great forces such as race, which cannot form themselves without it. It causes the birth, the growth, and the death of all beliefs. It is by the aid of time that they acquire their strength and also by its aid that they lose it.

It is time in particular that prepares the opinions and beliefs of crowds, or at least the soil on which they will germinate. This is why certain ideas are realisable at one epoch and not at another. It is time that accumulates that immense detritus of beliefs and thoughts on which the ideas of a given period spring up. They do not grow at hazard and by chance; the roots of each of them strike down into a long past. When they blossom it is time that has prepared their blooming; and to arrive at a notion of their genesis it is always back in the past that it is necessary to search.

They are the daughters of the past and the mothers of the future, but throughout the slaves of time.

Time, in consequence, is our veritable master, and it suffices to leave it free to act to see all things transformed. At the present day we are very uneasy with regard to the threatening aspirations of the masses and the destructions and upheavals foreboded thereby. Time, without other aid, will see to the restoration of equilibrium. "No form of government," M. Lavisse very properly writes, "was founded in a day. Political and social organisations are works that demand centuries. The feudal system existed for centuries in a shapeless, chaotic state before it found its laws; absolute monarchy also existed for centuries before arriving at regular methods of government, and these periods of expectancy were extremely troubled."

4. POLITICAL AND SOCIAL INSTITUTIONS

The idea that institutions can remedy the defects of societies, that national progress is the consequence of the improvement of institutions and governments, and that social changes can be effected by decrees— this idea, I say, is still generally accepted. It was the starting-point of the French Revolution, and the social theories of the present day are based upon it.

The most continuous experience has been unsuccessful in shaking this grave delusion. Philosophers and historians have endeavoured in vain to prove its absurdity, but yet they have had no difficulty in demonstrating that institutions are the outcome of ideas, sentiments, and customs, and that ideas, sentiments, and customs are not to be recast by recasting legislative codes. A nation does not choose its institutions at will any more than it chooses the colour of its hair or its eyes. Institutions and governments are the product of the race. They are not the creators of an epoch, but are created by it. Peoples are not governed in accordance with their caprices of the moment, but as their character determines that they shall be governed. Centuries are required to form a political system and centuries needed to change it. Institutions have no intrinsic virtue: in themselves they are neither good nor bad. Those which are good at a given moment for a given people may be harmful in the extreme for another nation. Moreover, it is in no way in the power of a people to really change its institutions. Undoubtedly, at the cost of violent revolutions, it can change their name, but in their essence they remain unmodified. The names are mere futile labels with which an historian who goes to the bottom of things need scarcely concern himself. It is in this way, for instance, that England,[9] the most democratic country in the world, lives, nevertheless, under a monarchical regime, whereas the countries in which the most oppressive despotism is rampant are the Spanish-American Republics, in spite of their republican constitutions. The destinies of peoples are determined by their character and not by their government. I have endeavoured to establish this view in my previous volume by setting forth categorical examples.

[9] The most advanced republicans, even of the United States, recognise this fact. The American magazine, The Forum, recently gave categorical expression to the opinion in terms which I reproduce here from the Review of Reviews for December, 1894:—"It should never be forgotten, even by the most ardent enemies of an aristocracy, that England is to-day the most democratic country of the universe, the country in which the rights of the individual are most respected, and in which the individual possesses the most liberty."

To lose time in the manufacture of cut-and-dried constitutions is, in consequence, a puerile task, the useless labour of an ignorant rhetorician. Necessity and time undertake the charge of elaborating constitutions when we are wise enough to allow these two factors to act. This is the plan the Anglo-Saxons have adopted, as their great historian, Macaulay, teaches us in a passage that the politicians of all Latin countries ought to learn by heart. After having shown all the good that can be accomplished by laws which appear from the point of view of pure reason a chaos of absurdities and contradictions, he compares the scores of constitutions that have been engulfed in the convulsions of the Latin peoples with that of England, and points out that the latter has only been very slowly changed part by part, under the influence of immediate necessities and never of speculative reasoning.

"To think nothing of symmetry and much of convenience; never to remove an anomaly merely because it is an anomaly; never to innovate except when some grievance is felt; never to innovate except so far as to get rid of the grievance; never to lay down any proposition of wider extent than the particular case for which it is necessary to provide; these are the rules which have, from the age of John to the age of Victoria, generally guided the deliberations of our two hundred and fifty Parliaments."

It would be necessary to take one by one the laws and institutions of each people to show to what extent they are the expression of the needs of each race and are incapable, for that reason, of being violently transformed. It is possible, for, instance, to indulge in philosophical dissertations on the advantages and disadvantages of centralisation, but when we see a people composed of very different races devote a thousand years of efforts to attaining to this centralisation; when we observe that a great revolution, having for object the destruction of all the institutions of the past, has been forced to respect this centralisation, and has even strengthened it; under these circumstances we should admit that it is the outcome of imperious needs, that it is a condition of the existence of the nation in question, and we should pity the poor mental range of politicians who talk of destroying it. Could they by chance succeed in this attempt, their success would at once be the signal for a frightful civil war,[10] which, moreover, would immediately bring back a new system of centralisation much more oppressive than the old.

[10] If a comparison be made between the profound religious and political dissensions which separate the various parties in France, and are more especially the result of social questions, and the separatist tendencies which were manifested at the time of the Revolution, and began to again display themselves towards the close of the Franco-German war, it will be seen that the different races represented in France are still far from being completely blended. The vigorous centralisation of the Revolution and the creation of artificial departments destined to bring about the fusion of the ancient provinces was certainly its most useful work. Were it possible to bring about the decentralisation which is to-day preoccupying minds lacking in foresight, the achievement would promptly have for consequence the most sanguinary disorders. To overlook this fact is to leave out of account the entire history of France.

The conclusion to be drawn from what precedes is, that it is not in institutions that the means is to be sought of profoundly influencing the genius of the masses. When we see certain countries, such as the United States, reach a high degree of prosperity under democratic institutions, while others, such as the Spanish-American Republics, are found existing in a pitiable state of anarchy under absolutely similar institutions, we should admit that these institutions are as foreign to the greatness of the one as to the decadence of the others. Peoples are governed by their character, and all institutions which are not intimately modelled on that character merely represent a borrowed garment, a transitory disguise. No doubt sanguinary wars and violent revolutions have been undertaken, and will continue to be undertaken, to impose institutions to which is attributed, as to the relics of saints, the supernatural power of creating welfare. It may be said, then, in one sense, that institutions react on the mind of the crowd inasmuch as they engender such upheavals. But in reality it is not the institutions that react in this manner, since we know that, whether triumphant or vanquished, they possess in themselves no virtue. It is illusions and words that have influenced the mind of the crowd, and especially words— words which are as powerful as they are chimerical, and whose astonishing sway we shall shortly demonstrate.

5. INSTRUCTION AND EDUCATION

Foremost among the dominant ideas of the present epoch is to be found the notion that instruction is capable of considerably changing men, and has for its unfailing consequence to improve them and even to make them equal. By the mere fact of its being constantly repeated, this assertion has ended by becoming one of the most steadfast democratic dogmas. It would be as difficult now to attack it as it would have been formerly to have attacked the dogmas of the Church. On this point, however, as on many others, democratic ideas are in profound disagreement with the results of psychology and experience. Many eminent philosophers, among them Herbert Spencer, have had no difficulty in showing that instruction neither renders a man more moral nor happier, that it changes neither his instincts nor his hereditary passions, and that at times—for this to happen it need only be badly directed—it is much more pernicious than useful. Statisticians have brought confirmation of these views by telling us that criminality increases with the generalisation of instruction, or at any rate of a certain kind of instruction, and that the worst enemies of society, the anarchists, are recruited among the prize-winners of schools; while in a recent work a distinguished magistrate, M. Adolphe Guillot, made the observation that at present 3,000 educated criminals are met with for every 1,000 illiterate delinquents, and that in fifty years the criminal percentage of the population has passed from 227 to 552 for every 100,000 inhabitants, an increase of 133 per cent. He has also noted in common with his colleagues that criminality is particularly on the increase among young persons, for whom, as is known, gratuitous and obligatory schooling has—in France—replaced apprenticeship.

It is not assuredly—and nobody has ever maintained this proposition— that well-directed instruction may not give very useful practical results, if not in the sense of raising the standard of morality, at least in that of developing professional capacity. Unfortunately the Latin peoples, especially in the last twenty-five years, have based their systems of instruction on very erroneous principles, and in spite of the observations of the most eminent minds, such as Breal, Fustel de Coulanges, Taine, and many others, they persist in their lamentable mistakes. I have myself shown, in a work published some time ago, that the French system of education transforms the majority of those who have undergone it into enemies of society, and recruits numerous disciples for the worst forms of socialism.

The primary danger of this system of education—very properly qualified as Latin—consists in the fact that it is based on the fundamental psychological error that the intelligence is developed by the learning by heart of text-books. Adopting this view, the endeavour has been made to enforce a knowledge of as many hand-books as possible. From the primary school till he leaves the university a young man does nothing but acquire books by heart without his judgment or personal initiative being ever called into play. Education consists for him in reciting by heart and obeying.

"Learning lessons, knowing by heart a grammar or a compendium, repeating well and imitating well—that," writes a former Minister of Public Instruction, M. Jules Simon, "is a ludicrous form of education whose every effort is an act of faith tacitly admitting the infallibility of the master, and whose only results are a belittling of ourselves and a rendering of us impotent."

Were this education merely useless, one might confine one's self to expressing compassion for the unhappy children who, instead of making needful studies at the primary school, are instructed in the genealogy of the sons of Clotaire, the conflicts between Neustria and Austrasia, or zoological classifications. But the system presents a far more serious danger. It gives those who have been submitted to it a violent dislike to the state of life in which they were born, and an intense desire to escape from it. The working man no longer wishes to remain a working man, or the peasant to continue a peasant, while the most humble members of the middle classes admit of no possible career for their sons except that of State-paid functionaries. Instead of preparing men for life French schools solely prepare them to occupy public functions, in which success can be attained without any necessity for self-direction or the exhibition of the least glimmer of personal initiative. At the bottom of the social ladder the system creates an army of proletarians discontented with their lot and always ready to revolt, while at the summit it brings into being a frivolous bourgeoisie, at once sceptical and credulous, having a superstitious confidence in the State, whom it regards as a sort of Providence, but without forgetting to display towards it a ceaseless hostility, always laying its own faults to the door of the Government, and incapable of the least enterprise without the intervention of the authorities.

The State, which manufactures by dint of textbooks all these persons possessing diplomas, can only utilise a small number of them, and is forced to leave the others without employment. It is obliged in consequence to resign itself to feeding the first mentioned and to having the others as its enemies. From the top to the bottom of the social pyramid, from the humblest clerk to the professor and the prefect, the immense mass of persons boasting diplomas besiege the professions. While a business man has the greatest difficulty in finding an agent to represent him in the colonies, thousands of candidates solicit the most modest official posts. There are 20,000 schoolmasters and mistresses without employment in the department of the Seine alone, all of them persons who, disdaining the fields or the workshops, look to the State for their livelihood. The number of the chosen being restricted, that of the discontented is perforce immense. The latter are ready for any revolution, whoever be its chiefs and whatever the goal they aim at. The acquisition of knowledge for which no use can be found is a sure method of driving a man to revolt.[11]

[11] This phenomenon, moreover, is not peculiar to the Latin peoples. It is also to be observed in China, which is also a country in the hands of a solid hierarchy of mandarins or functionaries, and where a function is obtained, as in France, by competitive examination, in which the only test is the imperturbable recitation of bulky manuals. The army of educated persons without employment is considered in China at the present day as a veritable national calamity. It is the same in India where, since the English have opened schools, not for educating purposes, as is the case in England itself, but simply to furnish the indigenous inhabitants with instruction, there has been formed a special class of educated persons, the Baboos, who, when they do not obtain employment, become the irreconcilable enemies of the English rule. In the case of all the Baboos, whether provided with employment or not, the first effect of their instruction has been to lower their standard of morality. This is a fact on which I have insisted at length in my book, "The Civilisations of India"—a fact, too, which has been observed by all authors who have visited the great peninsula.

Psychologie des foules / Psychology of crowds

It is evidently too late to retrace our steps. Experience alone, that supreme educator of peoples, will be at pains to show us our mistake. It alone will be powerful enough to prove the necessity of replacing our odious text-books and our pitiable examinations by industrial instruction capable of inducing our young men to return to the fields, to the workshop, and to the colonial enterprise which they avoid to-day at all costs. The professional instruction which all enlightened minds are now demanding was the instruction received in the past by our forefathers. It is still in vigour at the present day among the nations who rule the world by their force of will, their initiative, and their spirit of enterprise. In a series of remarkable pages, whose principal passages I reproduce further on, a great thinker, M. Taine, has clearly shown that our former system of education was approximately that in vogue to-day in England and America, and in a remarkable parallel between the Latin and Anglo-Saxon systems he has plainly pointed out the consequences of the two methods. One might consent, perhaps, at a pinch, to continue to accept all the disadvantages of our classical education, although it produced nothing but discontented men, and men unfitted for their station in life, did the superficial acquisition of so much knowledge, the faultless repeating by heart of so many text-books, raise the level of intelligence. But does it really raise this level? Alas, no! The conditions of success in life are the possession of judgment, experience, initiative, and character—qualities which are not bestowed by books. Books are dictionaries, which it is useful to consult, but of which it is perfectly useless to have lengthy portions in one's head.

How is it possible for professional instruction to develop the intelligence in a measure quite beyond the reach of classical instruction? This has been well shown by M. Taine.

"Ideas, he says, are only formed in their natural and normal surroundings; the promotion of the growth is effected by the innumerable impressions appealing to the senses which a young man receives daily in the workshop, the mine, the law court, the study, the builder's yard, the hospital; at the sight of tools, materials, and operations; in the presence of customers, workers, and labour, of work well or ill done, costly or lucrative. In such a way are obtained those trifling perceptions of detail of the eyes, the ear, the hands, and even the sense of smell, which, picked up involuntarily, and silently elaborated, take shape within the learner, and suggest to him sooner or, later this or that new combination, simplification, economy, improvement, or invention. The young Frenchman is deprived, and precisely at the age when they are most fruitful, of all these precious contacts, of all these indispensable elements of assimilation. For seven or eight years on end he is shut up in a school, and is cut off from that direct personal experience which would give him a keen and exact notion of men and things and of the various ways of handling them."

" . . . At least nine out of ten have wasted their time and pains during several years of their life—telling, important, even decisive years. Among such are to be counted, first of all, the half or two-thirds of those who present themselves for examination— I refer to those who are rejected; and then among those who are successful, who obtain a degree, a certificate, a diploma, there is still a half or two-thirds—I refer to the overworked. Too much has been demanded of them by exacting that on a given day, on a chair or before a board, they should, for two hours in succession, and with respect to a group of sciences, be living repertories of all human knowledge. In point of fact they were that, or nearly so, for two hours on that particular day, but a month later they are so no longer. They could not go through the examination again. Their too numerous and too burdensome acquisitions slip incessantly from their mind, and are not replaced. Their mental vigour has declined, their fertile capacity for growth has dried up, the fully-developed man appears, and he is often a used-up man.

Settled down, married, resigned to turning in a circle, and indefinitely in the same circle, he shuts himself up in his confined function, which he fulfils adequately, but nothing more. Such is the average yield: assuredly the receipts do not balance the expenditure. In England or America, where, as in France previous to 1789, the contrary proceeding is adopted, the outcome obtained is equal or superior."

The illustrious psychologist subsequently shows us the difference between our system and that of the Anglo-Saxons. The latter do not possess our innumerable special schools. With them instruction is not based on book-learning, but on object lessons. The engineer, for example, is trained in a workshop, and never at a school; a method which allows of each individual reaching the level his intelligence permits of. He becomes a workman or a foreman if he can get no further, an engineer if his aptitudes take him as far. This manner of proceeding is much more democratic and of much greater benefit to society than that of making the whole career of an individual depend on an examination, lasting a few hours, and undergone at the age of nineteen or twenty.

"In the hospital, the mine, the factory, in the architect's or the lawyer's office, the student, who makes a start while very young, goes through his apprenticeship, stage by stage, much as does with us a law clerk in his office, or an artist in his studio. Previously, and before making a practical beginning, he has had an opportunity of following some general and summary course of instruction, so as to have a framework ready prepared in which to store the observations he is shortly to make. Furthermore he is able, as a rule, to avail himself of sundry technical courses which he can follow in his leisure hours, so as to co-ordinate step by step the daily experience he is gathering. Under such a system the practical capabilities increase and develop of themselves in exact proportion to the faculties of the student, and in the direction requisite for his future task and the special work for which from now onwards he desires to fit himself. By this means in England or the United States a young man is quickly in a position to develop his capacity to the utmost. At twenty-five years of age, and much sooner if the material and the parts are there, he is not merely a useful performer, he is capable also of spontaneous enterprise; he is not only a part of a machine, but also a motor. In France, where the contrary system prevails—in France, which with each succeeding generation is falling more and more into line with China—the sum total of the wasted forces is enormous."

The great philosopher arrives at the following conclusion with respect to the growing incongruity between our Latin system of education and the requirements of practical life:—

"In the three stages of instruction, those of childhood, adolescence and youth, the theoretical and pedagogic preparation by books on the school benches has lengthened out and become overcharged in view of the examination, the degree, the diploma, and the certificate, and solely in this view, and by the worst methods, by the application of an unnatural and anti-social regime, by the excessive postponement of the practical apprenticeship, by our boarding-school system, by artificial training and mechanical cramming, by overwork, without thought for the time that is to follow, for the adult age and the functions of the man, without regard for the real world on which the young man will shortly be thrown, for the society in which we move and to which he must be adapted or be taught to resign himself in advance, for the struggle in which humanity is engaged, and in which to defend himself and to keep his footing he ought previously to have been equipped, armed, trained, and hardened. This indispensable equipment, this acquisition of more importance than any other, this sturdy common sense and nerve and will-power our schools do not procure the young Frenchman; on the contrary, far from qualifying him for his approaching and definite state, they disqualify him. In consequence, his entry into the world and his first steps in the field of action are most often merely a succession of painful falls, whose effect is that he long remains wounded and bruised, and sometimes disabled for life. The test is severe and dangerous. In the course of it the mental and moral equilibrium is affected, and runs the risk of not being re-established. Too sudden and complete disillusion has supervened. The deceptions have been too great, the disappointments too keen."[12]

[12] Taine, "Le Regime moderne," vol. ii., 1894. These pages are almost the last that Taine wrote. They resume admirably the results of the great philosopher's long experience. Unfortunately they are in my opinion totally incomprehensible for such of our university professors who have not lived abroad. Education is the only means at our disposal of influencing to some extent the mind of a nation, and it is profoundly saddening to have to think that there is scarcely any one in France who can arrive at understanding that our present system of teaching is a grave cause of rapid decadence, which instead of elevating our youth, lowers and perverts it.

A useful comparison may be made between Taine's pages and the observations on American education recently made by M. Paul Bourget in his excellent book, "Outre-Mer." He, too, after having noted that our education merely produces narrow-minded bourgeois, lacking in initiative and will-power, or anarchists—"those two equally harmful types of the civilised man, who degenerates into impotent platitude or insane destructiveness" he too, I say, draws a comparison that cannot be the object of too much reflection between our French lycees (public schools), those factories of degeneration, and the American schools, which prepare a man admirably for life. The gulf existing between truly democratic nations and those who have democracy in their speeches, but in no wise in their thoughts, is clearly brought out in this comparison.

Have we digressed in what precedes from the psychology of crowds? Assuredly not. If we desire to understand the ideas and beliefs that are germinating to-day in the masses, and will spring up to-morrow, it is necessary to know how the ground has been prepared. The instruction given the youth of a country allows of a knowledge of what that country will one day be. The education accorded the present generation justifies the most gloomy previsions. It is in part by instruction and education that the mind of the masses is improved or deteriorated. It was necessary in consequence to show how this mind has been fashioned by the system in vogue, and how the mass of the indifferent and the neutral has become progressively an army of the discontented ready to obey all the suggestions of utopians and rhetoricians. It is in the schoolroom that socialists and anarchists are found nowadays, and that the way is being paved for the approaching period of decadence for the Latin peoples.

CHAPTER II

THE IMMEDIATE FACTORS OF THE OPINIONS OF CROWDS

We have just investigated the remote and preparatory factors which give the mind of crowds a special receptivity, and make possible therein the growth of certain sentiments and certain ideas. It now remains for us to study the factors capable of acting in a direct manner. We shall see in a forthcoming chapter how these factors should be put in force in order that they may produce their full effect. In the first part of this work we studied the sentiments, ideas, and methods of reasoning of collective bodies, and from the knowledge thus acquired it would evidently be possible to deduce in a general way the means of making an impression on their mind. We already know what strikes the imagination of crowds, and are acquainted with the power and contagiousness of suggestions, of those especially that are presented under the form of images. However, as suggestions may proceed from very different sources, the factors capable of acting on the minds of crowds may differ considerably. It is necessary, then, to study them separately. This is not a useless study. Crowds are somewhat like the sphinx of ancient fable: it is necessary to arrive at a solution of the problems offered by their psychology or to resign ourselves to being devoured by them.

1. IMAGES, WORDS, AND FORMULAS

When studying the imagination of crowds we saw that it is particularly open to the impressions produced by images. These images do not always lie ready to hand, but it is possible to evoke them by the judicious employment of words and formulas. Handled with art, they possess in sober truth the mysterious power formerly attributed to them by the adepts of magic. They cause the birth in the minds of crowds of the most formidable tempests, which in turn they are capable of stilling. A pyramid far loftier than that of old Cheops could be raised merely with the bones of men who have been victims of the power of words and formulas. The power of words is bound up with the images they evoke, and is quite independent of their real significance. Words whose sense is the most ill-defined are sometimes those that possess the most influence. Such, for example, are the terms democracy, socialism, equality, liberty, &c., whose meaning is so vague that bulky volumes do not suffice to precisely fix it. Yet it is certain that a truly magical power is attached to those short syllables, as if they contained the solution of all problems. They synthesise the most diverse unconscious aspirations and the hope of their realisation. Reason and arguments are incapable of combatting certain words and formulas. They are uttered with solemnity in the presence of crowds, and as soon as they have been pronounced an expression of respect is visible on every countenance, and all heads are bowed. By many they are considered as natural forces, as supernatural powers. They evoke grandiose and vague images in men's minds, but this very vagueness that wraps them in obscurity augments their mysterious power. They are the mysterious divinities hidden behind the tabernacle, which the devout only approach in fear and trembling.

Psychologie des foules / Psychology of crowds

The images evoked by words being independent of their sense, they vary from age to age and from people to people, the formulas remaining identical. Certain transitory images are attached to certain words: the word is merely as it were the button of an electric bell that calls them up. All words and all formulas do not possess the power of evoking images, while there are some which have once had this power, but lose it in the course of use, and cease to waken any response in the mind. They then become vain sounds, whose principal utility is to relieve the person who employs them of the obligation of thinking. Armed with a small stock of formulas and commonplaces learnt while we are young, we possess all that is needed to traverse life without the tiring necessity of having to reflect on anything whatever. If any particular language be studied, it is seen that the words of which it is composed change rather slowly in the course of ages, while the images these words evoke or the meaning attached to them changes ceaselessly. This is the reason why, in another work, I have arrived at the conclusion that the absolute translation of a language, especially of a dead language, is totally impossible. What do we do in reality when we substitute a French for a Latin, Greek, or Sanscrit expression, or even when we endeavour to understand a book written in our own tongue two or three centuries back? We merely put the images and ideas with which modern life has endowed our intelligence in the place of absolutely distinct notions and images which ancient life had brought into being in the mind of races submitted to conditions of existence having no analogy with our own. When the men of the Revolution imagined they were copying the Greeks and Romans, what were they doing except giving to ancient words a sense the latter had never had? What resemblance can possibly exist between the institutions of the Greeks and those designated to-day by corresponding words? A republic at that epoch was an essentially aristocratic institution, formed of a reunion of petty despots ruling over a crowd of slaves kept in the most absolute subjection. These communal aristocracies, based on slavery, could not have existed for a moment without it. The word "liberty," again, what signification could it have in any way resembling that we attribute to it to-day at a period when the possibility of the liberty of thought was not even suspected, and when there was no greater and more exceptional crime than that of discussing the gods, the laws and the customs of the city? What did such a word as "fatherland" signify to an Athenian or Spartan unless it were the cult of Athens or Sparta, and in no wise that of Greece, composed of rival cities always at war with each other? What meaning had the same word "fatherland" among the ancient Gauls, divided into rival tribes and races, and possessing different languages and religions, and who were easily vanquished by Caesar because he always found allies among them? It was Rome that made a country of Gaul by endowing it with political and religious unity. Without going back so far, scarcely two centuries ago, is it to be believed that this same notion of a fatherland was conceived to have the same meaning as at present by French princes like the great Conde, who allied themselves with the foreigner against their sovereign? And yet again, the same word had it not a sense very different from the modern for the French royalist emigrants, who thought they obeyed the laws of honour in fighting against France, and who from their point of view did indeed obey them, since the feudal law bound the vassal to the lord and not to the soil, so that where the sovereign was there was the true fatherland? Numerous are the words whose meaning has thus profoundly changed from age to age—words which we can only arrive at understanding in the sense in which they were formerly understood after a long effort. It has been said with truth that much study is necessary merely to arrive at conceiving what was signified to our great grandfathers by such words as the "king" and the "royal family." What, then, is likely to be the case with terms still more complex?

Psychologie des foules / Psychology of crowds

Words, then, have only mobile and transitory significations which change from age to age and people to people; and when we desire to exert an influence by their means on the crowd what it is requisite to know is the meaning given them by the crowd at a given moment, and not the meaning which they formerly had or may yet have for individuals of a different mental constitution. Thus, when crowds have come, as the result of political upheavals or changes of belief, to acquire a profound antipathy for the images evoked by certain words, the first duty of the true statesman is to change the words without, of course, laying hands on the things themselves, the latter being too intimately bound up with the inherited constitution to be transformed. The judicious Tocqueville long ago made the remark that the work of the consulate and the empire consisted more particularly in the clothing with new words of the greater part of the institutions of the past—that is to say, in replacing words evoking disagreeable images in the imagination of the crowd by other words of which the novelty prevented such evocations. The "taille" or tallage has become the land tax; the "gabelle," the tax on salt; the "aids," the indirect contributions and the consolidated duties; the tax on trade companies and guilds, the license, ect. One of the most essential functions of statesmen consists, then, in baptizing with popular or, at any rate, indifferent words things the crowd cannot endure under their old names. The power of words is so great that it suffices to designate in well-chosen terms the most odious things to make them acceptable to crowds. Taine justly observes that it was by invoking liberty and fraternity—words very popular at the time— that the Jacobins were able "to install a despotism worthy of Dahomey, a tribunal similar to that of the Inquisition, and to accomplish human hecatombs akin to those of ancient Mexico." The art of those who govern, as is the case with the art of advocates, consists above all in the science of employing words. One of the greatest difficulties of this art is, that in one and the same society the same words most often have very different meanings for the different social classes, who employ in appearance the same words, but never speak the same language.

In the preceding examples it is especially time that has been made to intervene as the principal factor in the changing of the meaning of words. If, however, we also make race intervene, we shall then see that, at the same period, among peoples equally civilised but of different race, the same words very often correspond to extremely dissimilar ideas. It is impossible to understand these differences without having travelled much, and for this reason I shall not insist upon them. I shall confine myself to observing that it is precisely the words most often employed by the masses which among different peoples possess the most different meanings. Such is the case, for instance, with the words "democracy" and "socialism" in such frequent use nowadays. In reality they correspond to quite contrary ideas and images in the Latin and Anglo-Saxon mind. For the Latin peoples the word "democracy" signifies more especially the subordination of the will and the initiative of the individual to the will and the initiative of the community represented by the State. It is the State that is charged, to a greater and greater degree, with the direction of everything, the centralisation, the monopolisation, and the manufacture of everything. To the State it is that all parties without exception, radicals, socialists, or monarchists, constantly appeal. Among the Anglo-Saxons and notably in America this same word "democracy" signifies, on the contrary, the intense development of the will of the individual, and as complete a subordination as possible of the State, which, with the exception of the police, the army, and diplomatic relations, is not allowed the direction of anything, not even of public instruction. It is seen, then, that the same word which signifies for one people the subordination of the will and the initiative of the individual and the preponderance of the State, signifies for another the excessive development of the will and the initiative of the individual and the complete subordination of the State.[13]

[13] In my book, "The Psychological Laws of the Evolution of Peoples," I have insisted at length on the differences which distinguish the Latin democratic ideal from the Anglo-Saxon democratic ideal. Independently, and as the result of his travels, M. Paul Bourget has arrived, in his quite recent book, "Outre-Mer," at conclusions almost identical with mine.

2. ILLUSIONS

From the dawn of civilisation onwards crowds have always undergone the influence of illusions. It is to the creators of illusions that they have raised more temples, statues, and altars than to any other class of men. Whether it be the religious illusions of the past or the philosophic and social illusions of the present, these formidable sovereign powers are always found at the head of all the civilisations that have successively flourished on our planet. It is in their name that were built the temples of Chaldea and Egypt and the religious edifices of the Middle Ages, and that a vast upheaval shook the whole of Europe a century ago, and there is not one of our political, artistic, or social conceptions that is free from their powerful impress. Occasionally, at the cost of terrible disturbances, man overthrows them, but he seems condemned to always set them up again. Without them he would never have emerged from his primitive barbarian state, and without them again he would soon return to it. Doubtless they are futile shadows; but these children of our dreams have forced the nations to create whatever the arts may boast of splendour or civilisation of greatness. If one destroyed in museums and libraries, if one hurled down on the flagstones before the churches all the works and all the monuments of art that religions have inspired, what would remain of the great dreams of humanity? To give to men that portion of hope and illusion without which they cannot live, such is the reason for the existence of gods, heroes, and poets. During fifty years science appeared to undertake this task. But science has been compromised in hearts hungering after the ideal, because it does not dare to be lavish enough of promises, because it cannot lie."[14]

[14] Daniel Lesueur.

The philosophers of the last century devoted themselves with fervour to the destruction of the religious, political, and social illusions on which our forefathers had lived for a long tale of centuries. By destroying them they have dried up the springs of hope and resignation. Behind the immolated chimeras they came face to face with the blind and silent forces of nature, which are inexorable to weakness and ignore pity. Notwithstanding all its progress, philosophy has been unable as yet to offer the masses any ideal that can charm them; but, as they must have their illusions at all cost, they turn instinctively, as the insect seeks the light, to the rhetoricians who accord them what they want. Not truth, but error has always been the chief factor in the evolution of nations, and the reason why socialism is so powerful to-day is that it constitutes the last illusion that is still vital. In spite of all scientific demonstrations it continues on the increase. Its principal strength lies in the fact that it is championed by minds sufficiently ignorant of things as they are in reality to venture boldly to promise mankind happiness. The social illusion reigns to-day upon all the heaped-up ruins of the past, and to it belongs the future. The masses have never thirsted after truth. They turn aside from evidence that is not to their taste, preferring to deify error, if error seduce them. Whoever can

Psychologie des foules / Psychology of crowds

supply them with illusions is easily their master; whoever attempts to destroy their illusions is always their victim.

3. EXPERIENCE

Experience constitutes almost the only effective process by which a truth may be solidly established in the mind of the masses, and illusions grown too dangerous be destroyed. To this end, however, it is necessary that the experience should take place on a very large scale, and be very frequently repeated. The experiences undergone by one generation are useless, as a rule, for the generation that follows, which is the reason why historical facts, cited with a view to demonstration, serve no purpose. Their only utility is to prove to what an extent experiences need to be repeated from age to age to exert any influence, or to be successful in merely shaking an erroneous opinion when it is solidly implanted in the mind of the masses. Our century and that which preceded it will doubtless be alluded to by historians as an era of curious experiments, which in no other age have been tried in such number. The most gigantic of these experiments was the French Revolution. To find out that a society is not to be refashioned from top to bottom in accordance with the dictates of pure reason, it was necessary that several millions of men should be massacred and that Europe should be profoundly disturbed for a period of twenty years. To prove to us experimentally that dictators cost the nations who acclaim them dear, two ruinous experiences have been required in fifty years, and in spite of their clearness they do not seem to have been sufficiently convincing. The first, nevertheless, cost three millions of men and an invasion, the second involved a loss of territory, and carried in its wake the necessity for permanent armies. A third was almost attempted not long since, and will assuredly be attempted one day. To bring an entire nation to admit that the huge German army was not, as was currently alleged thirty years ago, a sort of harmless national guard,[15] the terrible war which cost us so dear had to take place. To bring about the recognition that Protection ruins the nations who adopt it, at least twenty years of disastrous experience will be needful. These examples might be indefinitely multiplied.

[15] The opinion of the crowd was formed in this case by those rough-and-ready associations of dissimilar things, the mechanism of which I have previously explained. The French national guard of that period, being composed of peaceable shopkeepers, utterly lacking in discipline and quite incapable of being taken seriously, whatever bore a similar name, evoked the same conception and was considered in consequence as harmless. The error of the crowd was shared at the time by its leaders, as happens so often in connection with opinions dealing with generalisations. In a speech made in the Chamber on the 31st of December, 1867, and quoted in a book by M. E. Ollivier that has appeared recently, a statesman who often followed the opinion of the crowd but was never in advance of it—I allude to M. Thiers—declared that Prussia only possessed a national guard analogous to that of France, and in consequence without importance, in addition to a regular army about equal to the French regular army; assertions about as accurate as the predictions of the same statesman as to the insignificant future reserved for railways.

4. REASON

In enumerating the factors capable of making an impression on the minds of crowds all mention of reason might be dispensed with, were it not necessary to point out the negative value of its influence. We have already shown that crowds are not to be influenced by reasoning, and can only comprehend rough-and-ready associations of ideas. The orators who know how to make an impression upon them always appeal in consequence to their sentiments and never to their reason. The laws of logic have no action on crowds.[16] To bring home conviction to crowds it is necessary first of all to thoroughly comprehend the sentiments by which they are animated, to pretend to share these sentiments, then to endeavour to modify them by calling up, by means of rudimentary associations, certain eminently suggestive notions, to be capable, if need be, of going back to the point of view from which a start was made, and, above all, to divine from instant to instant the sentiments to which one's discourse is giving birth. This necessity of ceaselessly varying one's language in accordance with the effect produced at the moment of speaking deprives from the outset a prepared and studied harangue of all efficaciousness. In such a speech the orator follows his own line of thought, not that of his hearers, and from this fact alone his influence is annihilated.

[16] *My first observations with regard to the art of impressing crowds and touching the slight assistance to be derived in this connection from the rules of logic date back to the seige of Paris, to the day when I saw conducted to the Louvre, where the Government was then sitting, Marshal V——, whom a furious crowd asserted they had surprised in the act of taking the plans of the fortifications to sell them to the Prussians. A member of the Government (G. P——), a very celebrated orator, came out to harangue the crowd, which was demanding the immediate execution of the prisoner. I had expected that the speaker would point out the absurdity of the accusation by remarking that the accused Marshal was positively one of those who had constructed the fortifications, the plan of which, moreover, was on sale at every booksellers. To my immense stupefaction—I was very young then—the speech was on quite different lines. "Justice shall be done," exclaimed the orator, advancing towards the prisoner, "and pitiless justice. Let the Government of the National Defence conclude your inquiry. In the meantime we will keep the prisoner in custody." At once calmed by this apparent concession, the crowd broke up, and a quarter of an hour later the Marshal was able to return home. He would infallibly have been torn in pieces had the speaker treated the infuriated crowd to the logical arguments that my extreme youth induced me to consider as very convincing.*

Logical minds, accustomed to be convinced by a chain of somewhat close reasoning, cannot avoid having recourse to this mode of persuasion when addressing crowds, and the inability of their arguments always surprises them. "The usual mathematical consequences based on the syllogism—that is, on associations of identities—are imperative . . ." writes a logician. "This imperativeness would enforce the assent even of an inorganic mass were it capable of following associations of identities." This is doubtless true, but a crowd is no more capable than an inorganic mass of following such associations, nor even of understanding them. If the attempt be made to convince by reasoning primitive minds—savages or children, for instance— the slight value possessed by this method of arguing will be understood. It is not even necessary to descend so low as primitive beings to obtain an insight into the utter powerlessness of reasoning when it has to fight against sentiment. Let us merely call to mind how tenacious, for centuries long, have been religious superstitions in contradiction with the simplest logic. For nearly two thousand years the most luminous geniuses have bowed before their laws, and modern times have to be reached for their veracity to be merely contested. The Middle Ages and the Renaissance possessed many enlightened men, but not a single man who attained by reasoning to an appreciation of the childish side of his superstitions, or who promulgated even a slight doubt as to the misdeeds of the devil or the necessity of burning sorcerers. Should it be regretted that crowds are never guided by reason? We would not venture to affirm it. Without a doubt human reason would not have availed to spur humanity along the path of civilisation with the ardour and hardihood its illusions have done. These illusions, the offspring of those unconscious forces by which we are led, were doubtless necessary. Every race carries in its mental constitution the laws of its destiny, and it is, perhaps, these laws that it obeys with a resistless impulse, even in the case of those of its impulses which apparently are the most unreasoned. It seems at times as if nations were submitted to secret forces analogous to those which compel the acorn to transform itself into an oak or a comet to follow its orbit. What little insight we can get into these forces must be sought for in the general course of the evolution of a people, and not in the isolated facts from which this evolution appears at times to proceed. Were these facts alone to be taken into consideration, history would seem to be the result of a series of improbable chances. It was improbable that a Galilean carpenter should become for two thousand years an all-powerful God in whose name the most important civilisations were founded; improbable, too, that a few bands of Arabs, emerging from their deserts, should conquer the greater part of the old Graco-Roman world, and establish an empire greater than that of Alexander; improbable, again, that in Europe, at an advanced period of its development, and when authority throughout it had been systematically hierarchised, an obscure lieutenant of artillery should have succeeded in reigning over a multitude of peoples and kings. Let us leave reason, then, to philosophers, and not insist too strongly on its intervention in the governing of men. It is not by reason, but most often in spite of it, that are created those sentiments that are the mainsprings of all civilisation—sentiments such as honour, self- sacrifice, religious faith, patriotism, and the love of glory.

Gustave Le Bon

CHAPTER III

THE LEADERS OF CROWDS AND THEIR MEANS OF PERSUASION

We are now acquainted with the mental constitution of crowds, and we also know what are the motives capable of making an impression on their mind. It remains to investigate how these motives may be set in action, and by whom they may usefully be turned to practical account.

1. THE LEADERS OF CROWDS.

As soon as a certain number of living beings are gathered together, whether they be animals or men, they place themselves instinctively under the authority of a chief.

In the case of human crowds the chief is often nothing more than a ringleader or agitator, but as such he plays a considerable part. His will is the nucleus around which the opinions of the crowd are grouped and attain to identity. He constitutes the first element towards the organisation of heterogeneous crowds, and paves the way for their organisation in sects; in the meantime he directs them. A crowd is a servile flock that is incapable of ever doing without a master. The leader has most often started as one of the led. He has himself been hypnotised by the idea, whose apostle he has since become. It has taken possession of him to such a degree that everything outside it vanishes, and that every contrary opinion appears to him an error or a superstition. An example in point is Robespierre, hypnotised by the philosophical ideas of Rousseau, and employing the methods of the Inquisition to propagate them. The leaders we speak of are more frequently men of action than thinkers. They are not gifted with keen foresight, nor could they be, as this quality generally conduces to doubt and inactivity. They are especially recruited from the ranks of those morbidly nervous, excitable, half-deranged persons who are bordering on madness. However absurd may be the idea they uphold or the goal they pursue, their convictions are so strong that all reasoning is lost upon them. Contempt and persecution do not affect them, or only serve to excite them the more. They sacrifice their personal interest, their family—everything. The very instinct of self-preservation is entirely obliterated in them, and so much so that often the only recompense they solicit is that of martyrdom. The intensity of their faith gives great power of suggestion to their words. The multitude is always ready to listen to the strong-willed man, who knows how to impose himself upon it. Men gathered in a crowd lose all force of will, and turn instinctively to the person who possesses the quality they lack. Nations have never lacked leaders, but all of the latter have by no means been animated by those strong convictions proper to apostles. These leaders are often subtle rhetoricians, seeking only their own personal interest, and endeavouring to persuade by flattering base instincts. The influence they can assert in this manner may be very great, but it is always ephemeral. The men of ardent convictions who have stirred the soul of crowds, the Peter the Hermits, the Luthers, the Savonarolas, the men of the French Revolution, have only exercised their fascination after having been themselves fascinated first of all by a creed. They are then able to call up in the souls of their fellows that formidable force known as faith, which renders a man the absolute slave of his dream. The arousing of faith—whether religious, political, or social, whether faith in a work, in a person, or an idea—has always been the function of the great leaders of crowds, and it is on this account that their influence is always very great. Of all the forces at the disposal of humanity, faith has always been one of the most tremendous, and the gospel rightly attributes to it the power of moving mountains. To endow a man with faith is to multiply his strength tenfold. The great events of history have been brought about by obscure believers, who have had little beyond their faith in their favour. It is not by the aid of the learned or of philosophers, and still less of sceptics, that have been built up the great religions which have swayed the world, or the vast empires which have spread from one hemisphere to the other. In the cases just cited, however, we are dealing with great leaders, and they are so few in number that history can easily reckon them up. They form the summit of a continuous series, which extends from these powerful masters of men down to the workman who, in the smoky atmosphere of an inn, slowly fascinates his comrades by ceaselessly drumming into their ears a few set phrases, whose purport he scarcely comprehends, but the application of which, according to him, must surely bring about the realisation of all dreams and of every hope. In every social sphere, from the highest to the lowest, as soon as a man ceases to be isolated he speedily falls under the influence of a leader. The majority of men, especially among the masses, do not possess clear and reasoned ideas on any subject whatever outside their own speciality. The leader serves them as guide. It is just possible that he may be replaced, though very inefficiently, by the periodical publications which manufacture opinions for their readers and supply them with ready- made phrases which dispense them of the trouble of reasoning. The leaders of crowds wield a very despotic authority, and this despotism indeed is a condition of their obtaining a following. It has often been remarked how easily they extort obedience, although without any means of backing up their authority, from the most turbulent section of the working classes. They fix the hours of labour and the rate of wages, and they decree strikes, which are begun and ended at the hour they ordain. At the present day these leaders and agitators tend more and more to usurp the place of the public authorities in proportion as the latter allow themselves to be called in question and shorn of their strength. The tyranny of these new masters has for result that the crowds obey them much more docilely than they have obeyed any government. If in consequence of some accident or other the leaders should be removed from the scene the crowd returns to its original state of a collectivity without cohesion or force of resistance. During the last strike of the Parisian omnibus employes the arrest of the two leaders who were directing it was at once sufficient to bring it to an end. It is the need not of liberty but of servitude that is always predominant in the soul of crowds. They are so bent on obedience that they instinctively submit to whoever declares himself their master. These ringleaders and agitators may be divided into two clearly defined classes. The one includes the men who are energetic and possess, but only intermittently, much strength of will, the other the men, far rarer than the preceding, whose strength of will is enduring. The first mentioned are violent, brave, and audacious. They are more especially useful to direct a violent enterprise suddenly decided on, to carry the masses with them in spite of danger, and to transform into heroes the men who but yesterday were recruits. Men of this kind were Ney and Murat under the First Empire, and such a man in our own time was Garibaldi, a talentless but energetic adventurer who succeeded with a handful of men in laying hands on the ancient kingdom of Naples, defended though it was by a disciplined army. Still, though the energy of leaders of this class is a force to be reckoned with, it is transitory, and scarcely outlasts the exciting cause that has brought it into play. When they have returned to their ordinary course of life the heroes animated by energy of this description often evince, as was the case with those I have just cited, the most astonishing weakness of character. They seem incapable of reflection and of conducting themselves under the simplest circumstances, although they had been able to lead others. These men are leaders who cannot exercise their function except on the condition that they be led themselves and continually stimulated, that they have always as their beacon a man or an idea, that they follow a line of conduct clearly traced. The second category of leaders, that of men of enduring strength of will, have, in spite of a less brilliant aspect, a much more considerable influence. In this category are to be found the true founders of religions and great undertakings: St. Paul, Mahomet, Christopher Columbus, and de Lesseps, for example. Whether they be intelligent or narrow-minded is of no importance: the world belongs to them. The persistent will-force they possess is an immensely rare and immensely powerful faculty to which everything yields. What a strong and continuous will is capable of is not always properly appreciated. Nothing resists it; neither nature, gods, nor man. The most recent example of what can be effected by a strong and continuous will is afforded us by the illustrious man who separated the Eastern and Western worlds, and accomplished a task that during three thousand years had been attempted in vain by the greatest sovereigns. He failed later in an identical enterprise, but then had intervened old age, to which everything, even the will, succumbs. When it is desired to show what may be done by mere strength of will, all that is necessary is to relate in detail the history of the difficulties that had to be surmounted in connection with the cutting of the Suez Canal. An ocular witness, Dr. Cazalis, has summed up in a few striking lines the entire story of this great work, recounted by its immortal author. "From day to day, episode by episode, he told the stupendous story of the canal. He told of all he had had to vanquish, of the impossible he had made possible, of all the opposition he encountered, of the coalition against him, and the disappointments, the reverses, the defeats which had been unavailing to discourage or depress him. He recalled how England had combatted him, attacking him without cessation, how Egypt and France had hesitated, how the French Consul had been foremost in his opposition to the early stages of the work, and the nature of the opposition he had met with, the attempt to force his workmen to desert from thirst by refusing them fresh water; how the Minister of Marine and the engineers, all responsible men of experienced and scientific training, had naturally all been hostile, were all certain on scientific grounds that disaster was at hand, had calculated its coming, foretelling it for such a day and hour as an eclipse is foretold." The book which relates the lives of all these great leaders would not contain many names, but these names have been bound up with the most important events in the history of civilisation.

2. THE MEANS OF ACTION OF THE LEADERS: AFFIRMATION, REPETITION, CONTAGION

When it is wanted to stir up a crowd for a short space of time, to induce it to commit an act of any nature—to pillage a palace, or to die in defence of a stronghold or a barricade, for instance—the crowd must be acted upon by rapid suggestion, among which example is the most powerful in its effect. To attain this end, however, it is necessary that the crowd should have been previously prepared by certain circumstances, and, above all, that he who wishes to work upon it should possess the quality to be studied farther on, to which I give the name of prestige. When, however, it is proposed to imbue the mind of a crowd with ideas and beliefs—with modern social theories, for instance—the leaders have recourse to different expedients. The principal of them are three in number and clearly defined—affirmation, repetition, and contagion. Their action is somewhat slow, but its effects, once produced, are very lasting. Affirmation pure and simple, kept free of all reasoning and all proof, is one of the surest means of making an idea enter the mind of crowds. The conciser an affirmation is, the more destitute of every appearance of proof and demonstration, the more weight it carries. The religious books and the legal codes of all ages have always resorted to simple affirmation. Statesmen called upon to defend a political cause, and commercial men pushing the sale of their products by means of advertising are acquainted with the value of affirmation. Affirmation, however, has no real influence unless it be constantly repeated, and so far as possible in the same terms. It was Napoleon, I believe, who said that there is only one figure in rhetoric of serious importance, namely, repetition. The thing affirmed comes by repetition to fix itself in the mind in such a way that it is accepted in the end as a demonstrated truth. The influence of repetition on crowds is comprehensible when the power is seen which it exercises on the most enlightened minds. This power is due to the fact that the repeated statement is embedded in the long run in those profound regions of our unconscious selves in which the motives of our actions are forged. At the end of a certain time we have forgotten who is the author of the repeated assertion, and we finish by believing it. To this circumstance is due the astonishing power of advertisements. When we have read a hundred, a thousand, times that X's chocolate is the best, we imagine we have heard it said in many quarters, and we end by acquiring the certitude that such is the fact. When we have read a thousand times that Y's flour has cured the most illustrious persons of the most obstinate maladies, we are tempted at last to try it when suffering from an illness of a similar kind. If we always read in the same papers that A is an arrant scamp and B a most honest man we finish by being convinced that this is the truth, unless, indeed, we are given to reading another paper of the contrary opinion, in which the two qualifications are reversed. Affirmation and repetition are alone powerful enough to combat each other.

When an affirmation has been sufficiently repeated and there is unanimity in this repetition—as has occurred in the case of certain famous financial undertakings rich enough to purchase every assistance— what is called a current of opinion is formed and the powerful mechanism of contagion intervenes. Ideas, sentiments, emotions, and beliefs possess in crowds a contagious power as intense as that of microbes. This phenomenon is very natural, since it is observed even in animals when they are together in number. Should a horse in a stable take to biting his manger the other horses in the stable will imitate him. A panic that has seized on a few sheep will soon extend to the whole flock. In the case of men collected in a crowd all emotions are very rapidly contagious, which explains the suddenness of panics. Brain disorders, like madness, are themselves contagious. The frequency of madness among doctors who are specialists for the mad is notorious. Indeed, forms of madness have recently been cited—agoraphobia, for instance—which are communicable from men to animals. For individuals to succumb to contagion their simultaneous presence on the same spot is not indispensable. The action of contagion may be felt from a distance under the influence of events which give all minds an individual trend and the characteristics peculiar to crowds. This is especially the case when men's minds have been prepared to undergo the influence in question by those remote factors of which I have made a study above. An example in point is the revolutionary movement of 1848, which, after breaking out in Paris, spread rapidly over a great part of Europe and shook a number of thrones. Imitation, to which so much influence is attributed in social phenomena, is in reality a mere effect of contagion. Having shown its influence elsewhere, I shall confine myself to reproducing what I said on the subject fifteen years ago. My remarks have since been developed by other writers in recent publications. "Man, like animals, has a natural tendency to imitation. Imitation is a necessity for him, provided always that the imitation is quite easy. It is this necessity that makes the influence of what is called fashion so powerful. Whether in the matter of opinions, ideas, literary manifestations, or merely of dress, how many persons are bold enough to run counter to the fashion? It is by examples not by arguments that crowds are guided. At every period there exists a small number of individualities which react upon the remainder and are imitated by the unconscious mass. It is needful however, that these individualities should not be in too pronounced disagreement with received ideas. Were they so, to imitate them would be too difficult and their influence would be nil. For this very reason men who are too superior to their epoch are generally without influence upon it. The line of separation is too strongly marked. For the same reason too Europeans, in spite of all the advantages of their civilisation, have so insignificant an influence on Eastern people; they differ from them to too great an extent. "The dual action of the past and of reciprocal imitation renders, in the long run, all the men of the same country and the same period so alike that even in the case of individuals who would seem destined to escape this double influence, such as philosophers, learned men, and men of letters, thought and style have a family air which enables the age to which they belong to be immediately recognised. It is not necessary to talk for long with an individual to attain to a thorough knowledge of what he reads, of his habitual occupations, and of the surroundings amid which he lives."[17]

[17] Gustave le Bon, "L'Homme et les Societes," vol. ii. p. 116. 1881.

Contagion is so powerful that it forces upon individuals not only certain opinions, but certain modes of feeling as well. Contagion is the cause of the contempt in which, at a given period, certain works are held—the example of "Tannhauser" may be cited—which, a few years later, for the same reason are admired by those who were foremost in criticising them. The opinions and beliefs of crowds are specially propagated by contagion, but never by reasoning. The conceptions at present rife among the working classes have been acquired at the public-house as the result of affirmation, repetition, and contagion, and indeed the mode of creation of the beliefs of crowds of every age has scarcely been different. Renan justly institutes a comparison between the first founders of Christianity and "the socialist working men spreading their ideas from public-house to public-house"; while Voltaire had already observed in connection with the Christian religion that "for more than a hundred years it was only embraced by the vilest riff-raff." It will be noted that in cases analogous to those I have just cited, contagion, after having been at work among the popular classes, has spread to the higher classes of society. This is what we see happening at the present day with regard to the socialist doctrines which are beginning to be held by those who will yet be their first victims. Contagion is so powerful a force that even the sentiment of personal interest disappears under its action.

This is the explanation of the fact that every opinion adopted by the populace always ends in implanting itself with great vigour in the highest social strata, however obvious be the absurdity of the triumphant opinion. This reaction of the lower upon the higher social classes is the more curious, owing to the circumstance that the beliefs of the crowd always have their origin to a greater or less extent in some higher idea, which has often remained without influence in the sphere in which it was evolved. Leaders and agitators, subjugated by this higher idea, take hold of it, distort it and create a sect which distorts it afresh, and then propagates it amongst the masses, who carry the process of deformation still further. Become a popular truth the idea returns, as it were, to its source and exerts an influence on the upper classes of a nation. In the long run it is intelligence that shapes the destiny of the world, but very indirectly. The philosophers who evolve ideas have long since returned to dust, when, as the result of the process I have just described, the fruit of their reflection ends by triumphing.

3. PRESTIGE

Great power is given to ideas propagated by affirmation, repetition, and contagion by the circumstance that they acquire in time that mysterious force known as prestige. Whatever has been a ruling power in the world, whether it be ideas or men, has in the main enforced its authority by means of that irresistible force expressed by the word "prestige." The term is one whose meaning is grasped by everybody, but the word is employed in ways too different for it to be easy to define it. Prestige may involve such sentiments as admiration or fear. Occasionally even these sentiments are its basis, but it can perfectly well exist without them. The greatest measure of prestige is possessed by the dead, by beings, that is, of whom we do not stand in fear—by Alexander, Caesar, Mahomet, and Buddha, for example. On the other hand, there are fictive beings whom we do not admire—the monstrous divinities of the subterranean temples of India, for instance—but who strike us nevertheless as endowed with a great prestige. Prestige in reality is a sort of domination exercised on our mind by an individual, a work, or an idea. This domination entirely paralyses our critical faculty, and fills our soul with astonishment and respect. The sentiment provoked is inexplicable, like all sentiments, but it would appear to be of the same kind as the fascination to which a magnetised person is subjected. Prestige is the mainspring of all authority. Neither gods, kings, nor women have ever reigned without it. The various kinds of prestige may be grouped under two principal heads:

acquired prestige and personal prestige. Acquired prestige is that resulting from name, fortune, and reputation. It may be independent of personal prestige. Personal prestige, on the contrary, is something essentially peculiar to the individual; it may coexist with reputation, glory, and fortune, or be strengthened by them, but it is perfectly capable of existing in their absence. Acquired or artificial prestige is much the most common. The mere fact that an individual occupies a certain position, possesses a certain fortune, or bears certain titles, endows him with prestige, however slight his own personal worth. A soldier in uniform, a judge in his robes, always enjoys prestige. Pascal has very properly noted the necessity for judges of robes and wigs. Without them they would be stripped of half their authority. The most unbending socialist is always somewhat impressed by the sight of a prince or a marquis; and the assumption of such titles makes the robbing of tradesmen an easy matter.[18]

[18] *The influence of titles, decorations, and uniforms on crowds is to be traced in all countries, even in those in which the sentiment of personal independence is the most strongly developed. I quote in this connection a curious passage from a recent book of travel, on the prestige enjoyed in England by great persons.*

"I had observed, under various circumstances, the peculiar sort of intoxication produced in the most reasonable Englishmen by the contact or sight of an English peer. "Provided his fortune enables him to keep up his rank, he is sure of their affection in advance, and brought into contact with him they are so enchanted as to put up with anything at his hands. They may be seen to redden with pleasure at his approach, and if he speaks to them their suppressed joy increases their redness, and causes their eyes to gleam with unusual brilliance. Respect for nobility is in their blood, so to speak, as with Spaniards the love of dancing, with Germans that of music, and with Frenchmen the liking for revolutions. Their passion for horses and Shakespeare is less violent, the satisfaction and pride they derive from these sources a less integral part of their being. There is a considerable sale for books dealing with the peerage, and go where one will they are to be found, like the Bible, in all hands."

The prestige of which I have just spoken is exercised by persons; side by side with it may be placed that exercised by opinions, literary and artistic works, &c. Prestige of the latter kind is most often merely the result of accumulated repetitions. History, literary and artistic history especially, being nothing more than the repetition of identical judgments, which nobody endeavours to verify, every one ends by repeating what he learnt at school, till there come to be names and things which nobody would venture to meddle with. For a modern reader the perusal of Homer results incontestably in immense boredom; but who would venture to say so? The Parthenon, in its present state, is a wretched ruin, utterly destitute of interest, but it is endowed with such prestige that it does not appear to us as it really is, but with all its accompaniment of historic memories. The special characteristic of prestige is to prevent us seeing things as they are and to entirely paralyse our judgment. Crowds always, and individuals as a rule, stand in need of ready-made opinions on all subjects. The popularity of these opinions is independent of the measure of truth or error they contain, and is solely regulated by their prestige.

I now come to personal prestige. Its nature is very different from that of artificial or acquired prestige, with which I have just been concerned. It is a faculty independent of all titles, of all authority, and possessed by a small number of persons whom it enables to exercise a veritably magnetic fascination on those around them, although they are socially their equals, and lack all ordinary means of domination. They force the acceptance of their ideas and sentiments on those about them, and they are obeyed as is the tamer of wild beasts by the animal that could easily devour him. The great leaders of crowds, such as Buddha, Jesus, Mahomet, Joan of Arc, and Napoleon, have possessed this form of prestige in a high degree, and to this endowment is more particularly due the position they attained. Gods, heroes, and dogmas win their way in the world of their own inward strength.

They are not to be discussed: they disappear, indeed, as soon as discussed.

The great personages I have just cited were in possession of their power of fascination long before they became illustrious, and would never have become so without it. It is evident, for instance, that Napoleon at the zenith of his glory enjoyed an immense prestige by the mere fact of his power, but he was already endowed in part with this prestige when he was without power and completely unknown. When, an obscure general, he was sent, thanks to influential protection, to command the army of Italy, he found himself among rough generals who were of a mind to give a hostile reception to the young intruder dispatched them by the Directory. From the very beginning, from the first interview, without the aid of speeches, gestures, or threats, at the first sight of the man who was to become great they were vanquished. Taine furnishes a curious account of this interview taken from contemporary memoirs.

"The generals of division, amongst others Augereau, a sort of swashbuckler, uncouth and heroic, proud of his height and his bravery, arrive at the staff quarters very badly disposed towards the little upstart dispatched them from Paris. On the strength of the description of him that has been given them, Augereau is inclined to be insolent and insubordinate; a favourite of Barras, a general who owes his rank to the events of Vendemiaire who has won his grade by street-fighting, who is looked upon as bearish, because he is always thinking in solitude, of poor aspect, and with the reputation of a mathematician and dreamer. They are introduced, and Bonaparte keeps them waiting. At last he appears, girt with his sword; he puts on his hat, explains the measures he has taken, gives his orders, and dismisses them. Augereau has remained silent; it is only when he is outside that he regains his self-possession and is able to deliver himself of his customary oaths. He admits with Massena that this little devil of a general has inspired him with awe; he cannot understand the ascendency by which from the very first he has felt himself overwhelmed."

Become a great man, his prestige increased in proportion as his glory grew, and came to be at least equal to that of a divinity in the eyes of those devoted to him. General Vandamme, a rough, typical soldier of the Revolution, even more brutal and energetic than Augereau, said of him to Marshal d'Arnano in 1815, as on one occasion they mounted together the stairs of the Tuileries: "That devil of a man exercises a fascination on me that I cannot explain even to myself, and in such a degree that, though I fear neither God nor devil, when I am in his presence I am ready to tremble like a child, and he could make me go through the eye of a needle to throw myself into the fire." Napoleon exercised a like fascination on all who came into contact with him.[19]

---

[19] Thoroughly conscious of his prestige, Napoleon was aware that he added to it by treating rather worse than stable lads the great personages around him, and among whom figured some of those celebrated men of the Convention of whom Europe had stood in dread. The gossip of the period abounds in illustrations of this fact. One day, in the midst of a Council of State, Napoleon grossly insults Beugnot, treating him as one might an unmannerly valet. The effect produced, he goes up to him and says, "Well, stupid, have you found your head again?" Whereupon Beugnot, tall as a drum-major, bows very low, and the little man raising his hand, takes the tall one by the ear, "an intoxicating sign of favour," writes Beugnot, "the familiar gesture of the master who waxes gracious." Such examples give a clear idea of the degree of base platitude that prestige can provoke. They enable us to understand the immense contempt of the great despot for the men surrounding him—men whom he merely looked upon as "food for powder."

Davoust used to say, talking of Maret's devotion and of his own: "Had the Emperor said to us, `It is important in the interest of my policy that Paris should be destroyed without a single person leaving it or escaping,' Maret I am sure would have kept the secret, but he could not have abstained from compromising himself by seeing that his family got clear of the city. On the other hand, I, for fear of letting the truth leak out, would have let my wife and children stay."

It is necessary to bear in mind the astounding power exerted by fascination of this order to understand that marvellous return from the Isle of Elba, that lightning-like conquest of France by an isolated man confronted by all the organised forces of a great country that might have been supposed weary of his tyranny. He had merely to cast a look at the generals sent to lay hands on him, and who had sworn to accomplish their mission. All of them submitted without discussion.

"Napoleon," writes the English General Wolseley, "lands in France almost alone, a fugitive from the small island of Elba which was his kingdom, and succeeded in a few weeks, without bloodshed, in upsetting all organised authority in France under its legitimate king; is it possible for the personal ascendency of a man to affirm itself in a more astonishing manner? But from the beginning to the end of this campaign, which was his last, how remarkable too is the ascendency he exercised over the Allies, obliging them to follow his initiative, and how near he came to crushing them!"

His prestige outlived him and continued to grow. It is his prestige that made an emperor of his obscure nephew. How powerful is his memory still is seen in the resurrection of his legend in progress at the present day. Ill-treat men as you will, massacre them by millions, be the cause of invasion upon invasion, all is permitted you if you possess prestige in a sufficient degree and the talent necessary to uphold it. I have invoked, no doubt, in this case a quite exceptional example of prestige, but one it was useful to cite to make clear the genesis of great religions, great doctrines, and great empires. Were it not for the power exerted on the crowd by prestige, such growths would be incomprehensible. Prestige, however, is not based solely on personal ascendency, military glory, and religious terror; it may have a more modest origin and still be considerable. Our century furnishes several examples. One of the most striking ones that posterity will recall from age to age will be supplied by the history of the illustrious man who modified the face of the globe and the commercial relations of the nations by separating two continents. He succeeded in his enterprise owing to his immense strength of will, but also owing to the fascination he exercised on those surrounding him. To overcome the unanimous opposition he met with, he had only to show himself. He would speak briefly, and in face of the charm he exerted his opponents became his friends. The English in particular strenuously opposed his scheme; he had only to put in an appearance in England to rally all suffrages. In later years, when he passed Southampton, the bells were rung on his passage; and at the present day a movement is on foot in England to raise a statue in his honour.

"Having vanquished whatever there is to vanquish, men and things, marshes, rocks, and sandy wastes," he had ceased to believe in obstacles, and wished to begin Suez over again at Panama. He began again with the same methods as of old; but he had aged, and, besides, the faith that moves mountains does not move them if they are too lofty. The mountains resisted, and the catastrophe that ensued destroyed the glittering aureole of glory that enveloped the hero. His life teaches how prestige can grow and how it can vanish. After rivalling in greatness the most famous heroes of history, he was lowered by the magistrates of his country to the ranks of the vilest criminals. When he died his coffin, unattended, traversed an indifferent crowd. Foreign sovereigns are alone in rendering homage to his memory as to that of one of the greatest men that history has known.[20]

[20] *An Austrian paper, the Neue Freie Presse, of Vienna, has indulged on the subject of the destiny of de Lesseps in reflections marked by a most judicious psychological insight. I therefore reproduce them here:—*

"After the condemnation of Ferdinand de Lesseps one has no longer the right to be astonished at the sad end of Christopher Columbus. If Ferdinand de Lesseps were a rogue every noble illusion is a crime. Antiquity would have crowned the memory of de Lesseps with an aureole of glory, and would have made him drink from the bowl of nectar in the midst of Olympus, for he has altered the face of the earth and accomplished works which make the creation more perfect. The President of the Court of Appeal has immortalised himself by condemning Ferdinand de Lesseps, for the nations will always demand the name of the man who was not afraid to debase his century by investing with the convict's cap an aged man, whose life redounded to the glory of his contemporaries.

"Let there be no more talk in the future of inflexible justice, there where reigns a bureaucratic hatred of audacious feats. The nations have need of audacious men who believe in themselves and overcome every obstacle without concern for their personal safety. Genius cannot be prudent; by dint of prudence it could never enlarge the sphere of human activity.

". . . Ferdinand de Lesseps has known the intoxication of triumph and the bitterness of disappointment—Suez and Panama. At this point the heart revolts at the morality of success. When de Lesseps had succeeded in joining two seas princes and nations rendered him their homage; to-day, when he meets with failure among the rocks of the Cordilleras, he is nothing but a vulgar rogue. . . . In this result we see a war between the classes of society, the discontent of bureaucrats and employes, who take their revenge with the aid of the criminal code on those who would raise themselves above their fellows. . . . Modern legislators are filled with embarrassment when confronted by the lofty ideas due to human genius; the public comprehends such ideas still less, and it is easy for an advocate-general to prove that Stanley is a murderer and de Lesseps a deceiver."

Still, the various examples that have just been cited represent extreme cases. To fix in detail the psychology of prestige, it would be necessary to place them at the extremity of a series, which would range from the founders of religions and empires to the private individual who endeavours to dazzle his neighbours by a new coat or a decoration. Between the extreme limits of this series would find a place all the forms of prestige resulting from the different elements composing a civilisation—sciences, arts, literature, &c.—and it would be seen that prestige constitutes the fundamental element of persuasion. Consciously or not, the being, the idea, or the thing possessing prestige is immediately imitated in consequence of contagion, and forces an entire generation to adopt certain modes of feeling and of giving expression to its thought. This imitation, moreover, is, as a rule, unconscious, which accounts for the fact that it is perfect. The modern painters who copy the pale colouring and the stiff attitudes of some of the Primitives are scarcely alive to the source of their inspiration. They believe in their own sincerity, whereas, if an eminent master had not revived this form of art, people would have continued blind to all but its naive and inferior sides. Those artists who, after the manner of another illustrious master, inundate their canvasses with violet shades do not see in nature more violet than was detected there fifty years ago; but they are influenced, "suggestioned," by the personal and special impressions of a painter who, in spite of this eccentricity, was successful in acquiring great prestige. Similar examples might be brought forward in connection with all the elements of civilisation. It is seen from what precedes that a number of factors may be concerned in the genesis of prestige; among them success was always one of the most important. Every successful man, every idea that forces itself into recognition, ceases, ipso facto, to be called in question. The proof that success is one of the principal stepping-stones to prestige is that the disappearance of the one is almost always followed by the disappearance of the other. The hero whom the crowd acclaimed yesterday is insulted to-day should he have been overtaken by failure. The reaction, indeed, will be the stronger in proportion as the prestige has been great. The crowd in this case considers the fallen hero as an equal, and takes its revenge for having bowed to a superiority whose existence it no longer admits. While Robespierre was causing the execution of his colleagues and of a great number of his contemporaries, he possessed an immense prestige. When the transposition of a few votes deprived him of power, he immediately lost his prestige, and the crowd followed him to the guillotine with the self-same imprecations with which shortly before it had pursued his victims. Believers always break the statues of their former gods with every symptom of fury.

Prestige lost by want of success disappears in a brief space of time. It can also be worn away, but more slowly by being subjected to discussion. This latter power, however, is exceedingly sure. From the moment prestige is called in question it ceases to be prestige. The gods and men who have kept their prestige for long have never tolerated discussion. For the crowd to admire, it must be kept at a distance.

CHAPTER IV

LIMITATIONS OF THE VARIABILITY OF THE BELIEFS AND OPINIONS OF CROWDS

1. FIXED BELIEFS

A close parallel exists between the anatomical and psychological characteristics of living beings. In these anatomical characteristics certain invariable, or slightly variable, elements are met with, to change which the lapse is necessary of geological ages. Side by side with these fixed, indestructible features are to be found others extremely changeable, which the art of the breeder or horticulturist may easily modify, and at times to such an extent as to conceal the fundamental characteristics from an observer at all inattentive. The same phenomenon is observed in the case of moral characteristics. Alongside the unalterable psychological elements of a race, mobile and changeable elements are to be encountered. For this reason, in studying the beliefs and opinions of a people, the presence is always detected of a fixed groundwork on which are engrafted opinions as changing as the surface sand on a rock.

The opinions and beliefs of crowds may be divided, then, into two very distinct classes. On the one hand we have great permanent beliefs, which endure for several centuries, and on which an entire civilisation may rest. Such, for instance, in the past were feudalism, Christianity, and Protestantism, and such, in our own time, are the nationalist principle and contemporary democratic and social ideas. In the second place, there are the transitory, changing opinions, the outcome, as a rule, of general conceptions, of which every age sees the birth and disappearance; examples in point are the theories which mould literature and the arts—those, for instance, which produced romanticism, naturalism, mysticism, &c. Opinions of this order are as superficial, as a rule, as fashion, and as changeable. They may be compared to the ripples which ceaselessly arise and vanish on the surface of a deep lake. The great generalised beliefs are very restricted in number. Their rise and fall form the culminating points of the history of every historic race. They constitute the real framework of civilisation. It is easy to imbue the mind of crowds with a passing opinion, but very difficult to implant therein a lasting belief. However, a belief of this latter description once established, it is equally difficult to uproot it. It is usually only to be changed at the cost of violent revolutions. Even revolutions can only avail when the belief has almost entirely lost its sway over men's minds. In that case revolutions serve to finally sweep away what had already been almost cast aside, though the force of habit prevented its complete abandonment. The beginning of a revolution is in reality the end of a belief. The precise moment at which a great belief is doomed is easily recognisable; it is the moment when its value begins to be called in question. Every general belief being little else than a fiction, it can only survive on the condition that it be not subjected to examination. But even when a belief is severely shaken, the institutions to which it has given rise retain their strength and disappear but slowly. Finally, when the belief has completely lost its force, all that rested upon it is soon involved in ruin. As yet a nation has never been able to change its beliefs without being condemned at the same time to transform all the elements of its civilisation. The nation continues this process of transformation until it has alighted on and accepted a new general belief: until this juncture it is perforce in a state of anarchy. General beliefs are the indispensable pillars of civilisations; they determine the trend of ideas. They alone are capable of inspiring faith and creating a sense of duty.

Nations have always been conscious of the utility of acquiring general beliefs, and have instinctively understood that their disappearance would be the signal for their own decline. In the case of the Romans, the fanatical cult of Rome was the belief that made them masters of the world, and when the belief had died out Rome was doomed to die. As for the barbarians who destroyed the Roman civilisation, it was only when they had acquired certain commonly accepted beliefs that they attained a measure of cohesion and emerged from anarchy.

Plainly it is not for nothing that nations have always displayed intolerance in the defence of their opinions. This intolerance, open as it is to criticism from the philosophic standpoint, represents in the life of a people the most necessary of virtues. It was to found or uphold general beliefs that so many victims were sent to the stake in the Middle Ages and that so many inventors and innovators have died in despair even if they have escaped martyrdom. It is in defence, too, of such beliefs that the world has been so often the scene of the direst disorder, and that so many millions of men have died on the battlefield, and will yet die there. There are great difficulties in the way of establishing a general belief, but when it is definitely implanted its power is for a long time to come invincible, and however false it be philosophically it imposes itself upon the most luminous intelligence. Have not the European peoples regarded as incontrovertible for more than fifteen centuries religious legends which, closely examined, are as barbarous[21] as those of Moloch? The frightful absurdity of the legend of a God who revenges himself for the disobedience of one of his creatures by inflicting horrible tortures on his son remained unperceived during many centuries. Such potent geniuses as a Galileo, a

Newton, and a Leibnitz never supposed for an instant that the truth of such dogmas could be called in question. Nothing can be more typical than this fact of the hypnotising effect of general beliefs, but at the same time nothing can mark more decisively the humiliating limitations of our intelligence.

[21] *Barbarous, philosophically speaking, I mean. In practice they have created an entirely new civilisation, and for fifteen centuries have given mankind a glimpse of those enchanted realms of generous dreams and of hope which he will know no more.*

As soon as a new dogma is implanted in the mind of crowds it becomes the source of inspiration whence are evolved its institutions, arts, and mode of existence. The sway it exerts over men's minds under these circumstances is absolute. Men of action have no thought beyond realising the accepted belief, legislators beyond applying it, while philosophers, artists, and men of letters are solely preoccupied with its expression under various shapes.

From the fundamental belief transient accessory ideas may arise, but they always bear the impress of the belief from which they have sprung. The Egyptian civilisation, the European civilisation of the Middle Ages, the Mussulman civilisation of the Arabs are all the outcome of a small number of religious beliefs which have left their mark on the least important elements of these civilisations and allow of their immediate recognition.

Thus it is that, thanks to general beliefs, the men of every age are enveloped in a network of traditions, opinions, and customs which render them all alike, and from whose yoke they cannot extricate themselves. Men are guided in their conduct above all by their beliefs and by the customs that are the consequence of those beliefs. These beliefs and customs regulate the smallest acts of our existence, and the most independent spirit cannot escape their influence. The tyranny exercised unconsciously on men's minds is the only real tyranny, because it cannot be fought against. Tiberius, Ghengis Khan, and Napoleon were assuredly redoubtable tyrants, but from the depth of their graves Moses, Buddha, Jesus, and Mahomet have exerted on the human soul a far profounder despotism. A conspiracy may overthrow a tyrant, but what can it avail against a firmly established belief? In its violent struggle with Roman Catholicism it is the French Revolution that has been vanquished, and this in spite of the fact that the sympathy of the crowd was apparently on its side, and in spite of recourse to destructive measures as pitiless as those of the Inquisition. The only real tyrants that humanity has known have always been the memories of its dead or the illusions it has forged itself. The philosophic absurdity that often marks general beliefs has never been an obstacle to their triumph. Indeed the triumph of such beliefs would seem impossible unless on the condition that they offer some mysterious absurdity. In consequence, the evident weakness of the socialist beliefs of to-day will not prevent them triumphing among the masses. Their real inferiority to all religious beliefs is solely the result of this consideration, that the ideal of happiness offered by the latter being realisable only in a future life, it was beyond the power of anybody to contest it. The socialist ideal of happiness being intended to be realised on earth, the vanity of its promises will at once appear as soon as the first efforts towards their realisation are made, and simultaneously the new belief will entirely lose its prestige. Its strength, in consequence, will only increase until the day when, having triumphed, its practical realisation shall commence. For this reason, while the new religion exerts to begin with, like all those that have preceded it, a destructive influence, it will be unable, in the future, to play a creative part.

2. THE CHANGEABLE OPINIONS OF CROWDS

Above the substratum of fixed beliefs, whose power we have just demonstrated, is found an overlying growth of opinions, ideas, and thoughts which are incessantly springing up and dying out. Some of them exist but for a day, and the more important scarcely outlive a generation. We have already noted that the changes which supervene in opinions of this order are at times far more superficial than real, and that they are always affected by racial considerations. When examining, for instance, the political institutions of France we showed that parties to all appearance utterly distinct—royalists, radicals, imperialists, socialists, &c.—have an ideal absolutely identical, and that this ideal is solely dependent on the mental structure of the French race, since a quite contrary ideal is found under analogous names among other races. Neither the name given to opinions nor deceptive adaptations alter the essence of things. The men of the Great Revolution, saturated with Latin literature, who (their eyes fixed on the Roman Republic), adopted its laws, its fasces, and its togas, did not become Romans because they were under the empire of a powerful historical suggestion. The task of the philosopher is to investigate what it is which subsists of ancient beliefs beneath their apparent changes, and to identify amid the moving flux of opinions the part determined by general beliefs and the genius of the race. In the absence of this philosophic test it might be supposed that crowds change their political or religious beliefs frequently and at will. All history, whether political, religious, artistic, or literary, seems to prove that such is the case. As an example, let us take a very short period of French history, merely that from 1790 to 1820, a period of thirty years' duration, that of a generation. In the course of it we see the crowd at first monarchical become very revolutionary, then very imperialist, and again very monarchical. In the matter of religion it gravitates in the same lapse of time from Catholicism to atheism, then towards deism, and then returns to the most pronounced forms of Catholicism. These changes take place not only amongst the masses, but also amongst those who direct them. We observe with astonishment the prominent men of the Convention, the sworn enemies of kings, men who would have neither gods nor masters, become the humble servants of Napoleon, and afterwards, under Louis XVIII., piously carry candles in religious processions. Numerous, too, are the changes in the opinions of the crowd in the course of the following seventy years. The "Perfidious Albion" of the opening of the century is the ally of France under Napoleon's heir; Russia, twice invaded by France, which looked on with satisfaction at French reverses, becomes its friend. In literature, art, and philosophy the successive evolutions of opinion are more rapid still. Romanticism, naturalism, mysticism, &c., spring up and die out in turn. The artist and the writer applauded yesterday are treated on the morrow with profound contempt.

When, however, we analyse all these changes in appearance so far reaching, what do we find? All those that are in opposition with the general beliefs and sentiments of the race are of transient duration, and the diverted stream soon resumes its course. The opinions which are not linked to any general belief or sentiment of the race, and which in consequence cannot possess stability, are at the mercy of every chance, or, if the expression be preferred, of every change in the surrounding circumstances. Formed by suggestion and contagion, they are always momentary; they crop up and disappear as rapidly on occasion as the sandhills formed by the wind on the sea-coast. At the present day the changeable opinions of crowds are greater in number than they ever were, and for three different reasons. The first is that as the old beliefs are losing their influence to a greater and greater extent, they are ceasing to shape the ephemeral opinions of the moment as they did in the past. The weakening of general beliefs clears the ground for a crop of haphazard opinions without a past or a future.

The second reason is that the power of crowds being on the increase, and this power being less and less counterbalanced, the extreme mobility of ideas, which we have seen to be a peculiarity of crowds, can manifest itself without let or hindrance.

Finally, the third reason is the recent development of the newspaper press, by whose agency the most contrary opinions are being continually brought before the attention of crowds. The suggestions that might result from each individual opinion are soon destroyed by suggestions of an opposite character. The consequence is that no opinion succeeds in becoming widespread, and that the existence of all of them is ephemeral. An opinion nowadays dies out before it has found a sufficiently wide acceptance to become general. A phenomenon quite new in the world's history, and most characteristic of the present age, has resulted from these different causes; I allude to the powerlessness of governments to direct opinion.

In the past, and in no very distant past, the action of governments and the influence of a few writers and a very small number of newspapers constituted the real reflectors of public opinion. To-day the writers have lost all influence, and the newspapers only reflect opinion. As for statesmen, far from directing opinion, their only endeavour is to follow it. They have a dread of opinion, which amounts at times to terror, and causes them to adopt an utterly unstable line of conduct.

The opinion of crowds tends, then, more and more to become the supreme guiding principle in politics. It goes so far to-day as to force on alliances, as has been seen recently in the case of the Franco-Russian alliance, which is solely the outcome of a popular movement. A curious symptom of the present time is to observe popes, kings, and emperors consent to be interviewed as a means of submitting their views on a given subject to the judgment of crowds. Formerly it might have been correct to say that politics were not a matter of sentiment. Can the same be said to-day, when politics are more and more swayed by the impulse of changeable crowds, who are uninfluenced by reason and can only be guided by sentiment?

As to the press, which formerly directed opinion, it has had, like governments, to humble itself before the power of crowds. It wields, no doubt, a considerable influence, but only because it is exclusively the reflection of the opinions of crowds and of their incessant variations. Become a mere agency for the supply of information, the press has renounced all endeavour to enforce an idea or a doctrine. It follows all the changes of public thought, obliged to do so by the necessities of competition under pain of losing its readers. The old staid and influential organs of the past, such as the Constitutionnel, the Debats, or the Siecle, which were accepted as oracles by the preceding generation, have disappeared or have become typical modern papers, in which a maximum of news is sandwiched in between light articles, society gossip, and financial puffs. There can be no question to-day of a paper rich enough to allow its contributors to air their personal opinions, and such opinions would be of slight weight with readers who only ask to be kept informed or to be amused, and who suspect every affirmation of being prompted by motives of speculation. Even the critics have ceased to be able to assure the success of a book or a play. They are capable of doing harm, but not of doing a service. The papers are so conscious of the uselessness of everything in the shape of criticism or personal opinion, that they have reached the point of suppressing literary criticism, confining themselves to citing the title of a book, and appending a "puff" of two or three lines.[22] In twenty years' time the same fate will probably have overtaken theatrical criticism.

Gustave Le Bon

[22] These remarks refer to the French newspaper press.—Note of the Translator.

The close watching of the course of opinion has become to-day the principal preoccupation of the press and of governments. The effect produced by an event, a legislative proposal, a speech, is without intermission what they require to know, and the task is not easy, for nothing is more mobile and changeable than the thought of crowds, and nothing more frequent than to see them execrate to-day what they applauded yesterday.

This total absence of any sort of direction of opinion, and at the same time the destruction of general beliefs, have had for final result an extreme divergency of convictions of every order, and a growing indifference on the part of crowds to everything that does not plainly touch their immediate interests. Questions of doctrine, such as socialism, only recruit champions boasting genuine convictions among the quite illiterate classes, among the workers in mines and factories, for instance. Members of the lower middle class, and working men possessing some degree of instruction, have either become utterly sceptical or extremely unstable in their opinions.

The evolution which has been effected in this direction in the last twenty-five years is striking. During the preceding period, comparatively near us though it is, opinions still had a certain general trend; they had their origin in the acceptance of some fundamental belief. By the mere fact that an individual was a monarchist he possessed inevitably certain clearly defined ideas in history as well as in science, while by the mere fact that he was a republican, his ideas were quite contrary. A monarchist was well aware that men are not descended from monkeys, and a republican was not less well aware that such is in truth their descent. It was the duty of the monarchist to speak with horror, and of the republican to speak with veneration, of the great

Revolution. There were certain names, such as those of Robespierre and Marat, that had to be uttered with an air of religious devotion, and other names, such as those of Caesar, Augustus, or Napoleon, that ought never to be mentioned unaccompanied by a torrent of invective. Even in the French Sorbonne this ingenuous fashion of conceiving history was general.[23]

[23] *There are pages in the books of the French official professors of history that are very curious from this point of view. They prove too how little the critical spirit is developed by the system of university education in vogue in France. I cite as an example the following extracts from the "French Revolution" of M. Rambaud, professor of history at the Sorbonne: "The taking of the Bastille was a culminating event in the history not only of France, but of all Europe; and inaugurated a new epoch in the history of the world!"*

With respect to Robespierre, we learn with stupefaction that "his dictatorship was based more especially on opinion, persuasion, and moral authority; it was a sort of pontificate in the hands of a virtuous man!" (pp. 91 and 220.)

At the present day, as the result of discussion and analysis, all opinions are losing their prestige; their distinctive features are rapidly worn away, and few survive capable of arousing our enthusiasm. The man of modern times is more and more a prey to indifference. The general wearing away of opinions should not be too greatly deplored. That it is a symptom of decadence in the life of a people cannot be contested. It is certain that men of immense, of almost supernatural insight, that apostles, leaders of crowds—men, in a word, of genuine and strong convictions—exert a far greater force than men who deny, who criticise, or who are indifferent, but it must not be forgotten that, given the power possessed at present by crowds, were a single opinion to acquire sufficient prestige to enforce its general acceptance, it would soon be endowed with so tyrannical a strength that everything would have to bend before it, and the era of free discussion would be closed for a long time. Crowds are occasionally easy-going masters, as were Heliogabalus and Tiberius, but they are also violently capricious. A civilisation, when the moment has come for crowds to acquire a high hand over it, is at the mercy of too many chances to endure for long. Could anything postpone for a while the hour of its ruin, it would be precisely the extreme instability of the opinions of crowds and their growing indifference with respect to all general beliefs.

BOOK III

THE CLASSIFICATION AND DESCRIPTION OF THE DIFFERENT KINDS OF CROWDS

Gustave Le Bon

CHAPTER I

THE CLASSIFICATION OF CROWDS

We have sketched in this work the general characteristics common to psychological crowds. It remains to point out the particular characteristics which accompany those of a general order in the different categories of collectivities, when they are transformed into a crowd under the influences of the proper exciting causes. We will, first of all, set forth in a few words a classification of crowds. Our starting-point will be the simple multitude. Its most inferior form is met with when the multitude is composed of individuals belonging to different races. In this case its only common bond of union is the will, more or less respected of a chief. The barbarians of very diverse origin who during several centuries invaded the Roman Empire, may be cited as a specimen of multitudes of this kind.

On a higher level than these multitudes composed of different races are those which under certain influences have acquired common characteristics, and have ended by forming a single race. They present at times characteristics peculiar to crowds, but these characteristics are overruled to a greater or less extent by racial considerations. These two kinds of multitudes may, under certain influences investigated in this work, be transformed into organised or psychological crowds. We shall break up these organised crowds into the following divisions:

1. Anonymous crowds (street crowds, for example).
A. Heterogeneous 2. Crowds not anonymous crowds. (juries, parliamentary assemblies, etc.)

1. Sects (political sects, religious sects, etc.)
2. Castes (the military caste,
B. Homogeneous the priestly caste, the crowds. working caste, etc.)
3. Classes (the middle classes, the peasant classes, etc.)

We will point out briefly the distinguishing characteristics of these different categories of crowds.

1. HETEROGENEOUS CROWDS

It is these collectivities whose characteristics have been studied in this volume. They are composed of individuals of any description, of any profession, and any degree of intelligence. We are now aware that by the mere fact that men form part of a crowd engaged in action, their collective psychology differs essentially from their individual psychology, and their intelligence is affected by this differentiation. We have seen that intelligence is without influence in collectivities, they being solely under the sway of unconscious sentiments. A fundamental factor, that of race, allows of a tolerably thorough differentiation of the various heterogeneous crowds. We have often referred already to the part played by race, and have shown it to be the most powerful of the factors capable of determining men's actions. Its action is also to be traced in the character of crowds. A crowd composed of individuals assembled at haphazard, but all of them Englishmen or Chinamen, will differ widely from another crowd also composed of individuals of any and every description, but of other races—Russians, Frenchmen, or Spaniards, for example. The wide divergencies which their inherited mental constitution creates in men's modes of feeling and thinking at once come into prominence when, which rarely happens, circumstances gather together in the same crowd and in fairly equal proportions individuals of different nationality, and this occurs, however identical in appearance be the interests which provoked the gathering. The efforts made by the socialists to assemble in great congresses the representatives of the working-class populations of different countries, have always ended in the most pronounced discord. A Latin crowd, however revolutionary or however conservative it be supposed, will invariably appeal to the intervention of the State to realise its demands. It is always distinguished by a marked tendency towards centralisation and by a leaning, more or less pronounced, in favour of a dictatorship. An English or an American crowd, on the contrary, sets no store on the State, and only appeals to private initiative. A French crowd lays particular weight on equality and an English crowd on liberty. These differences of race explain how it is that there are almost as many different forms of socialism and democracy as there are nations. The genius of the race, then, exerts a paramount influence upon the dispositions of a crowd. It is the powerful underlying force that limits its changes of humour. It should be considered as an essential law that THE INFERIOR CHARACTERISTICS OF CROWDS ARE THE LESS ACCENTUATED IN PROPORTION AS THE SPIRIT OF THE RACE IS STRONG. The crowd state and the domination of crowds is equivalent to the barbarian state, or to a return to it. It is by the acquisition of a solidly constituted collective spirit that the race frees itself to a greater and greater extent from the unreflecting power of crowds, and emerges from the barbarian state. The only important classification to be made of heterogeneous crowds, apart from that based on racial considerations, is to separate them into anonymous crowds, such as street crowds, and crowds not anonymous—deliberative assemblies and juries, for example. The sentiment of responsibility absent from crowds of the first description and developed in those of the second often gives a very different tendency to their respective acts.

2. HOMOGENEOUS CROWDS

The SECT represents the first step in the process of organisation of homogeneous crowds. A sect includes individuals differing greatly as to their education, their professions, and the class of society to which they belong, and with their common beliefs as the connecting link. Examples in point are religious and political sects. The CASTE represents the highest degree of organisation of which the crowd is susceptible. While the sect includes individuals of very different professions, degrees of education and social surrounding, who are only linked together by the beliefs they hold in common, the caste is composed of individuals of the same profession, and in consequence similarly educated and of much the same social status. Examples in point are the military and priestly castes. The CLASS is formed of individuals of diverse origin, linked together not by a community of beliefs, as are the members of a sect, or by common professional occupations, as are the members of a caste, but by certain interests and certain habits of life and education almost identical. The middle class and the agricultural class are examples.

Being only concerned in this work with heterogeneous crowds, and reserving the study of homogeneous crowds (sects, castes, and classes) for another volume, I shall not insist here on the characteristics of crowds of this latter kind. I shall conclude this study of heterogeneous crowds by the examination of a few typical and distinct categories of crowds.

CHAPTER II

CROWDS TERMED CRIMINAL CROWDS

Owing to the fact that crowds, after a period of excitement, enter upon a purely automatic and unconscious state, in which they are guided by suggestion, it seems difficult to qualify them in any case as criminal. I only retain this erroneous qualification because it has been definitely brought into vogue by recent psychological investigations. Certain acts of crowds are assuredly criminal, if considered merely in themselves, but criminal in that case in the same way as the act of a tiger devouring a Hindoo, after allowing its young to maul him for their amusement. The usual motive of the crimes of crowds is a powerful suggestion, and the individuals who take part in such crimes are afterwards convinced that they have acted in obedience to duty, which is far from being the case with the ordinary criminal. The history of the crimes committed by crowds illustrates what precedes. The murder of M. de Launay, the governor of the Bastille, may be cited as a typical example. After the taking of the fortress the governor, surrounded by a very excited crowd, was dealt blows from every direction. It was proposed to hang him, to cut off his head, to tie him to a horse's tail. While struggling, he accidently kicked one of those present. Some one proposed, and his suggestion was at once received with acclamation by the crowd, that the individual who had been kicked should cut the governor's throat. "The individual in question, a cook out of work, whose chief reason for being at the Bastille was idle curiosity as to what was going on, esteems, that since such is the general opinion, the action is patriotic and even believes he deserves a medal for having destroyed a monster. With a sword that is lent him he strikes the bared neck, but the weapon being somewhat blunt and not cutting, he takes from his pocket a small black-handled knife and (in his capacity of cook he would be experienced in cutting up meat) successfully effects the operation."

The working of the process indicated above is clearly seen in this example. We have obedience to a suggestion, which is all the stronger because of its collective origin, and the murderer's conviction that he has committed a very meritorious act, a conviction the more natural seeing that he enjoys the unanimous approval of his fellow-citizens. An act of this kind may be considered crime legally but not psychologically. The general characteristics of criminal crowds are precisely the same as those we have met with in all crowds: openness to suggestion, credulity, mobility, the exaggeration of the sentiments good or bad, the manifestation of certain forms of morality, ect

We shall find all these characteristics present in a crowd which has left behind it in French history the most sinister memories— the crowd which perpetrated the September massacres. In point of fact it offers much similarity with the crowd that committed the Saint Bartholomew massacres. I borrow the details from the narration of M. Taine, who took them from contemporary sources. It is not known exactly who gave the order or made the suggestion to empty the prisons by massacring the prisoners. Whether it was Danton, as is probable, or another does not matter; the one interesting fact for us is the powerful suggestion received by the crowd charged with the massacre. The crowd of murderers numbered some three hundred persons, and was a perfectly typical heterogeneous crowd. With the exception of a very small number of professional scoundrels, it was composed in the main of shopkeepers and artisans of every trade: bootmakers, locksmiths, hairdressers, masons, clerks, messengers, &c. Under the influence of the suggestion received they are perfectly convinced, as was the cook referred to above, that they are accomplishing a patriotic duty. They fill a double office, being at once judge and executioner, but they do not for a moment regard themselves as criminals. Deeply conscious of the importance of their duty, they begin by forming a sort of tribunal, and in connection with this act the ingenuousness of crowds and their rudimentary conception of justice are seen immediately. In consideration of the large number of the accused, it is decided that, to begin with, the nobles, priests, officers, and members of the king's household—in a word, all the individuals whose mere profession is proof of their guilt in the eyes of a good patriot— shall be slaughtered in a body, there being no need for a special decision in their case. The remainder shall be judged on their personal appearance and their reputation. In this way the rudimentary conscience of the crowd is satisfied. It will now be able to proceed legally with the massacre, and to give free scope to those instincts of ferocity whose genesis I have set forth elsewhere, they being instincts which collectivities always have it in them to develop to a high degree. These instincts, however—as is regularly the case in crowds—will not prevent the manifestation of other and contrary sentiments, such as a tenderheartedness often as extreme as the ferocity.

"They have the expansive sympathy and prompt sensibility of the Parisian working man. At the Abbaye, one of the federates, learning that the prisoners had been left without water for twenty-six hours, was bent on putting the gaoler to death, and would have done so but for the prayers of the prisoners themselves. When a prisoner is acquitted (by the improvised tribunal) every one, guards and slaughterers included, embraces him with transports of joy and applauds frantically," after which the wholesale massacre is recommenced. During its progress a pleasant gaiety never ceases to reign. There is dancing and singing around the corpses, and benches are arranged "for the ladies," delighted to witness the killing of aristocrats. The exhibition continues, moreover, of a special description of justice. A slaughterer at the Abbaye having complained that the ladies placed at a little distance saw badly, and that only a few of those present had the pleasure of striking the aristocrats, the justice of the observation is admitted, and it is decided that the victims shall be made to pass slowly between two rows of slaughterers, who shall be under the obligation to strike with the back of the sword only so as to prolong the agony. At the prison de la Force the victims are stripped stark naked and literally "carved" for half an hour, after which, when every one has had a good view, they are finished off by a blow that lays bare their entrails. The slaughterers, too, have their scruples and exhibit that moral sense whose existence in crowds we have already pointed out. They refuse to appropriate the money and jewels of the victims, taking them to the table of the committees.

Those rudimentary forms of reasoning, characteristic of the mind of crowds, are always to be traced in all their acts. Thus, after the slaughter of the 1,200 or 1,500 enemies of the nation, some one makes the remark, and his suggestion is at once adopted, that the other prisons, those containing aged beggars, vagabonds, and young prisoners, hold in reality useless mouths, of which it would be well on that account to get rid. Besides, among them there should certainly be enemies of the people, a woman of the name of Delarue, for instance, the widow of a poisoner: "She must be furious at being in prison, if she could she would set fire to Paris: she must have said so, she has said so. Another good riddance." The demonstration appears convincing, and the prisoners are massacred without exception, included in the number being some fifty children of from twelve to seventeen years of age, who, of course, might themselves have become enemies of the nation, and of whom in consequence it was clearly well to be rid. At the end of a week's work, all these operations being brought to an end, the slaughterers can think of reposing themselves. Profoundly convinced that they have deserved well of their country, they went to the authorities and demanded a recompense. The most zealous went so far as to claim a medal. The history of the Commune of 1871 affords several facts analogous to those which precede. Given the growing influence of crowds and the successive capitulations before them of those in authority, we are destined to witness many others of a like nature.

Gustave Le Bon

CHAPTER III

CRIMINAL JURIES

Being unable to study here every category of jury, I shall only examine the most important—that of the juries of the Court of Assize. These juries afford an excellent example of the heterogeneous crowd that is not anonymous. We shall find them display suggestibility and but slight capacity for reasoning, while they are open to the influence of the leaders of crowds, and they are guided in the main by unconscious sentiments. In the course of this investigation we shall have occasion to observe some interesting examples of the errors that may be made by persons not versed in the psychology of crowds. Juries, in the first place, furnish us a good example of the slight importance of the mental level of the different elements composing a crowd, so far as the decisions it comes to are concerned. We have seen that when a deliberative assembly is called upon to give its opinion on a question of a character not entirely technical, intelligence stands for nothing. For instance, a gathering of scientific men or of artists, owing to the mere fact that they form an assemblage, will not deliver judgments on general subjects sensibly different from those rendered by a gathering of masons or grocers. At various periods, and in particular previous to 1848, the French administration instituted a careful choice among the persons summoned to form a jury, picking the jurors from among the enlightened classes; choosing professors, functionaries, men of letters, &c. At the present day jurors are recruited for the most part from among small tradesmen, petty capitalists, and employes. Yet, to the great astonishment of specialist writers, whatever the composition of the jury has been, its decisions have been identical. Even the magistrates, hostile as they are to the institution of the jury, have had to recognise the exactness of the assertion. M. Berard des Glajeux, a former President of the Court of Assizes, expresses himself on the subject in his "Memoirs" in the following terms:—

"The selection of jurymen is to-day in reality in the hands of the municipal councillors, who put people down on the list or eliminate them from it in accordance with the political and electoral preoccupations inherent in their situation. . . . The majority of the jurors chosen are persons engaged in trade, but persons of less importance than formerly, and employes belonging to certain branches of the administration. . . . Both opinions and professions counting for nothing once the role of judge assumed, many of the jurymen having the ardour of neophytes, and men of the best intentions being similarly disposed in humble situations, the spirit of the jury has not changed: ITS VERDICTS HAVE REMAINED THE SAME."

Of the passage just cited the conclusions, which are just, are to be borne in mind and not the explanations, which are weak. Too much astonishment should not be felt at this weakness, for, as a rule, counsel equally with magistrates seem to be ignorant of the psychology of crowds and, in consequence, of juries. I find a proof of this statement in a fact related by the author just quoted. He remarks that Lachaud, one of the most illustrious barristers practising in the Court of Assize, made systematic use of his right to object to a juror in the case of all individuals of intelligence on the list. Yet experience—and experience alone—has ended by acquainting us with the utter uselessness of these objections. This is proved by the fact that at the present day public prosecutors and barristers, at any rate those belonging to the Parisian bar, have entirely renounced their right to object to a juror; still, as M. des Glajeux remarks, the verdicts have not changed, "they are neither better nor worse."

Like all crowds, juries are very strongly impressed by sentimental considerations, and very slightly by argument. "They cannot resist the sight," writes a barrister, "of a mother giving its child the breast, or of orphans." "It is sufficient that a woman should be of agreeable appearance," says M. des Glajeux, "to win the benevolence of the jury."

Without pity for crimes of which it appears possible they might themselves be the victims—such crimes, moreover, are the most dangerous for society—juries, on the contrary, are very indulgent in the case of breaches of the law whose motive is passion. They are rarely severe on infanticide by girl-mothers, or hard on the young woman who throws vitriol at the man who has seduced and deserted her, for the reason that they feel instinctively that society runs but slight danger from such crimes,[24] and that in a country in which the law does not protect deserted girls the crime of the girl who avenges herself is rather useful than harmful, inasmuch as it frightens future seducers in advance.

[24] It is to be remarked, in passing, that this division of crimes into those dangerous and those not dangerous for society, which is well and instinctively made by juries is far from being unjust. The object of criminal laws is evidently to protect society against dangerous criminals and not to avenge it. On the other hand, the French code, and above all the minds of the French magistrates, are still deeply imbued with the spirit of vengeance characteristic of the old primitive law, and the term "vindicte" (prosecution, from the Latin vindicta, vengeance) is still in daily use. A proof of this tendency on the part of the magistrates is found in the refusal by many of them to apply Berenger's law, which allows of a condemned person not undergoing his sentence unless he repeats his crime. Yet no magistrate can be ignorant, for the fact is proved by statistics, that the application of a punishment inflicted for the first time infallibly leads to further crime on the part of the person punished. When judges set free a sentenced person it always seems to them that society has not been avenged. Rather than not avenge it they prefer to create a dangerous, confirmed criminal.

Juries, like all crowds, are profoundly impressed by prestige, and President des Glajeux very properly remarks that, very democratic as juries are in their composition, they are very aristocratic in their likes and dislikes: "Name, birth, great wealth, celebrity, the assistance of an illustrious counsel, everything in the nature of distinction or that lends brilliancy to the accused, stands him in extremely good stead."

The chief concern of a good counsel should be to work upon the feelings of the jury, and, as with all crowds, to argue but little, or only to employ rudimentary modes of reasoning. An English barrister, famous for his successes in the assize courts, has well set forth the line of action to be followed:—

"While pleading he would attentively observe the jury. The most favourable opportunity has been reached. By dint of insight and experience the counsel reads the effect of each phrase on the faces of the jurymen, and draws his conclusions in consequence. His first step is to be sure which members of the jury are already favourable to his cause. It is short work to definitely gain their adhesion, and having done so he turns his attention to the members who seem, on the contrary, ill-disposed, and endeavours to discover why they are hostile to the accused. This is the delicate part of his task, for there may be an infinity of reasons for condemning a man, apart from the sentiment of justice."

These few lines resume the entire mechanism of the art of oratory, and we see why the speech prepared in advance has so slight an effect, it being necessary to be able to modify the terms employed from moment to moment in accordance with the impression produced.

The orator does not require to convert to his views all the members of a jury, but only the leading spirits among it who will determine the general opinion. As in all crowds, so in juries there are a small number of individuals who serve as guides to the rest. "I have found by experience," says the counsel cited above, "that one or two energetic men suffice to carry the rest of the jury with them." It is those two or three whom it is necessary to convince by skilful suggestions. First of all, and above all, it is necessary to please them. The man forming part of a crowd whom one has succeeded in pleasing is on the point of being convinced, and is quite disposed to accept as excellent any arguments that may be offered him. I detach the following anecdote from an interesting account of M. Lachaud, alluded to above:—

"It is well known that during all the speeches he would deliver in the course of an assize sessions, Lachaud never lost sight of the two or three jurymen whom he knew or felt to be influential but obstinate. As a rule he was successful in winning over these refractory jurors. On one occasion, however, in the provinces, he had to deal with a juryman whom he plied in vain for three-quarters of an hour with his most cunning arguments; the man was the seventh juryman, the first on the second bench. The case was desperate. Suddenly, in the middle of a passionate demonstration, Lachaud stopped short, and addressing the President of the court said: `Would you give instructions for the curtain there in front to be drawn? The seventh juryman is blinded by the sun.' The juryman in question reddened, smiled, and expressed his thanks. He was won over for the defence."

Many writers, some of them most distinguished, have started of late a strong campaign against the institution of the jury, although it is the only protection we have against the errors, really very frequent, of a caste that is under no control.[25] A portion of these writers advocate a jury recruited solely from the ranks of the enlightened classes; but we have already proved that even in this case the verdicts would be identical with those returned under the present system. Other writers, taking their stand on the errors committed by juries, would abolish the jury and replace it by judges. It is difficult to see how these would-be reformers can forget that the errors for which the jury is blamed were committed in the first instance by judges, and that when the accused person comes before a jury he has already been held to be guilty by several magistrates, by the juge d'instruction, the public prosecutor, and the Court of Arraignment. It should thus be clear that were the accused to be definitely judged by magistrates instead of by jurymen, he would lose his only chance of being admitted innocent. The errors of juries have always been first of all the errors of magistrates. It is solely the magistrates, then, who should be blamed when particularly monstrous judicial errors crop up, such, for instance, as the quite recent condemnation of Dr. L—— who, prosecuted by a juge d'instruction, of excessive stupidity, on the strength of the denunciation of a half-idiot girl, who accused the doctor of having performed an illegal operation upon her for thirty francs, would have been sent to penal servitude but for an explosion of public indignation, which had for result that he was immediately set at liberty by the Chief of the State. The honourable character given the condemned man by all his fellow-citizens made the grossness of the blunder self-evident. The magistrates themselves admitted it, and yet out of caste considerations they did all they could to prevent the pardon being signed. In all similar affairs the jury, confronted with technical details it is unable to understand, naturally hearkens to the public prosecutor, arguing that, after all, the affair has been investigated by magistrates trained to unravel the most intricate situations. Who, then, are the real authors of the error—the jurymen or the magistrates? We should cling vigorously to the jury. It constitutes, perhaps, the only category of crowd that cannot be replaced by any individuality. It alone can temper the severity of the law, which, equal for all, ought in principle to be blind and to take no cognisance of particular cases. Inaccessible to pity, and heeding nothing but the text of the law, the judge in his professional severity would visit with the same penalty the burglar guilty of murder and the wretched girl whom poverty and her abandonment by her seducer have driven to infanticide. The jury, on the other hand, instinctively feels that the seduced girl is much less guilty than the seducer, who, however, is not touched by the law, and that she deserves every indulgence.

[25] The magistracy is, in point of fact, the only administration whose acts are under no control. In spite of all its revolutions, democratic France does not possess that right of habeas corpus of which England is so proud. We have banished all the tyrants, but have set up a magistrate in each city who disposes at will of the honour and liberty of the citizens. An insignificant juge d'instruction (an examining magistrate who has no exact counterpart in England.—Trans.), fresh from the university, possesses the revolting power of sending to prison at will persons of the most considerable standing, on a simple supposition on his part of their guilt, and without being obliged to justify his act

to any one. *Under the pretext of pursuing his investigation he can keep these persons in prison for six months or even a year, and free them at last without owing them either an indemnity or excuses. The warrant in France is the exact equivalent of the lettre de cachet, with this difference, that the latter, with the use of which the monarchy was so justly reproached, could only be resorted to by persons occupying a very high position, while the warrant is an instrument in the hands of a whole class of citizens which is far from passing for being very enlightened or very independent.*

Being well acquainted with the psychology of castes, and also with the psychology of other categories of crowds, I do not perceive a single case in which, wrongly accused of a crime, I should not prefer to have to deal with a jury rather than with magistrates. I should have some chance that my innocence would be recognised by the former and not the slightest chance that it would be admitted by the latter. The power of crowds is to be dreaded, but the power of certain castes is to be dreaded yet more. Crowds are open to conviction; castes never are.

CHAPTER IV

ELECTORAL CROWDS

ELECTORAL crowds—that is to say, collectivities invested with the power of electing the holders of certain functions—constitute heterogeneous crowds, but as their action is confined to a single clearly determined matter, namely, to choosing between different candidates, they present only a few of the characteristics previously described. Of the characteristics peculiar to crowds, they display in particular but slight aptitude for reasoning, the absence of the critical spirit, irritability, credulity, and simplicity. In their decision, moreover, is to be traced the influence of the leaders of crowds and the part played by the factors we have enumerated: affirmation, repetition, prestige, and contagion. Let us examine by what methods electoral crowds are to be persuaded. It will be easy to deduce their psychology from the methods that are most successful. It is of primary importance that the candidate should possess prestige. Personal prestige can only be replaced by that resulting from wealth. Talent and even genius are not elements of success of serious importance. Of capital importance, on the other hand, is the necessity for the candidate of possessing prestige, of being able, that is, to force himself upon the electorate without discussion. The reason why the electors, of whom a majority are working men or peasants, so rarely choose a man from their own ranks to represent them is that such a person enjoys no prestige among them. When, by chance, they do elect a man who is their equal, it is as a rule for subsidiary reasons—for instance, to spite an eminent man, or an influential employer of labour on whom the elector is in daily dependence, and whose master he has the illusion he becomes in this way for a moment. The possession of prestige does not suffice, however, to assure the success of a candidate. The elector stickles in particular for the flattery of his greed and vanity. He must be overwhelmed with the most extravagant blandishments, and there must be no hesitation in making him the most fantastic promises. If he is a working man it is impossible to go too far in insulting and stigmatising employers of labour. As for the rival candidate, an effort must be made to destroy his chance by establishing by dint of affirmation, repetition, and contagion that he is an arrant scoundrel, and that it is a matter of common knowledge that he has been guilty of several crimes. It is, of course, useless to trouble about any semblance of proof. Should the adversary be ill-acquainted with the psychology of crowds he will try to justify himself by arguments instead of confining himself to replying to one set of affirmations by another; and he will have no chance whatever of being successful.

The candidate's written programme should not be too categorical, since later on his adversaries might bring it up against him; in his verbal programme, however, there cannot be too much exaggeration. The most important reforms may be fearlessly promised. At the moment they are made these exaggerations produce a great effect, and they are not binding for the future, it being a matter of constant observation that the elector never troubles himself to know how far the candidate he has returned has followed out the electoral programme he applauded, and in virtue of which the election was supposed to have been secured. In what precedes, all the factors of persuasion which we have described are to be recognised. We shall come across them again in the action exerted by words and formulas, whose magical sway we have already insisted upon. An orator who knows how to make use of these means of persuasion can do what he will with a crowd. Expressions such as infamous capital, vile exploiters, the admirable working man, the socialisation of wealth, &c., always produce the same effect, although already somewhat worn by use. But the candidate who hits on a new formula as devoid as possible of precise meaning, and apt in consequence to flatter the most varied aspirations, infallibly obtains a success. The sanguinary Spanish revolution of 1873 was brought about by one of these magical phrases of complex meaning on which everybody can put his own interpretation. A contemporary writer has described the launching of this phrase in terms that deserve to be quoted:—

"The radicals have made the discovery that a centralised republic is a monarchy in disguise, and to humour them the Cortes had unanimously proclaimed a FEDERAL REPUBLIC, though none of the voters could have explained what it was he had just voted for. This formula, however, delighted everybody; the joy was intoxicating, delirious. The reign of virtue and happiness had just been inaugurated on earth. A republican whose opponent refused him the title of federalist considered himself to be mortally insulted. People addressed each other in the streets with the words: 'Long live the federal republic!' After which the praises were sung of the mystic virtue of the absence of discipline in the army, and of the autonomy of the soldiers. What was understood by the 'federal republic?' There were those who took it to mean the emancipation of the provinces, institutions akin to those of the United States and administrative decentralisation; others had in view the abolition of all authority and the speedy commencement of the great social liquidation. The socialists of Barcelona and Andalusia stood out for the absolute sovereignty of the communes; they proposed to endow Spain with ten thousand independent municipalities, to legislate on their own account, and their creation to be accompanied by the suppression of the police and the army. In the southern provinces the insurrection was soon seen to spread from town to town and village to village. Directly a village had made its pronunciamento its first care was to destroy the telegraph wires and the railway lines so as to cut off all communication with its neighbours and Madrid. The sorriest hamlet was determined to stand on its own bottom. Federation had given place to cantonalism, marked by massacres, incendiarism, and every description of brutality, and bloody saturnalia were celebrated throughout the length and breadth of the land."

With respect to the influence that may be exerted by reasoning on the minds of electors, to harbour the least doubt on this subject can only be the result of never having read the reports of an electioneering meeting. In such a gathering affirmations, invectives, and sometimes blows are exchanged, but never arguments. Should silence be established for a moment it is because some one present, having the reputation of a "tough customer," has announced that he is about to heckle the candidate by putting him one of those embarrassing questions which are always the joy of the audience. The satisfaction, however, of the opposition party is shortlived, for the voice of the questioner is soon drowned in the uproar made by his adversaries. The following reports of public meetings, chosen from hundreds of similar examples, and taken from the daily papers, may be considered as typical:—

"One of the organisers of the meeting having asked the assembly to elect a president, the storm bursts. The anarchists leap on to the platform to take the committee table by storm. The socialists make an energetic defence; blows are exchanged, and each party accuses the other of being spies in the pay of the Government, &c. . . . A citizen leaves the hall with a black eye.

"The committee is at length installed as best it may be in the midst of the tumult, and the right to speak devolves upon `Comrade' X.

"The orator starts a vigorous attack on the socialists, who interrupt him with shouts of `Idiot, scoundrel, blackguard!' &c., epithets to which Comrade X. replies by setting forth a theory according to which the socialists are `idiots' or `jokers.'"

"The Allemanist party had organised yesterday evening, in the Hall of Commerce, in the Rue du Faubourg-du-Temple, a great meeting, preliminary to the workers' fete of the 1st of May. The watchword of the meeting was `Calm and Tranquillity!'

"Comrade G—— alludes to the socialists as `idiots' and `humbugs.'

"At these words there is an exchange of invectives and orators and audience come to blows. Chairs, tables, and benches are converted into weapons," &c., &c.

It is not to be imagined for a moment that this description of discussion is peculiar to a determined class of electors and dependent on their social position. In every anonymous assembly whatever, though it be composed exclusively of highly educated persons, discussion always assumes the same shape. I have shown that when men are collected in a crowd there is a tendency towards their mental levelling at work, and proof of this is to be found at every turn. Take, for example, the following extract from a report of a meeting composed exclusively of students, which I borrow from the Temps of 13th of February, 1895:—

"The tumult only increased as the evening went on; I do not believe that a single orator succeeded in uttering two sentences without being interrupted At every instant there came shouts from this or that direction or from every direction at once. Applause was intermingled with hissing, violent discussions were in progress between individual members of the audience, sticks were brandished threateningly, others beat a tattoo on the floor, and the interrupters were greeted with yells of `Put him out!' or `Let him speak!'

"M. C—— lavished such epithets as odious and cowardly, monstrous, vile, venal and vindictive, on the Association, which he declared he wanted to destroy," &c., &c.

How, it may be asked, can an elector form an opinion under such conditions? To put such a question is to harbour a strange delusion as to the measure of liberty that may be enjoyed by a collectivity. Crowds have opinions that have been imposed upon them, but they never boast reasoned opinions. In the case under consideration the opinions and votes of the electors are in the hands of the election committees, whose leading spirits are, as a rule, publicans, their influence over the working men, to whom they allow credit, being great. "Do you know what an election committee is?" writes M. Scherer, one of the most valiant champions of present-day democracy. "It is neither more nor less than the corner-stone of our institutions, the masterpiece of the political machine. France is governed to-day by the election committees."[26]

---

[26] Committees under whatever name, clubs, syndicates, &c., constitute perhaps the most redoubtable danger resulting from the power of crowds. They represent in reality the most impersonal and, in consequence, the most oppressive form of tyranny. The leaders who direct the committees being supposed to speak and act in the name of a collectivity, are freed from all responsibility, and are in a position to do just as they choose. The most savage tyrant has never ventured even to dream of such proscriptions as those ordained by the committees of the Revolution. Barras has declared that they decimated the convention, picking off its members at their pleasure. So long as he was able to speak in their name, Robespierre wielded absolute power. The moment this frightful dictator separated himself from them, for reasons of personal pride, he was lost. The reign of crowds is the reign of committees, that is, of the leaders of crowds. A severer despotism cannot be imagined.

Psychologie des foules / Psychology of crowds

To exert an influence over them is not difficult, provided the candidate be in himself acceptable and possess adequate financial resources. According to the admissions of the donors, three millions of francs sufficed to secure the repeated elections of General Boulanger. Such is the psychology of electoral crowds. It is identical with that of other crowds: neither better nor worse. In consequence I draw no conclusion against universal suffrage from what precedes. Had I to settle its fate, I should preserve it as it is for practical reasons, which are to be deduced in point of fact from our investigation of the psychology of crowds. On this account I shall proceed to set them forth. No doubt the weak side of universal suffrage is too obvious to be overlooked. It cannot be gainsaid that civilisation has been the work of a small minority of superior intelligences constituting the culminating point of a pyramid, whose stages, widening in proportion to the decrease of mental power, represent the masses of a nation. The greatness of a civilisation cannot assuredly depend upon the votes given by inferior elements boasting solely numerical strength. Doubtless, too, the votes recorded by crowds are often very dangerous. They have already cost us several invasions, and in view of the triumph of socialism, for which they are preparing the way, it is probable that the vagaries of popular sovereignty will cost us still more dearly. Excellent, however, as these objections are in theory, in practice they lose all force, as will be admitted if the invincible strength be remembered of ideas transformed into dogmas. The dogma of the sovereignty of crowds is as little defensible, from the philosophical point of view, as the religious dogmas of the Middle Ages, but it enjoys at present the same absolute power they formerly enjoyed. It is as unattackable in consequence as in the past were our religious ideas. Imagine a modern freethinker miraculously transported into the midst of the Middle Ages. Do you suppose that, after having ascertained the sovereign power of the religious ideas that were then in force, he would have been tempted to attack them? Having fallen into the hands of a judge disposed to send him to the stake, under the imputation of having concluded a pact with the devil, or of having been present at the witches sabbath, would it have occurred to him to call in question the existence of the devil or of the sabbath? It were as wise to oppose cyclones with discussion as the beliefs of crowds. The dogma of universal suffrage possesses to-day the power the Christian dogmas formerly possessed. Orators and writers allude to it with a respect and adulation that never fell to the share of Louis XIV. In consequence the same position must be taken up with regard to it as with regard to all religious dogmas. Time alone can act upon them. Besides, it would be the more useless to attempt to undermine this dogma, inasmuch as it has an appearance of reasonableness in its favour. "In an era of equality," Tocqueville justly remarks, "men have no faith in each other on account of their being all alike; yet this same similitude gives them an almost limitless confidence in the judgment of the public, the reason being that it does not appear probable that, all men being equally enlightened, truth and numerical superiority should not go hand in hand."

Must it be believed that with a restricted suffrage—a suffrage restricted to those intellectually capable if it be desired—an improvement would be effected in the votes of crowds? I cannot admit for a moment that this would be the case, and that for the reasons I have already given touching the mental inferiority of all collectivities, whatever their composition. In a crowd men always tend to the same level, and, on general questions, a vote, recorded by forty academicians is no better than that of forty water-carriers. I do not in the least believe that any of the votes for which universal suffrage is blamed—the re-establishment of the Empire, for instance— would have fallen out differently had the voters been exclusively recruited among learned and liberally educated men. It does not follow because an individual knows Greek or mathematics, is an architect, a veterinary surgeon, a doctor, or a barrister, that he is endowed with a special intelligence of social questions. All our political economists are highly educated, being for the most part professors or academicians, yet is there a single general question—protection, bimetallism, &c.—on which they have succeeded in agreeing? The explanation is that their science is only a very attenuated form of our universal ignorance. With regard to social problems, owing to the number of unknown quantities they offer, men are substantially, equally ignorant.

In consequence, were the electorate solely composed of persons stuffed with sciences their votes would be no better than those emitted at present. They would be guided in the main by their sentiments and by party spirit. We should be spared none of the difficulties we now have to contend with, and we should certainly be subjected to the oppressive tyranny of castes.

Whether the suffrage of crowds be restricted or general, whether it be exercised under a republic or a monarchy, in France, in Belgium, in Greece, in Portugal, or in Spain, it is everywhere identical; and, when all is said and done, it is the expression of the unconscious aspirations and needs of the race. In each country the average opinions of those elected represent the genius of the race, and they will be found not to alter sensibly from one generation to another.

It is seen, then, that we are confronted once more by the fundamental notion of race, which we have come across so often, and on this other notion, which is the outcome of the first, that institutions and governments play but a small part in the life of a people. Peoples are guided in the main by the genius of their race, that is, by that inherited residue of qualities of which the genius is the sum total. Race and the slavery of our daily necessities are the mysterious master-causes that rule our destiny.

Gustave Le Bon

CHAPTER V

PARLIAMENTARY ASSEMBLIES

In parliamentary assemblies we have an example of heterogeneous crowds that are not anonymous. Although the mode of election of their members varies from epoch to epoch, and from nation to nation, they present very similar characteristics. In this case the influence of the race makes itself felt to weaken or exaggerate the characteristics common to crowds, but not to prevent their manifestation. The parliamentary assemblies of the most widely different countries, of Greece, Italy, Portugal, Spain, France, and America present great analogies in their debates and votes, and leave the respective governments face to face with identical difficulties. Moreover, the parliamentary system represents the ideal of all modern civilised peoples. The system is the expression of the idea, psychologically erroneous, but generally admitted, that a large gathering of men is much more capable than a small number of coming to a wise and independent decision on a given subject. The general characteristics of crowds are to be met with in parliamentary assemblies: intellectual simplicity, irritability, suggestibility, the exaggeration of the sentiments and the preponderating influence of a few leaders. In consequence, however, of their special composition parliamentary crowds offer some distinctive features, which we shall point out shortly. Simplicity in their opinions is one of their most important characteristics. In the case of all parties, and more especially so far as the Latin peoples are concerned, an invariable tendency is met with in crowds of this kind to solve the most complicated social problems by the simplest abstract principles and general laws applicable to all cases. Naturally the principles vary with the party; but owing to the mere fact that the individual members are a part of a crowd, they are always inclined to exaggerate the worth of their principles, and to push them to their extreme consequences. In consequence parliaments are more especially representative of extreme opinions.

The most perfect example of the ingenuous simplification of opinions peculiar to assemblies is offered by the Jacobins of the French Revolution. Dogmatic and logical to a man, and their brains full of vague generalities, they busied themselves with the application of fixed-principles without concerning themselves with events. It has been said of them, with reason, that they went through the Revolution without witnessing it. With the aid of the very simple dogmas that served them as guide, they imagined they could recast society from top to bottom, and cause a highly refined civilisation to return to a very anterior phase of the social evolution. The methods they resorted to to realise their dream wore the same stamp of absolute ingenuousness. They confined themselves, in reality, to destroying what stood in their way. All of them, moreover—Girondists, the Men of the Mountain, the Thermidorians, &c.—were alike animated by the same spirit. Parliamentary crowds are very open to suggestion; and, as in the case of all crowds, the suggestion comes from leaders possessing prestige; but the suggestibility of parliamentary assemblies has very clearly defined limits, which it is important to point out. On all questions of local or regional interest every member of an assembly has fixed, unalterable opinions, which no amount of argument can shake. The talent of a Demosthenes would be powerless to change the vote of a Deputy on such questions as protection or the privilege of distilling alcohol, questions in which the interests of influential electors are involved. The suggestion emanating from these electors and undergone before the time to vote arrives, sufficiently outweighs suggestions from any other source to annul them and to maintain an absolute fixity of opinion.[27]

[27] The following reflection of an English parliamentarian of long experience doubtless applies to these opinions, fixed beforehand, and rendered unalterable by electioneering necessities: "During the fifty years that I have sat at Westminster, I have listened to thousands of speeches; but few of them have changed my opinion, not one of them has changed my vote."

On general questions—the overthrow of a Cabinet, the imposition of a tax, &c.—there is no longer any fixity of opinion, and the suggestions of leaders can exert an influence, though not in quite the same way as in an ordinary crowd. Every party has its leaders, who possess occasionally an equal influence. The result is that the Deputy finds himself placed between two contrary suggestions, and is inevitably made to hesitate. This explains how it is that he is often seen to vote in contrary fashion in an interval of a quarter of an hour or to add to a law an article which nullifies it; for instance, to withdraw from employers of labour the right of choosing and dismissing their workmen, and then to very nearly annul this measure by an amendment.

It is for the same reason that every Chamber that is returned has some very stable opinions, and other opinions that are very shifting. On the whole, the general questions being the more numerous, indecision is predominant in the Chamber—the indecision which results from the ever- present fear of the elector, the suggestion received from whom is always latent, and tends to counterbalance the influence of the leaders.

Still, it is the leaders who are definitely the masters in those numerous discussions, with regard to the subject-matter of which the members of an assembly are without strong preconceived opinions.

The necessity for these leaders is evident, since, under the name of heads of groups, they are met with in the assemblies of every country. They are the real rulers of an assembly. Men forming a crowd cannot do without a master, whence it results that the votes of an assembly only represent, as a rule, the opinions of a small minority.

The influence of the leaders is due in very small measure to the arguments they employ, but in a large degree to their prestige. The best proof of this is that, should they by any circumstance lose their prestige, their influence disappears.

The prestige of these political leaders is individual, and independent of name or celebrity: a fact of which M. Jules Simon gives us some very curious examples in his remarks on the prominent men of the Assembly of 1848, of which he was a member:—

"Two months before he was all-powerful, Louis Napoleon was entirely without the least importance.

"Victor Hugo mounted the tribune. He failed to achieve success. He was listened to as Felix Pyat was listened to, but he did not obtain as much applause. `I don't like his ideas,' Vaulabelle said to me, speaking of Felix Pyat,' but he is one of the greatest writers and the greatest orator of France.' Edgar Quinet, in spite of his exceptional and powerful intelligence, was held in no esteem whatever. He had been popular for awhile before the opening of the Assembly; in the Assembly he had no popularity.

"The splendour of genius makes itself less felt in political assemblies than anywhere else. They only give heed to eloquence appropriate to the time and place and to party services, not to services rendered the country. For homage to be rendered Lamartine in 1848 and Thiers in 1871, the stimulant was needed of urgent, inexorable interest. As soon as the danger was passed the parliamentary world forgot in the same instant its gratitude and its fright."

I have quoted the preceding passage for the sake of the facts it contains, not of the explanations it offers, their psychology being somewhat poor. A crowd would at once lose its character of a crowd were it to credit its leaders with their services, whether of a party nature or rendered their country. The crowd that obeys a leader is under the influence of his prestige, and its submission is not dictated by any sentiment of interest or gratitude.

In consequence the leader endowed with sufficient prestige wields almost absolute power. The immense influence exerted during a long series of years, thanks to his prestige, by a celebrated Deputy,[28] beaten at the last general election in consequence of certain financial events, is well known. He had only to give the signal and Cabinets were overthrown. A writer has clearly indicated the scope of his action in the following lines:—

[28] M. Clemenceau —Note of the Translator.

"It is due, in the main, to M. X—— that we paid three times as dearly as we should have done for Tonkin, that we remained so long on a precarious footing in Madagascar, that we were defrauded of an empire in the region of the Lower Niger, and that we have lost the preponderating situation we used to occupy in Egypt. The theories of M. X—— have cost us more territories than the disasters of Napoleon I."

We must not harbour too bitter a grudge against the leader in question. It is plain that he has cost us very dear; but a great part of his influence was due to the fact that he followed public opinion, which, in colonial matters, was far from being at the time what it has since become. A leader is seldom in advance of public opinion; almost always all he does is to follow it and to espouse all its errors.

The means of persuasion of the leaders we are dealing with, apart from their prestige, consist in the factors we have already enumerated several times. To make a skilful use of these resources a leader must have arrived at a comprehension, at least in an unconscious manner, of the psychology of crowds, and must know how to address them. He should be aware, in particular, of the fascinating influence of words, phrases, and images. He should possess a special description of eloquence, composed of energetic affirmations—unburdened with proofs—and impressive images, accompanied by very summary arguments. This is a kind of eloquence that is met with in all assemblies, the English Parliament included, the most serious though it is of all.

"Debates in the House of Commons," says the English philosopher Maine, "may be constantly read in which the entire discussion is confined to an exchange of rather weak generalities and rather violent personalities. General formulas of this

Psychologie des foules / Psychology of crowds

description exercise a prodigious influence on the imagination of a pure democracy. It will always be easy to make a crowd accept general assertions, presented in striking terms, although they have never been verified, and are perhaps not susceptible of verification."

Too much importance cannot be attached to the "striking terms" alluded to in the above quotation. We have already insisted, on several occasions, on the special power of words and formulas. They must be chosen in such a way as to evoke very vivid images. The following phrase, taken from a speech by one of the leaders of our assemblies, affords an excellent example:—

"When the same vessel shall bear away to the fever-haunted lands of our penitentiary settlements the politician of shady reputation and the anarchist guilty of murder, the pair will be able to converse together, and they will appear to each other as the two complementary aspects of one and the same state of society."

The image thus evoked is very vivid, and all the adversaries of the speaker felt themselves threatened by it. They conjured up a double vision of the fever-haunted country and the vessel that may carry them away; for is it not possible that they are included in the somewhat ill-defined category of the politicians menaced? They experienced the lurking fear that the men of the Convention must have felt whom the vague speeches of Robespierre threatened with the guillotine, and who, under the influence of this fear, invariably yielded to him.

It is all to the interest of the leaders to indulge in the most improbable exaggerations. The speaker of whom I have just cited a sentence was able to affirm, without arousing violent protestations, that bankers and priests had subsidised the throwers of bombs, and that the directors of the great financial companies deserve the same punishment as anarchists. Affirmations of this kind are always effective with crowds. The affirmation is never too violent, the declamation never too threatening. Nothing intimidates the audience more than this sort of eloquence. Those present are afraid that if they protest they will be put down as traitors or accomplices.

As I have said, this peculiar style of eloquence has ever been of sovereign effect in all assemblies. In times of crisis its power is still further accentuated. The speeches of the great orators of the assemblies of the French Revolution are very interesting reading from this point of view. At every instant they thought themselves obliged to pause in order to denounce crime and exalt virtue, after which they would burst forth into imprecations against tyrants, and swear to live free men or perish. Those present rose to their feet, applauded furiously, and then, calmed, took their seats again.

On occasion, the leader may be intelligent and highly educated, but the possession of these qualities does him, as a rule, more harm than good. By showing how complex things are, by allowing of explanation and promoting comprehension, intelligence always renders its owner indulgent, and blunts, in a large measure, that intensity and violence of conviction needful for apostles. The great leaders of crowds of all ages, and those of the Revolution in particular, have been of lamentably narrow intellect; while it is precisely those whose intelligence has been the most restricted who have exercised the greatest influence.

The speeches of the most celebrated of them, of Robespierre, frequently astound one by their incoherence: by merely reading them no plausible explanation is to be found of the great part played by the powerful dictator:—

Psychologie des foules / Psychology of crowds

"The commonplaces and redundancies of pedagogic eloquence and Latin culture at the service of a mind childish rather than undistinguished, and limited in its notions of attack and defence to the defiant attitude of schoolboys. Not an idea, not a happy turn of phrase, or a telling hit: a storm of declamation that leaves us bored. After a dose of this unexhilarating reading one is attempted to exclaim `Oh!' with the amiable Camille Desmoulins."

It is terrible at times to think of the power that strong conviction combined with extreme narrowness of mind gives a man possessing prestige. It is none the less necessary that these conditions should be satisfied for a man to ignore obstacles and display strength of will in a high measure. Crowds instinctively recognise in men of energy and conviction the masters they are always in need of. In a parliamentary assembly the success of a speech depends almost solely on the prestige possessed by the speaker, and not at all on the arguments he brings forward. The best proof of this is that when for one cause or another a speaker loses his prestige, he loses simultaneously all his influence, that is, his power of influencing votes at will. When an unknown speaker comes forward with a speech containing good arguments, but only arguments, the chances are that he will only obtain a hearing. A Deputy who is a psychologist of insight, M. Desaubes, has recently traced in the following lines the portrait of the Deputy who lacks prestige:—

"When he takes his place in the tribune he draws a document from his portfolio, spreads it out methodically before him, and makes a start with assurance.

"He flatters himself that he will implant in the minds of his audience the conviction by which he is himself animated. He has weighed and reweighed his arguments; he is well primed with figures and proofs; he is certain he will convince his hearers. In the face of the evidence he is to adduce all resistance would be futile. He begins, confident in the justice of his cause, and relying upon the attention of his colleagues, whose only anxiety, of course, is to subscribe to the truth.

"He speaks, and is at once surprised at the restlessness of the House, and a little annoyed by the noise that is being made.

"How is it silence is not kept? Why this general inattention? What are those Deputies thinking about who are engaged in conversation? What urgent motive has induced this or that Deputy to quit his seat?

"An expression of uneasiness crosses his face; he frowns and stops. Encouraged by the President, he begins again, raising his voice. He is only listened to all the less. He lends emphasis to his words, and gesticulates: the noise around him increases. He can no longer hear himself, and again stops; finally, afraid that his silence may provoke the dreaded cry, `The Closure!' he starts off again. The clamour becomes unbearable."

When parliamentary assemblies reach a certain pitch of excitement they become identical with ordinary heterogeneous crowds, and their sentiments in consequence present the peculiarity of being always extreme. They will be seen to commit acts of the greatest heroism or the worst excesses. The individual is no longer himself, and so entirely is this the case that he will vote measures most adverse to his personal interests. The history of the French Revolution shows to what an extent assemblies are capable of losing their self-consciousness, and of obeying suggestions most contrary to their interests. It was an enormous sacrifice for the nobility to renounce its privileges, yet it did so without hesitation on a famous night during the sittings of the Constituent Assembly. By renouncing their inviolability the men of the Convention placed themselves under a perpetual menace of death and yet they took this step, and were not afraid to decimate their own ranks, though perfectly aware that the scaffold to which they were sending their colleagues to-day might be their own fate to-morrow. The truth is they had attained to that completely automatic state which I have described elsewhere, and no consideration would hinder them from yielding to the suggestions by which they were hypnotised. The following passage from the memoirs of one of them, Billaud-Varennes, is absolutely typical on this score: "The decisions with which we have been so reproached," he says, "WERE NOT DESIRED BY US TWO DAYS, A SINGLE DAY BEFORE THEY WERE TAKEN: IT WAS THE CRISIS AND NOTHING ELSE THAT GAVE RISE TO THEM." Nothing can be more accurate.

The same phenomena of unconsciousness were to be witnessed during all the stormy sittings of the Convention.

"They approved and decreed measures," says Taine, "which they held in horror—measures which were not only stupid and foolish, but measures that were crimes—the murder of innocent men, the murder of their friends. The Left, supported by the Right, unanimously and amid loud applause, sent to the scaffold Danton, its natural chief, and the great promoter and leader of the Revolution. Unanimously and amid the greatest applause the Right, supported by the Left, votes the worst decrees of the revolutionary government. Unanimously and amid cries of admiration and enthusiasm, amid demonstrations of passionate sympathy for Collot d'Herbois, Couthon, and Robespierre, the Convention by spontaneous and repeated re-elections keeps in office the homicidal government which the Plain detests because it is homicidal, and the Mountain detests because it is decimated by it. The Plain and the Mountain, the majority and the minority, finish by consenting to help on their own suicide. The 22 Prairial the entire Convention offered itself to the executioner; the 8 Thermidor, during the first quarter of an hour that followed Robespierre's speech, it did the same thing again."

This picture may appear sombre. Yet it is accurate. Parliamentary assemblies, sufficiently excited and hypnotised, offer the same characteristics. They become an unstable flock, obedient to every impulsion. The following description of the Assembly of 1848 is due to M. Spuller, a parliamentarian whose faith in democracy is above suspicion. I reproduce it from the Revue litteraire, and it is thoroughly typical. It offers an example of all the exaggerated sentiments which I have described as characteristic of crowds, and of that excessive changeableness which permits of assemblies passing, from moment to moment, from one set of sentiments to another entirely opposite.

"The Republican party was brought to its perdition by its divisions, its jealousies, its suspicions, and, in turn, its blind confidence and its limitless hopes. Its ingenuousness and candour were only equalled by its universal mistrust. An absence of all sense of legality, of all comprehension of discipline, together with boundless terrors and illusions; the peasant and the child are on a level in these respects. Their calm is as great as their impatience; their ferocity is equal to their docility. This condition is the natural consequence of a temperament that is not formed and of the lack of education. Nothing astonishes such persons, and everything disconcerts them. Trembling with fear or brave to the point of heroism, they would go through fire and water or fly from a shadow. "They are ignorant of cause and effect and of the connecting links between events. They are as promptly discouraged as they are exalted, they are subject to every description of panic, they are always either too highly strung or too downcast, but never in the mood or the measure the situation would require. More fluid than water they reflect every line and assume every shape. What sort of a foundation for a government can they be expected to supply?"

Fortunately all the characteristics just described as to be met with in parliamentary assemblies are in no wise constantly displayed. Such assemblies only constitute crowds at certain moments. The individuals composing them retain their individuality in a great number of cases, which explains how it is that an assembly is able to turn out excellent technical laws. It is true that the author of these laws is a specialist who has prepared them in the quiet of his study, and that in reality the law voted is the work of an individual and not of an assembly. These laws are naturally the best. They are only liable to have disastrous results when a series of amendments has converted them into the outcome of a collective effort. The work of a crowd is always inferior, whatever its nature, to that of an isolated individual. It is specialists who safeguard assemblies from passing ill-advised or unworkable measures. The specialist in this case is a temporary leader of crowds. The Assembly is without influence on him, but he has influence over the Assembly. In spite of all the difficulties attending their working, parliamentary assemblies are the best form of government mankind has discovered as yet, and more especially the best means it has found to escape the yoke of personal tyrannies. They constitute assuredly the ideal government at any rate for philosophers, thinkers, writers, artists, and learned men—in a word, for all those who form the cream of a civilisation. Moreover, in reality they only present two serious dangers, one being inevitable financial waste, and the other the progressive restriction of the liberty of the individual. The first of these dangers is the necessary consequence of the exigencies and want of foresight of electoral crowds. Should a member of an assembly propose a measure giving apparent satisfaction to democratic ideas, should he bring in a Bill, for instance, to assure old-age pensions to all workers, and to increase the wages of any class of State employes, the other Deputies, victims of suggestion in their dread of their electors, will not venture to seem to disregard the interests of the latter by rejecting the proposed measure, although well aware they are imposing a fresh strain on the Budget and necessitating the creation of new taxes. It is impossible for them to hesitate to give their votes. The consequences of the increase of expenditure are remote and will not entail disagreeable consequences for them personally, while the consequences of a negative vote might clearly come to light when they next present themselves for re-election. In addition to this first cause of an exaggerated expenditure there is another not less imperative—the necessity of voting all grants for local purposes. A Deputy is unable to oppose grants of this kind because they represent once more the exigencies of the electors, and because each individual Deputy can only obtain what he requires for his own constituency on the condition of acceding to similar demands on the part of his colleagues.[29]

[29] *In its issue of April 6, 1895, the* Economiste *published a curious review of the figures that may be reached by expenditure caused solely by electoral considerations, and notably of the outlay on railways. To put Langayes (a town of 3,000 inhabitants, situated on a mountain) in communication with Puy, a railway is voted that will cost 15 millions of francs. Seven millions are to be spent to put Beaumont (3,500 inhabitants) in communication with Castel-Sarrazin; 7 millions to put Oust (a village of 523 inhabitants) in communication with Seix (1,200 inhabitants); 6 millions to put Prade in communication with the hamlet of Olette (747 inhabitants), &c. In 1895 alone 90 millions of francs were voted for railways of only local utility. There is other no less important expenditure necessitated also by electioneering considerations. The law instituting workingmen's pensions will soon involve a minimum annual outlay of 165 millions, according to the Minister of Finance, and of 800 millions according to the academician M. Leroy-Beaulieu. It is evident that the continued growth of expenditure of this kind must end in bankruptcy. Many European countries—Portugal, Greece, Spain, Turkey—have reached this stage, and others, such as Italy, will soon be reduced to the same extremity. Still too much*

alarm need not be felt at this state of things, since the public has successively consented to put up with the reduction of four-fifths in the payment of their coupons by these different countries. Bankruptcy under these ingenious conditions allows the equilibrium of Budgets difficult to balance to be instantly restored. Moreover, wars, socialism, and economic conflicts hold in store for us a profusion of other catastrophes in the period of universal disintegration we are traversing, and it is necessary to be resigned to living from hand to mouth without too much concern for a future we cannot control.

The second of the dangers referred to above—the inevitable restrictions on liberty consummated by parliamentary assemblies—is apparently less obvious, but is, nevertheless, very real. It is the result of the innumerable laws—having always a restrictive action—which parliaments consider themselves obliged to vote and to whose consequences, owing to their shortsightedness, they are in a great measure blind. The danger must indeed be most inevitable, since even England itself, which assuredly offers the most popular type of the parliamentary regime, the type in which the representative is most independent of his elector, has been unable to escape it. Herbert Spencer has shown, in a work already old, that the increase of apparent liberty must needs be followed by the decrease of real liberty. Returning to this contention in his recent book, "The Individual versus the State," he thus expresses himself with regard to the English Parliament:—

"Legislation since this period has followed the course, I pointed out. Rapidly multiplying dictatorial measures have continually tended to restrict individual liberties, and this in two ways. Regulations have been established every year in greater number, imposing a constraint on the citizen in matters in which his acts were formerly completely free, and forcing him to accomplish acts which he was formerly at liberty to accomplish or not to accomplish at will. At the same time heavier and heavier public, and especially local, burdens have still further restricted his liberty by diminishing the portion of his profits he can spend as he chooses, and by augmenting the portion which is taken from him to be spent according to the good pleasure of the public authorities."

This progressive restriction of liberties shows itself in every country in a special shape which Herbert Spencer has not pointed out; it is that the passing of these innumerable series of legislative measures, all of them in a general way of a restrictive order, conduces necessarily to augment the number, the power, and the influence of the functionaries charged with their application. These functionaries tend in this way to become the veritable masters of civilised countries. Their power is all the greater owing to the fact that, amidst the incessant transfer of authority, the administrative caste is alone in being untouched by these changes, is alone in possessing irresponsibility, impersonality, and perpetuity. There is no more oppressive despotism than that which presents itself under this triple form. This incessant creation of restrictive laws and regulations, surrounding the pettiest actions of existence with the most complicated formalities, inevitably has for its result the confining within narrower and narrower limits of the sphere in which the citizen may move freely. Victims of the delusion that equality and liberty are the better assured by the multiplication of laws, nations daily consent to put up with trammels increasingly burdensome. They do not accept this legislation with impunity. Accustomed to put up with every yoke, they soon end by desiring servitude, and lose all spontaneousness and energy. They are then no more than vain shadows, passive, unresisting and powerless automata. Arrived at this point, the individual is bound to seek outside himself the forces he no longer finds within him. The functions of governments necessarily increase in proportion as the indifference and helplessness of the citizens grow. They it is who must necessarily exhibit the initiative, enterprising, and guiding spirit in which private persons are lacking. It falls on them to undertake everything, direct everything, and take everything under their protection. The State becomes an all-powerful god. Still experience shows that the power of such gods was never either very durable or very strong. This progressive restriction of all liberties in the case of certain peoples, in spite of an outward license that gives them the illusion that these liberties are still in their possession, seems at least as much a consequence of their old age as of any particular system. It constitutes one of the precursory symptoms of that decadent phase which up to now no civilisation has escaped. Judging by the lessons of the past, and by the symptoms that strike the attention on every side, several of our modern civilisations have reached that phase of extreme old age which precedes decadence. It seems inevitable that all peoples should pass through identical phases of existence, since history is so often seen to repeat its course. It is easy to note briefly these common phases of the evolution of civilisations, and I shall terminate this work with a summary of them. This rapid sketch will perhaps throw some gleams of light on the causes of the power at present wielded by crowds. If we examine in their main lines the genesis of the greatness and of the fall of the civilisations that preceded our own, what do we see? At the dawn of civilisation a swarm of men of various origin, brought together by the chances of migrations, invasions, and conquests. Of different blood, and of equally different languages and beliefs, the only common bond of union between these men is the half-recognised law of a chief. The psychological characteristics of crowds are present in an eminent degree in these confused agglomerations. They have the transient cohesion of crowds, their heroism, their weaknesses, their impulsiveness, and their violence. Nothing is stable in connection with them. They are barbarians. At length time accomplishes its work. The identity of surroundings, the repeated intermingling of races, the necessities of life in common exert their influence. The assemblage of dissimilar units begins to blend into a whole, to form a race; that is, an aggregate possessing common characteristics and sentiments to which heredity will give greater and greater fixity. The crowd has become a people, and this people is able to emerge from its barbarous state. However, it will only entirely emerge therefrom when, after long efforts, struggles necessarily repeated, and innumerable recommencements, it shall have acquired an ideal. The nature of this ideal is of slight importance; whether it be the cult of Rome, the might of Athens, or the triumph of Allah, it will suffice to endow all the individuals of the race that is forming with perfect unity of sentiment and thought. At this stage a new civilisation, with its institutions, its beliefs, and its arts, may be born. In pursuit of its ideal, the race will acquire in succession the qualities necessary to give it splendour, vigour, and grandeur. At times no doubt it will still be a crowd, but henceforth, beneath the mobile and changing characteristics of crowds, is found a solid substratum, the genius of the race which confines within narrow limits the transformations of a nation and overrules the play of chance. After having exerted its creative action, time begins that work of destruction from which neither gods nor men escape. Having reached a certain level of strength and complexity a civilisation ceases to grow, and having ceased to grow it is condemned to a speedy decline. The hour of its old age has struck. This inevitable hour is always marked by the weakening of the ideal that was the mainstay of the race. In proportion as this ideal pales all the religious, political, and social structures inspired by it begin to be shaken. With the progressive perishing of its ideal the race loses more and more the qualities that lent it its cohesion, its unity, and its strength. The personality and intelligence of the individual may increase, but at the same time this collective egoism of the race is replaced by an excessive development of the egoism of the individual, accompanied by a weakening of character and a lessening of the capacity for action. What constituted a people, a unity, a whole, becomes in the end an agglomeration of individualities lacking cohesion, and artificially held together for a time by its traditions and institutions. It is at this stage that men, divided by their interests and aspirations, and incapable any longer of self-government, require directing in their pettiest acts, and that the State exerts an absorbing influence. With the definite loss of its old ideal the genius of the race entirely disappears; it is a mere swarm of isolated individuals and returns to its original state—that of a crowd. Without consistency and without a future, it has all the transitory characteristics of crowds. Its civilisation is now without stability, and at the mercy of every chance. The populace is sovereign, and the tide of barbarism mounts. The civilisation may still seem brilliant because it possesses an outward front, the work of a long past, but it is in reality an edifice crumbling to ruin, which nothing supports, and destined to fall in at the first storm. To pass in pursuit of an ideal from the barbarous to the civilised state, and then, when this ideal has lost its virtue, to decline and die, such is the cycle of the life of a people.

Lightning Source UK Ltd.
Milton Keynes UK
UKHW020952140622
404410UK00006B/325